무용당유고
無用堂遺稿

| 동국대학교 불교기록문화유산아카이브사업단(ABC)
본서는 문화체육관광부 지원으로 동국대학교 불교학술원에서 간행하였습니다.

한글본 한국불교전서 조선 24
무용당유고

2015년 2월 15일 초판 1쇄 인쇄
2015년 2월 28일 초판 1쇄 발행

지은이 무용 수연
옮긴이 이상현
펴낸이 김희옥
펴낸곳 동국대학교출판부

주소 100-715 서울시 중구 필동로 1길 30
전화 02-2260-3483~4
팩스 02-2268-7851
Homepage http://www.dgpress.co.kr
E-mail book@dongguk.edu
출판등록 제2-163(1973. 6. 28)
편집디자인 꽃살무늬
인쇄처 (주)태웅인쇄

© 2015, 동국대학교(불교학술원)

ISBN 978-89-7801-434-2 93220

값 17,000원

이 책의 무단 전재나 복제 행위는 저작권법 제98조에 따라 처벌받게 됩니다.

한글본 한국불교전서 조선 24

무용당유고
無用堂遺稿

무용 수연 無用秀演
이상현 옮김

동국대학교출판부

무용당유고無用堂遺稿 해제

김종진
동국대학교 불교학술원 조교수

1. 개요

『무용당유고無用堂遺稿』는 조선시대 중기에 조계산의 송광사, 선암사 등지에서 주석했던 무용 수연無用秀演(1651~1719)이 남긴 시문집이다.

2. 저자

문집에 있는 행장을 중심으로 생애를 소개하면 다음과 같다.

대사의 법명은 수연秀演이며, 자는 무용無用이다. 원근의 승속들이 모두 무용으로 칭하였고 헌호軒號로 삼았기에 다시 이것으로 호를 삼았다. 속성은 오씨吳氏이며, 용안龍安 사람이다. 조부 응정應鼎은 관이 통정대부通政大夫 순천 부사順天府使에 이르렀고, 가선대부嘉善大夫 한성좌윤漢城左尹으로 추증되었다. 부친 섬暹은 무인(武節)으로 벽단첨사碧團僉使를 지냈다.

대사는 1651년 3월 출생하였으며, 어려서부터 총명하고 슬기로웠으며 말수가 적었다. 13세 때 갑자기 모친을 잃고 오직 형만이 버팀목이 되었다. 곤궁하고 의지할 곳 없는 중에도 공부를 게을리 하지 않아 유가 경전과 제자백가의 글까지도 두루 섭렵하였다.

19세가 되자 삶의 무상함을 깨달아 어느 날 아침 형에게도 말하지 않고 조계산 송광사에 들어가 혜관惠寬 노사에 의지해 출가하고, 혜공慧空 대사에게 구족계를 받았다. 대사는 몸이 장대하고 흉금이 탁 트여 남의 시비를 말함이 없으며 오직 도에만 매달렸고, 명예나 이욕에 얽매임이 없이 문을 닫고 참선하기 몇 년을 하였다.

22세가 되어 양사養師께서 이르기를, "예부터 큰 도를 통달하고 마음 근원을 깨달은 이는 선과 교를 다 이행하였다. 선문禪門에만 밝은 것은 이치에 맞지 않다."라고 하니, 이에 홀연히 지조를 바꾸어 침굉枕肱 문하에 나아가 현묘한 뜻을 듣고는 두 돌이 못 되어 모두 연역하는 바 되니, 침굉 선사는, "원돈圓頓의 법계法界가 모두 너에게 있다."라고 하였다. 이에 백운산으로 들어가 정혜定慧를 두루 닦기에 한 해를 지냈다.

26세에 침굉 선사의 위촉으로 조계산 은적암隱寂庵으로 백암 성총栢庵 性聰을 찾아갔다. 백암 선사는 그를 한번 보고는 큰 그릇임을 알고 문도에게 이르기를, "이 사람은 옛 성현의 금강 선문(金仙)의 자리를 빼앗을 사람이다."라고 하였다. 이때부터 이곳에서 주석하였는데, 경전을 보면 의문된 곳을 질의하여 새로 깨달음이 많았으며, 수년 사이에 모든 경장을 두루 섭렵하였다.

대사는 이후 1680년부터 1686년에 이르기까지 금화동金華洞 신불암新佛庵, 미타전彌陀殿, 선암사, 송광사, 희양산曦陽山 백운암白雲庵, 팔영산八影山 암자, 능인전能仁殿 등지에서 강설과 참선 수행을 하며 대중들을 인도하였다.

1688년에는 다시 조계사의 백암 선사에게 나아가 『화엄소초華嚴疏鈔』를 강을 받아 오묘한 현리를 모두 터득하였으며, 다음 해 봄엔 백암 성총이 징광사澄光寺에서 『화엄연의초華嚴演義抄』와 『대명법수大明法數』, 『간정기刊定記』, 『정토보서淨土寶書』 등을 판에 새길 때 함께하였다.

1690년 봄에 선암사에서 백암 선사를 맞아 화엄법회를 여니 대중이 모였고, 대사도 여기에 참여하였다. 그해 겨울 백암 선사가 방장으로 들자 대사는 본사의 창파각滄坡閣으로 옮겼고, 따르는 무리가 백 명을 헤아리게 되었다.

1695년 백암 선사가 입적하자 분향하였다. 다비하던 날 저녁에 백암의 강석을 계승하라는 요청을 받았으나 굳이 사양하다가 간곡한 요청에 부득이 이를 수락하고 강당을 열었다.

1704년 봄에는 갑자기 문도들을 물리치면서 "한갓 혀나 놀려대는 것이 어찌 염불에 전념하는 것만 하랴." 하면서 그곳을 떠나 용문산의 은봉암隱峰庵에 머물렀다. 이때부터 혹은 일으키고 혹은 그만두며 끝내 무상無常에 따랐고, 문도들이 추종하는 것이 무리지은 새들이 높이 나는 난새를 따르는 것 같았다.

1710년 봄에 산양山陽의 개흥사開興寺에서 조계산의 옛 절로 돌아와 강론하는 여가에 동쪽 시내 위에 정자를 짓고 수석정水石亭이라 하여 서를 쓰기도 하였다.

1719년 봄 영호남의 모든 사찰의 장로와 강사들 3백여 명이 모여 화엄강회 열기를 청하니, 그럴 수 없다고 사양하다가 간청이 너무 간절하여 부득이 강단을 열었다. 늦여름에 조금 편찮다가 10월에 미타삼존불의 개금불사를 펴고, 그달 17일에 염불을 하면서 왼발을 오른쪽 무릎에 얹고 입적하였다. 세수는 69세요, 법랍은 51세였다.

무용당은 침굉 현변枕肱懸辯(1616~1684)과 백암 성총(1631~1700)에게서 교학을 참구하였으며, 특히 백암의 문하에서 백암이 주도한 여러 불서佛書의 간행에 주도적으로 참여하여 이 시대 불서출판운동이라 할 수 있는 판각 사업의 한 축을 담당하였다. 아울러 선을 참구하기도 하였는데, 백암과 침굉 그리고 무용으로 이어지는 연결 고리가 이 시대 불교문화사의 한 국면을 담당하고 있다는 점에서 그의 유고문집에 담긴 여러 글들이 가지는 중요성이 크며, 이에 대한 연구가 활발하게 이루어질 필요성이 있다.

3. 서지 사항

제자들이 사후에 엮어 만든 유고문집으로서 상하 양 권으로 묶여 있다. 문집의 서문은 1724년에 찬국 옹餐菊翁이 썼으며, 순천 송광사에서 판각하였다. 현재 목판본이 동국대학교 중앙도서관에 소장되어 있다.

『무용당유고』는 상하권 1책의 체제로 되어 있다. 상권에는 장단시長短詩 등 4편, 오언절구 4편, 칠언절구 21편, 오언율시 13편, 칠언율시 36편 도합 78편의 시가 수록되어 있다. 시의 내용을 보면, 당대의 여러 유자들과 수증한 시 작품이 많아서 당대의 불교계의 활발한 사회적인 교유 양상을 살펴볼 수 있고, 아울러 그의 호가 보여 주듯 '무용無用'의 대기대용大機大用한 면모를 보여 주는 시편도 있다. 하권에는 서간문, 서문, 모연문, 상량문, 기문, 소문疎文, 제문 등 다양한 양식의 글 44편이 수록되어 있다. 조선 중후기의 중창 불사에 따른 모연문, 단청기와 일상적인 의식문인 소문疎文, 여러 책들을 펴내면서 붙인 서문, 여러 유자들과 나눈 편지글 등이 주목된다.

4. 내용과 성격

1) 일반 문사와 도반들과의 교유시

　상권에 수록된 시에는 도반이나 스승 혹은 세속의 선비들에게 주는 수증시가 다양하여 그의 폭넓은 교유 양상과 불교계에서의 위치를 가늠할 수 있게 한다.

　일반 문사들 중에는 특히 영상領相 이광준李光俊, 대사성大司成 최창대崔昌大, 참판參判 이진유李鎭儒, 교리校理 임상덕林象德, 양양襄陽 최계옹崔季翁, 삼연三淵 김창흡金昌洽, 순천順天 황익재黃益再 등에 대한 수증시가 큰 비중을 차지하고 있다. 〈이 어사에게 증정한 장시(奉呈李御史長詩)〉, 〈홍양 원님에게 올리다(上興陽倅)〉, 〈최 양양이 보낸 시에 삼가 차운하다(謹次崔襄陽寄韻)〉, 〈최 정언의 시에 삼가 차운하다(謹次崔正言韻)〉, 〈이 방백이 솜옷과 먹과 붓을 보내 주었기에 시를 지어 사례하다(上李方伯謝綿墨管)〉, 〈삼청각에서 김 상사 시에 삼가 차운하다(三淸閣謹次金上舍)〉, 〈우연히 절구 한 수를……황 부사에게 증정하다(偶得一絕句庶可獻笑謹寫仰呈黃府使)〉, 〈홍 순상에게 올리다(上洪巡相)〉, 〈강남의 부백에게 올리다(上江南府伯)〉, 〈삼연 선생의 시에 삼가 차운하다(敬次三淵先生高韻)〉, 〈강남의 부백에게 올리다(上江南府伯)〉, 〈방백에게 올리다(上方伯)〉, 〈또 강남의 부백에게 증정하다(又呈江南府伯)〉, 〈이 방백에게 삼가 증정하다(謹呈李方伯)〉, 〈승평의 원에게 증정하다(呈昇平倅)〉, 〈황 부사에게 기증하다(寄呈黃府使)〉, 〈산양의 원에게 올리다(上山陽倅)〉 등의 시가 대표적이다.

　도반들과의 교유시는 많지는 않으나 〈백암에게 삼가 올리다(謹呈栢庵)〉, 〈규 상인이 이야기를 청하기에 답하다(賽規上人之求話)〉 등이 대표적이다. 여기에는 그의 삶의 지향과 수도인으로 살아가는 자세가 드러나 있어 그 의미가 예사롭지 않다. 본서의 번역을 인용하여 감상해 보자.

장부가 한번 그 몸을 맡겼으면	丈夫一委其身後
칼을 들이대도 마음 바꾸지 않는 법	白刃當胸不易心
더구나 이 세상이 이처럼 뜨거운데	況乎世界伊麼熱
누가 정전백수의 그늘을 벗어나리오	誰外庭前栢樹陰

〈백암에게 삼가 올리다(謹呈栢庵)〉

이 시는 스승인 백암 성총에게 드리는 작품이다. 백암 성총은 첫눈에 대기대용한 무용의 사람됨을 예지하고, 이를 문도들에게 공표한 스승이었다. 무용은 백암 문하에서 몇 년 동안 모든 경장을 두루 섭렵한 뒤 6~7년 동안 여러 암자에서 강설도 하고, 참선 수행도 하며 대중을 이끌었다. 이후 다시 백암에게 나아가 『화엄경』을 강설 받고 관련서를 출판하였으며, 백암 선사의 화엄법회에 동참하였고, 후에 백암의 강석을 이어받게 된다. 이 시는 백암 문하에서 참선 정진할 때 자신의 수행의 각오를 드러낸 것으로 생각할 수 있다. 욕망과 성냄과 어리석음에 물든 무리들이 아우성치는 이 화택火宅 세상에서 벗어나는 길은 참선 수행이라는 당위와, 칼날이 가슴에 들어와도 끝내 마음 바꾸지 않으리라는 다짐이 간명하게 드러나 있다.

자신의 지향을 뚝심 있게 보여 주고자 했던 젊은 시절의 투박한 정서는 세월의 흐름과 함께 자연 속에서 자연의 대상을 통해 비유적으로 드러내는 여유를 획득한다.

두견 소리 속에 저물어 가는 봄날	杜宇聲中春欲暮
들꽃은 마구 지고 풀은 막 푸르도다	山花亂落草初靑
조주는 무슨 일로 뜰 앞을 오염시켜	趙州何事庭前汚
잣나무에 무단히 비린내를 풍겼는고	栢樹無端帶一腥

〈규 상인이 이야기를 청하기에 답하다(賽規上人之求話)〉

이 시는 "옛사람이 답하는 이야기는 모두 지시하는 곳이 있지만, 이 늙은이는 졸렬해서 아무 기량도 없고 별로 지시할 것도 없다. 이것이 바로 무용이 무용으로 된 까닭이다."라는 부제를 달고 있다. 이 시는 규 상인이 법어를 청하여 수증한 것이기는 하나, 격식이나 기발한 수사에 대한 욕심을 애초부터 내려놓고 부른 자신의 낙도가樂道歌임을 알 수 있다. 봄이 저무니 두견새가 우는 것일진대, 꽃이 지고 봄풀이 더욱 파릇파릇해지는 이 순간 자연 그대로의 모습이 본래의 진면목임을 드러내면서 조주의 '뜰앞의 잣나무'라는 화두마저 부질없음을 설파하고 있다.

2) 선적 흥취가 우러난 시

대사가 남긴 시 가운데 대부분은 세속이건 산중이건 혹은 둘 사이의 관계이건 타자와의 관계성 속에서 자신의 목소리를 변주시킨 것들이다. 그런데 이러한 관계의 그물망을 벗어나 가장 한가로운 어떤 순간에 꼭 지어야겠다는 의식 없이 지어진 시들이 있다. 주로 '우음偶吟'이라는 제목의 시들은 이처럼 누구에게 보여 주어야겠다는 의식이 앞서지 않아 시인 자신의 내면을 엿볼 수 있는 좋은 재료가 될 수 있다.

산봉우리 삐죽삐죽 냇물은 졸졸	群峰矗矗水淙淙
부처와 조사의 심장이 바로 이 속에	佛祖心肝只此中
노능盧能은 무슨 일로 공연히 입을 열어	盧能底事閑開口
본래 한 물건도 없다 감히 말했는고	敢道從來一物空
	〈우음偶吟〉

어떤 물건이 여기에 고금을 꿰었는데	何物於斯貫古今
나는 번개 속에서 바늘을 꿸까 걱정일세	我愁穿却電中針

일백 구비 시냇물은 황두의 혀요	溪流百曲黃頭舌
일천 그루 잣나무는 벽안의 마음이라	栢樹千章碧眼心
중은 석장 떨치며 이끼 낀 오솔길 속으로	僧拂錫歸苔逕細
학은 새끼 데리고 흰 구름 잔뜩 낀 곳으로	鶴將雛入白雲深
누가 알까 동산에 높이 누운 나그네가	誰知高臥東山客
천지를 베개와 이불로 삼고 있는 줄을	能以乾坤作枕衾

〈우음偶吟〉

　첫째 수의 수련에서, 봉우리와 물에 부처나 조사의 마음이 있다는 표현에서 다채로운 마음의 향연을 읽을 수 있다. 푸르디푸른 하늘과 눈부신 하늘, 빛의 향연, 하늘 향해 솟아오른 봉우리들과 그 무성한 푸르름, 봉우리 사이를 흐르는 계곡물, 그리고 물빛과 소리……. 이렇게 보면 내가 바라보고 느끼는 이 자연, 그리고 그 속의 나까지도 하나하나가 다 부처요, 조사의 마음이라는 의미가 담겨 있다. 이러한 순간에 '본래일물건'이니 아니니 하는 분별은 껍데기에 불과한 것이다. 굽이굽이 시냇물, 그루그루 잣나무 모두가 조사의 마음이요 설법이라는 대목에 이르러서는 운수납자로 무한한 흥을 지니며 도를 닦는 무용의 모습과 마음이 그려진다. 그리하여 그는 인용한 둘째 수의 마지막 구에서 다시 한번 고양된 정서를 표출하게 된다. 하늘을 베개로 땅을 이불로 삼고 사는 '나그네'의 대기대용大器大用함을 드러내고 있는 것이다.

　이상의 시에서 우리는 강인한 수행의 자세를 바탕에 감춘 채 그의 시에 흐르는 여유와 넉넉함을 살펴보았다. 이러한 여유와 넉넉함이 때로는 익살스런 표정으로 나타나기도 한다. 다음은 스님의 익살과 눙치는 맛이 살아 있는 시다.

오랜 시간 들판에 있던 황관의 나그네가	多時在野黃冠客

하루 저녁에 조정에 올라 백옥의 낭관 되었네	一夕登朝白玉郎
거짓 버리고 진실을 밝힌 기자箕子의 전각이요	去僞明眞箕子殿
사邪를 꺾고 정正을 드러낸 저공杵公의 관아로세	摧邪現正杵公堂
고대광실에 일찍 들면 천군天君이 기뻐하고	朱門早入天君喜
도성 거리 지체하면 송작宋鵲이 내려온다네	紫陌遲回宋鵲降
노쇠해서 젊을 때 일을 논할 것 있으리오	老朽何論年少事
전원에 돌아와 상마桑麻가 크는 것만 보노라	歸田但見桑麻長

〈쌀(米)〉

한 톨의 쌀이 입으로 들어가 장을 거쳐 변으로 나오는 과정과 다시 거름으로 뿌려지는 과정이 재미있게 묘사된 시다. 비유의 원관념을 제시하면, 곧 황관의 나그네(黃冠客)는 누런 벼, 백옥의 낭관(白玉郎)은 흰쌀, 기자箕子의 전각은 키, 저공杵公의 관아는 방아, 고대광실(朱門)은 입, 천군天君은 배, 도성 거리(紫陌)는 위장·대장, 송작宋鵲은 대변을 비유하는 것으로 해석이 가능하다. 매우 해학적인 작품이다. 무용無用이라 함은 쓸모없다는 뜻이고, 쓸모없다는 것은 텅 비어 있음, 의도하지 않음, 욕심내지 않음 등의 의미를 내포한다고 볼 때, 비어 있음의 세계관에서 이러한 파격의 시, 무르익은 익살의 표현이 나오는 것이 아닐까 생각한다.

3) 산문의 세계

하권에는 특히 무용 수연의 교유의 양상을 보여 주는 여러 편의 편지글과 조선 중후기의 불교계의 중창 불사의 경향을 보여 주는 발원문, 이 시기 전라도 순천을 중심으로 이루어진 판각 불사의 과정에서 지은 서문과, 재 의식에 소용된 여러 편의 소문疏文이 주목된다.

먼저 서간문에는 앞서 상권에 보이는 여러 유자, 문사들과의 교유의 양상을 잘 보여 주고 있다. 여기에는 〈최 정언에게 부친 글(寄崔正言書)〉, 〈임 교리에게 올린 글(上林校理書)〉, 〈황 부사에게 올린 글(上黃府使書)〉, 〈임 교리에게 올린 글(上林校理)〉, 〈최 상국에게 부쳐 올린 글(寄上崔相國書)〉, 〈곡성의 원에게 올린 글(上谷城倅)〉, 〈호남 방백에게 삼가 올린 글(謹上湖南方伯)〉 등이 있다.

이 시기 징광사에서 백암 성총에 의해 주도된 판각 불사에 참여한 인물로서 그의 활동을 보여 주는 서문으로는, 『심경소기회편』의 서문(心經疏記會編序)〉, 〈『신간 범음집산보』의 서문(新刊梵音集刪補序)〉, 〈『중간 선문염송설화』 서문(重刊禪門拈頌說話序)〉 등이 있다.

중창 불사에 따른 다양한 모연문으로는, 〈영남로 곤양군 봉명산 직조암 신축 모연문(嶺南路昆陽郡鳳鳴山直照庵新成募緣文)〉, 〈단교 모연문(斷橋募緣文)〉, 〈태안사 봉서암 신축 모연문(泰安寺鳳瑞庵新建募緣文)〉, 〈조계산 송광사 함청각 단청 모연문(曹溪山松廣寺含淸閣丹雘募緣說)〉, 〈태안사 삼일암 신축 모연문(泰安寺三日庵新建募緣文)〉, 〈백운암 불전 모연문(白雲庵佛殿募緣文)〉 등이 있고, 상량문으로는 〈성기암 상량문(聖祈庵上樑文)〉이 있다.

사찰 부속 건물로서 자연의 경개와 자신의 주관적 의미 부여가 조화를 이루는 기문으로는, 〈매학당의 기문(梅鶴堂記)〉, 〈조계산 선암사 영성루의 기문(曹溪山仙巖寺迎聖樓記)〉, 〈양성당의 기문(養性堂記)〉, 〈승평부 대광산 용문사의 새로 그린 용화회에 대한 기문(昇平府大光山龍門寺新畫龍華會記)〉, 〈승평부 대광산 은봉암의 기문(昇平府大光山隱峰庵記)〉, 〈곡성현 통명산 운흥사 원통암 창건 기문(谷城縣通明山雲興寺圓通庵新剏記)〉, 〈조계산 송광선원 수석정의 기문(曹溪山松廣禪院水石亭記)〉 등이 있다.

이외에 여러 의식에서 소용되는 글로는, 〈경상도 양산 통도사 성골 영탑 및 호남 구례 화엄사 장륙상을 중수하고 경찬한 소(慶尙道梁山通度寺聖骨靈塔及湖南求禮華嚴寺丈六重修慶讚疏)〉, 〈맹인경찬소(盲人慶讚疏)〉, 〈야소(夜疏)〉, 〈중소(中疏)〉, 〈혜공당 소상재의 야소(慧空堂小祥齋夜疏)〉, 〈주소(晝疏)〉, 〈개흥사 수륙재의 주소(開興寺水陸齋畫疏)〉, 〈찬불소讚佛疏〉 등이 있다. 이외에 제문으로서 〈부휴당의 제문(祭浮休堂文)〉과 시 형태의 제문인 〈백암당의 제문(栢庵堂)〉, 〈추월당의 제문(秋月堂)〉 등이 있다.

5. 가치

1681년 전라남도 신안 앞바다 임자도에는 중국에서 출항한 배 한 척이 표류하여 이르렀는데, 사람은 없고 여러 불서들만 가득하였다. 여기에는 정토, 화엄과 관련된 여러 책들이 190여 권이 실려 있어 동아시아 불교 서적 유통사에서 특이한 사건으로 기록된다. 이들 자료를 수습하면서 백암 성총은 징광사澄光寺에서 10여 년에 걸친 장기간의 판각 불사를 일으켰다. 바로 이 판각 불사는 조선 중후기의 불교사상 및 불교문화사에서 중요한 의의를 지니고 있다. 이 시기에 무용 수연은 백암 성총의 제자로서 판각 불사의 중심 역할을 하였는데, 『무용당유고』에는 이러한 무용의 역할을 가늠해 볼 수 있는 여러 편의 글이 있어 주목된다.

또한 문집에는 경향 간에 걸쳐 있는 여러 고관 및 김창흡金昌翕 등의 문사들과 교유하는 양상도 뚜렷하여 사회적 교유의 실상과 문화적 교류의 양상을 살펴보기에 좋은 자료를 제공하고 있다. 아울러 그의 당호인 '무용無用'의 대기대용大機大用함을 추구했던 그의 삶과 문학의 세계가 작품 면면에 잘 드러나 있다. 이러한 『무용당유고』의 위상에 대해서 그동안 시문학적 측면만 개략적인 소개를 했을 뿐, 문화사적 맥락이나 불교사적 맥락에서 그 위상을 제대로 규명하지 않은 점은 아쉬움으로 남는다.

6. 참고 자료

김달진 역,『無用堂集』, 동국대학교 역경원, 1994.
이종찬,「無用의 詩」,『한국불가시문학사론』, 불광출판부, 1993.

차례

무용당유고 해제 / 5
일러두기 / 23
무용집 서문 / 25

무용당유고 상 無用堂遺稿 上

시詩-4편

이 어사에게 증정한 장시 奉呈李御史長詩 31
김 석사가 혜영에게 준 장단시에 삼가 화운하다 謹和金碩士贈慧穎長短詩 33
송광사 보광전의 단청을 보수하며 모연한 시 松廣寺普光殿丹雘改新募緣詩 34
송광사 대웅전의 단청을 보수하며 모연한 시 松廣寺大佛殿改新丹青募緣行 36

오언절구五言絶句-4편

김 점마와 헤어지며 올리다 奉別金點馬 37
홍양 원님에게 올리다 上興陽倅 38
수석정에 홀로 앉아 삼유삼무시를 짓다 獨坐水石亭作三有三無詩 39
최 양양이 보낸 시에 삼가 차운하다 謹次崔襄陽寄韻 40

칠언절구七言絶句-21편

칠봉암七峯庵 41
정원의 꽃이 사람을 보고 웃기에 庭花向人笑 42
백제회고의 시에 차운하다 次百濟懷古韻 43
의명 스님을 보내며 送義明上人 44
최 정언의 시에 삼가 차운하다 謹次崔正言韻 45
또 부치다 又寄 46
백암에게 삼가 올리다 謹呈栢庵 47
원통암기에 제한 시 題圓通庵記詩 48

규 상인이 이야기를 청하기에 답하다 賽規上人之求話 49
이 방백이 솜옷과 먹과 붓을 보내 주었기에 시를 지어~ 上李方伯謝綿墨管 50
서울 손님에게 주다 與京客 51
곡성의 원이 부르는 운에 삼가 차운하다 謹次谷城倅呼韻 52
삼청각에서 김 상사 시에 삼가 차운하다 三淸閣謹次金上舍 53
또 차운하다 又次 54
우연히 절구 한 수를 지었는데 한번~ 偶得一絶句 庶可獻笑 謹寫仰呈黃府使 55
김 처사의 시에 차운하다 次金處士韻 56
홍 순상에게 올리다 上洪巡相 57
참선을 마치고 해 어산의 청에 응하다 禪餘應海魚山之求 58
신덕정사의 십영 新德精舍十詠 59
우음偶吟 62
유 수재의 시에 차운하다 次柳秀才韻 63

오언율시 五言律詩 -13편

가지산 보림사에서 伽智山寶林寺 64
강남의 부백에게 올리다 上江南府伯 65
또 又 66
선화자가 방장산으로 돌아가는 것을 전송하며 送禪和子歸方丈山 67
매학당에 제하여 부치다 寄題梅鶴堂 68
팔영산에 오르다 登八影山 69
여름날에 조계에서 다시 노닐며 夏日再遊曹溪 70
박 찰방에게 부치다 寄朴察訪 71
김 수재에게 부치다 寄金秀才 72
송광사에서 계당 현판의 시에 차운하다 松廣寺次溪堂板上韻 73
수석정에 제하다 題水石亭 75
삼연 선생의 시에 삼가 차운하다 敬次三淵先生高韻 76
안 석사가 홍시를 보냈기에 시를 지어 사례하다 安碩士送紅柿以詩謝之 78
산양 원에게 부치다 寄呈山陽倅 79

칠언율시 七言律詩 - 36편

우음 偶吟 ……… 80
이 도사에게 올리다 上李都事 ……… 81
보림사 벽 위의 시에 차운하다 次寶林寺壁上韻 ……… 82
강남의 부백에게 올리다 上江南府伯 ……… 83
민 참의의 복사에 올리다 上閔參議鵩舍 ……… 84
민과 안 두 장로가 돌아가는 것을 전송하며 送敏眼二長老歸 ……… 85
접중의 제사에게 보이다 示接中諸士 ……… 86
징광사 오선루에 제하다 題澄光寺五禪樓 ……… 87
부도암에 제하다 題浮屠庵 ……… 88
영 상인의 시축에 차운하다 次玲上人軸韻 ……… 89
냉 상인의 시에 차운하다 次冷上人韻 ……… 90
방백에게 올리다 上方伯 ……… 91
또 강남의 부백에게 증정하다 又呈江南府伯 ……… 92
정 석사에게 부치다 寄呈鄭碩士 ……… 93
백운산 가가대에 제하다 題白雲山呵呵臺 ……… 94
신 수재에게 주다 贈申秀才 ……… 95
쌀 米 ……… 96
천등산에 올라 登千燈山 ……… 97
백천사에 제하다 題百泉寺 ……… 98
최 진사의 유고 뒤에 제하다 題崔進士遺稿後 ……… 99
봉서암에 제하다 題鳳瑞庵 ……… 100
화연 제자인 비구 지택과 우바새 ~ 化緣弟子比丘智擇 波塞呂圓明等募緣 ~ ……… 101
이 방백에게 삼가 증정하다 謹呈李方伯 ……… 102
양 진사의 앞 시에 추후하여 차운하다 追次梁進士前韻 ……… 103
산루에 누워 읊다 山樓臥吟 ……… 104
백마강 회고의 시에 차운하다 次百馬江懷古韻 ……… 105
시천 이 생원의 모정 시에 차운하다 次詩川李生員茅亭韻 ……… 106
동복 적벽의 시에 차운하다 次同福赤壁韻 ……… 107
물염정의 시에 차운하다 次勿染亭韻 ……… 108

이 방백에게 올리다 上李方伯 109
윤 상사에게 증정하다 呈尹上舍 110
조 정자에게 증정하다 呈趙正字 111
승평의 원에게 증정하다 呈昇平倅 112
태허재의 시에 차운하다 次太虛齋韻 113
황 부사에게 기증하다 寄呈黃府使 114
산양의 원에게 올리다 上山陽倅 115

무용당유고 하 無用堂遺稿 下

문文-44편

요청에 응하지 않으며 답한 글 答未赴書 119
최 정언에게 부친 글 寄崔正言書 122
임 교리에게 올린 글 上林校理書 126
황 부사에게 올린 글 上黃府使書 128
임 교리에게 올린 글 上林校理 130
김 수사에게 부친 글 寄金秀士 132
최 상국에게 부쳐 올린 글 寄上崔相國書 135
곡성의 원에게 올린 글 上谷城倅 138
호남 방백에게 삼가 올린 글 謹上湖南方伯 140
이 석사에게 답한 글 答李碩士 142
백암 화상 문집 서문 栢庵和尙文序 145
『심경소기회편』의 서문 心經疏記會編序 150
『신간 범음집산보』의 서문 新刊梵音集刪補序 152
『중간 선문염송설화』서문 重刊禪門拈頌說話序 154
영남로 곤양군 봉명산 직조암 신축~ 嶺南路昆陽郡鳳鳴山直照庵新成募緣文 157
단교 모연문 斷橋募緣文 159
태안사 봉서암 신축 모연문 泰安寺鳳瑞庵新建募緣文 161
조계산 송광사 함청각 단청 모연문 曹溪山松廣寺含淸閣丹雘募緣說 163

태안사 삼일암 신축 모연문 泰安寺三日庵新建募緣文 ……… 165
백운암 불전 모연문 白雲庵佛殿募緣文 ……… 166
성기암 상량문 聖祈庵上樑文 ……… 167
매학당의 기문 梅鶴堂記 ……… 170
조계산 선암사 영성루의 기문 曹溪山仙巖寺迎聖樓記 ……… 173
양성당의 기문 養性堂記 ……… 176
승평부 대광산 용문사의 새로 그린~ 昇平府大光山龍門寺新畫龍華會記 ……… 178
승평부 대광산 은봉암의 기문 昇平府大光山隱峰庵記 ……… 182
곡성현 통명산 운흥사 원통암 창건 기문 谷城縣通明山雲興寺圓通庵新刱記 ……… 185
조계산 송광선원 수석정의 기문 曹溪山松廣禪院水石亭記 ……… 187
경상도 양산 통도사 성골 영탑~ 慶尙道梁山通度寺聖骨靈塔及湖南求禮華嚴寺~ ……… 189
맹인경찬소 盲人慶讚疏 ……… 193
야소 夜疏 ……… 195
중소 中疏 ……… 197
혜공당 소상재의 야소 慧空堂小祥齋夜䟽 ……… 198
주소 晝䟽 ……… 200
개흥사 수륙재의 주소 開興寺水陸齋晝䟽 ……… 202
야소 夜疏 ……… 204
중소 中疏 ……… 206
찬불소 讚佛疏 ……… 208
일로의 승려 등을 대신하여 몇 년 동안~ 代一路髡首等 謝積年歲二度別貿紙啓~ ……… 211
곡성의 원에게 올린 글 上谷城倅 ……… 214
강남의 부백에게 올린 계문 上江南府伯啓 ……… 216
부휴당의 제문 祭浮休堂文 ……… 219
백암당의 제문 栢庵堂 ……… 220
추월당의 제문 秋月堂 ……… 221

무용당 대선사의 행장 無用堂大禪師行狀 ……… 222

주 / 230
무용당유고 번역 후기 / 283

찾아보기 / 285

일러두기

1 '한글본 한국불교전서'는 문화체육관광부의 지원을 받아 동국대학교 불교학술원에서 수행하고 있는 '불교기록문화유산아카이브사업(ABC)'의 결과물을 출간한 것이다.

2 이 책은 『한국불교전서』(동국대학교출판부 간행) 제9책의 『무용당유고無用堂遺稿』를 저본으로 하여 번역하였다.

3 번역문에 이어 원문을 병기하였다. 원문은 『한국불교전서』를 저본으로 하였으며, 문文과 행장行狀의 원문에 간단한 표점 부호를 넣었다.

4 원문 교감 내용은 원문 아래에 표기하였다. ㉑은 『한국불교전서』의 교감 내용을, ㉓은 번역자의 교감 내용을 가리킨다.

무용집無用集 서문

찬국 옹餐菊翁은 말한다.

죽음과 이웃하기가 두려워서 다섯 번이나 땅을 옮겼으나 가는 곳마다 온갖 재앙을 만나 피하기에 급급하였다. 이에 구두초약狗竇抄藥[1]을 하는 것도 아예 포기한 채 오직 숙세宿世의 인연으로 유희삼매遊戱三昧(無碍自在)의 경계에서 노닐며, 그동안 감추어 둔 붓에 애써 입김을 불어넣어 조계曹溪의 무용無用 선자禪子를 간파看破하는 것으로 공안公案을 삼았다.

지난해에 어떤 객客이 무용의 시문 몇 구절을 외우며 옹翁에 대하여 묻기를, "이이는 그의 스승인 백암栢巖과 비교해서 어떠한가?"라고 하기에 "혜가慧可가 정수精髓를 얻었다는 것은 누가 가르쳐 주지 않아도 알 수 있는 일이다."[2]라고 하였다. 어떤 이는 어쩌면 저화비영咀華蜚英의 풍조[3]에 휩쓸려 물든 것으로서, 그 집안에서 말하는 법진法塵[4]에 돌아가지 않으면 칠원漆園(莊子)의 찌꺼기 법으로 돌아간다고 비평할지도 모르겠다. 그러나 지금 그의 문집을 상고해 보건대, 대개 아무렇게나 지은 불협화음이 아니요, 백업白業(善業)에 마음을 정진한 뒤의 여가에 지은 아름다운 말들인데, 이 역시 금구목설金口木舌[5]의 뜻에서 나와 방편으로 지은 것들이라고 하겠다.

시험 삼아 한두 가지 예를 들어 보겠다. 가령 "나의 자취만을 알 뿐, 나의 근본은 알지 못하는데, 나는 문자 없는 광대한 경을 지니고 있다."⁶라는 『백암집栢巖集』의 서문으로 말하면, 저산杼山의 「방기필연문放棄筆硏文」에 나오는, "나는 그대를 부리느라 피곤하고, 그대는 나의 무지가 곤혹스러울 것이니, 내 장차 그대를 놓아주어 각기 본성에 돌아가게 하고자 한다."⁷라는 내용과 몸은 달라도 마음은 합치되었다고 할 것이요, "그대는 나랏일 애쓰는 북쪽에서 온 나그네요, 나는 내 한 몸 좋게 하는 남쪽에 누운 중이로세."⁸라는 방백方伯에게 올린 시의 구절로 말하면, 선월禪月이 월越과 촉蜀 두 지방을 나그네로 떠돌 적에 지은, "칼 하나 서릿발 위엄"이나 "점점 늙어 가기에 마음먹고 건너왔소."⁹라는 구절과 입은 달라도 소리는 똑같다고 할 것이니, 그러고 보면 과거가 아닌 오늘날, 중국이 아닌 이 땅에서 문사文士와 사인詞人을 인도하여 불타의 지혜에 들어오게 하고, 또 웅번雄藩의 패주霸主를 우습게 보며 세상의 영화를 거들떠보지 않았다고 말을 해도 좋을 것이다.

옹翁이 바야흐로 배사하여 분사하어盃蛇河魚에 시달리다가 자신도 모르게 베개를 밀치고 생기를 되찾았으니, 이는 거연居然히 유마 거사維摩居士가 문수文殊의 문병問病을 계기로 불이법문不二法門을 개시開示한 것과 같아서, 곧바로 씻은 듯이 그 의심이 몸에서 사라졌다.¹⁰ 아, 기器를 보여 주었으면 그 도道를 알아야 하고,¹¹ 경지를 내어 주었으면 (與竟) 안심安心을 해야 할 것인데,¹² 단지 음풍농월(吟風抹月)하는 솜씨를 가지고 우리 스님을 단정하려 들었단 말인가.

일찍이 목재牧齋 몽수蒙叟가 승려의 시권詩卷에 제題하면서 말하기를, "옛사람이, 승려의 시는 소순蔬筍의 기미氣味가 싫다고 하였다. 소순의 기미를 꺼려서 비리고 삭히고 살지고 맛있게 한다면, 승려의 본색本色은 다 사라져 버릴 것이니, 그렇다면 그런 시는 또 어디에서 구할 것인가?"¹³라고 하였다. 사공 표성司空表聖은 "시 읊을 줄 아는 승려도 속되다."¹⁴라고 하였는데, 그렇다면 더구나 승려이면서 시를 읊을 줄 모르는 경우야 또 어떻다고 하겠는가.

유몽득劉夢得이 말하기를, "사문沙門을 한어漢語로 번역하면 욕심을 떠난다(離欲)는 뜻이 된다. 욕심을 떠나면 사방 한 치 되는 마음에 1만 경치가 들어오게 되고, 일단 들어오고 나면 반드시 흘려보내는 곳이 있어야 하니, 그것을 바로 문사文詞로 드러내고 성률聲律로 내보내는 것이다. 그러고 보면 사문이 된 자 가운데 욕심을 떠나지 못하고서 시를 잘 짓는 자는 없다고 해야 할 것이다."라고 하였다.

옹翁이 이 말을 재삼 음미하는 동안 마음속의 의혹을 없앨 수 있었다. 나의 공안公案을 해결하는 열쇠가 바로 여기에 있었으므로 마침내 이를 취하여 문집의 서문으로 삼게 되었다.

알봉집서閼逢執徐(갑진년) 여월余月(4월) 하한下澣(하순)에 찬국 옹은 문희비재聞喜匪齋에서 쓰다.

無用集序

飡菊翁說。怕死隣。五遷其地。刼刼百罹。倂抛狗竇抄藥。唯是宿因。游戲三昧。勉嘘已韜之笔。勘破曹溪無用禪子爲公案。逴[1]歲客有誦數句。顏語問翁。是與其師栢巖何如。答以慧可得髓。暗模[2]可知。或者染連於咀華蕋英。不歸渠家法塵。則歸漆園贏法。洒今按卷。盖非物於淰瀿者。精心白業。餘力綺語。金口木舌。有方有便。試拈一二。如以徒知我迹。不知我本。我有廣大沒字經。序柏巖集。則與杼山放棄筆硏文。我疲爾役。爾因我愚。我將放汝。各歸本性。分身而合性。如以賢勞王事北來客。獨善其身南臥僧。上方伯詩。則與禪月客遊越蜀兩邦。一劒霜寒之句。垂垂老得得來之聯。異口而同聲。籍今易地。可率勸文士詞人。令入佛智。又眇視雄藩霸主。不博世榮。矲矣。翁方困盃蛇河魚。不覺堆枕起生。居然維摩居士。因文殊曰疾。開示不二法門。即灑然袪軆。噫。見器而知道。與竟而安心是。可但以批風抹月之工。而槃師也哉。甞觀牧齋蒙叟題僧卷。而曰昔人言僧詩忌蔬荀氣。

忌蔬荀之氣而腥膿肥厚之。是嗜僧之本色盡矣。詩于何有。司空表聖有言。解吟僧亦俗。而況僧而不解吟者乎。劉夢得曰。沙門華言離欲也。離欲則方寸地虛而萬景入。入必有所洩。乃形于詞而遺乎聲律。然則爲沙門者。未有不能離欲。而能工于詩者也。翁也三復斯言。犂怯于心。勘破公案。於是乎在。遂取而弁諸簡。

閼逢執徐余月下澣。餐菊翁書于聞喜匪齋。

---

1) ㉠ '迬'은 '往'의 이체자이다. 2) ㉠ '暗模'는 '暗中摸索'의 준말인 '暗摸'의 오기이다.

무용당유고* 상
| 無用堂遺稿 上 |

시詩

* 무용당유고無用堂遺稿 : 조선시대 중기에 조계산의 송광사, 선암사 등지에서 주석했던 무용 수연無用秀演(1651~1719)이 남긴 시문집이다. 『한국불교전서』 9책에 수록된 『무용당유고』의 저본은 옹정雍正 2년(1724) 전라도 순천 송광사松廣寺 판본으로 동국대학교 중앙도서관에 소장되어 있다.

이 어사에게 증정한 장시
奉呈李御史長詩

시냇가 정자에 독좌하니 정히 적막한데	溪亭獨坐正寥寥
말없이 석벽 대하니 단풍이 반쯤 붉어라	默對巖崖楓半紫
거미는 구물구물 눈앞으로 내려오고	蜘蛛冉冉下眉端
까막까치는 오늘 따라 요란하게 지저귀네[15]	烏鵲噪噪聲甚異
아니나 다를까 공음[16]이 기쁘게도 텅 빈 골에	俄聞虛谷跫音喜
고개 빼고 어깨 쳐들고 눈과 귀 집중하니	引領聳肩擡眼耳
높다란 관에 큼직한 신발이 홀연히 내 앞에	峩冠巨履忽近前
깜짝 놀라 내려와서 신발도 거꾸로 신었다오[17]	驚起下堂仍倒屣
상봉하여 한번 웃으며 말도 나누기 전에	相逢一笑未及語
두 사람 마음 먼저 맞아 피차를 잊었다네	兩心先契忘彼此
온온한 옥의 용모에 아름다운 수염이여	溫溫玉貌美鬚髥
노련魯連만이 천하의 선비가 아니로세[18]	魯連不獨天下士
어찌 듣지 않았으랴 옛날 사람들이	豈不聞乎古之人
삼생을 출몰하며 윤회한 이야기를	出沒三生翻覆理
삼백 년 전의 허현도가	三百年前許玄度
삼백 년 뒤의 배공미요[19]	三百年後裵公美
더구나 또 청련靑蓮이 유배되어 내려오고[20]	況復靑蓮謫下來
재생한 양호는 전생에 이씨였음이리오[21]	再世羊祜[1)]前姓李

공의 미우를 살펴보니 역시 천상의 인물	看公眉宇亦天人
응당 옥황상제의 향안리였으리²²	應是玉帝香案吏
잘못 떨어져 인간 세상 나그네 되었어도	雖然誤落客人間
다행히 성군 만나 한평생 기약하였다네	幸逢明主期終始
누가 알랴 옥당의 옛날 한림학사께서	誰知玉堂舊翰林
지금 호남 지방 새 어사가 되신 줄을	今作湖路新御史
문장이 금수의 뱃속에서 우러나왔으니	文章出自錦繡腸
세찬 불꽃이 어찌 만 길뿐이리오²³	光焰不啻萬丈止
나의 신정新亭 사운 시에 화답하시니	和我新亭四韻詩
백옥의 못 위에 연꽃이 솟아난 듯하네	白玉池面芙蓉起
내일 귀경하려다가 차량의 길이 막혀	明朝欲歸兩遮路
하루 더 머무르니 마음은 만 리 저쪽	一日更留心萬里
아 나는 기가 쇠하여 목숨이 실낱 같다 할까	嗟吾氣衰命如綫
머리는 희고 이는 누렇고 몸은 뼈만 남았다네	髮白齒黃肥肉死
망가진 수레와 같아 걸어 다닐 수도 없이	正如破車不能行
하나의 일도 못 이룬 채 늙기만 했소 그려	一事無成徒老矣
나는 미천의 석도안이 아니지만	我非彌天釋道安
공은 바로 사해의 습착치이신 분²⁴	公是四海習鑿齒
공의 왕림에 감사하여 졸시를 지었으니	感公重尋短作篇
보시고 가져다가 곤륜자²⁵에게도 보여 주오	看了持示昆崙子

---

1) 역 '羊祐'는 '羊祜'의 잘못이다.

김 석사가 혜영에게 준 장단시에 삼가 화운하다
謹和金碩士贈慧穎長短詩

혜영이 청한 장단시를 내가 살펴보고는	我觀慧穎所乞長句短句詩
화운하려니 왕장王張 음하陰何²⁶ 아님이 부끄러워	欲步愧非王張與陰何
이백처럼 금수장에서 천연으로 꺼냈으리니²⁷	天然抽出李白錦繡腸
두보를 본받아 쓰고 떫게 오래 신음했겠는가	不學杜甫苦澁久沉哦
하늘의 마음이 본래 지공무사하다고 한다면	若謂天心至公本無私
그대에게 묘재를 줌이 어찌 그리도 많은고	妙才與子何其多
통쾌하기가 마치 내 낀 만경창파 위에	快若烟波萬頃上
큰 돛이 바람 맞아 쏜살같이 가듯 하누나	大颿飽風直截如箭過
아 나는 기력이 쇠해 감흥도 줄어들고	嗟吾氣衰興思魔
꽃이 져서 봄빛도 지금 이미 글렀어라	花落春光今已訛
그대는 모르는가 당 산인이 흘려보낸 표주박²⁸을	君不聞唐山人苦瓢流
화운한 내 시를 내열內熱이 불태우게 하지 마오²⁹	莫使內熱焚吾和

송광사 보광전의 단청을 보수하며 모연한 시
松廣寺普光殿丹雘改新募緣詩

승평은 또한 소강남으로 일컫는 곳[30]	昇平亦號小江南
서쪽으로 조도[31] 따라 오십 리 지점	西行鳥道五十里
산이 있고 산 있으니 조계산이요	有山有山曹溪山
절이 있고 절 있으니 송광사로세	有寺有寺松廣寺
어느 시대 어느 분이 경영하였나	經始何時又何人
오백 년 전에 목우자牧牛子[32]가 중건했다오	五百年前牧牛子
고려는 어느 시대나 불교를 숭상하여	高麗連葉仰西敎
이 절도 당시에 성대한 일이 많았네	此寺當時多盛事
열다섯 분 대사가 차례로 나왔나니	十五大師次第出
지금도 사람들이 여래 사자라 칭한다오	至今人稱如來使
아전鵝殿[33]은 우뚝 솟아 하늘에 가깝고	鵝殿嶷嶷有近天
봉방蜂房은 꽉 들어차 빈 땅이 없었다네	蜂房撲撲無餘地
새벽 종소리 저녁 북소리 골을 울리고	晨鍾暮鼓咽衆壑
봉황과 용의 새끼들이 천 손가락을 채웠지	鳳雛龍子盈千指
얼마나 많은 고사가 수선修禪하러 왔던가	幾多高士入禪來
부역 피해 오는 평민은 볼 수 없었네	不見齊民逃賦至
지금 우리 도는 너무도 지리멸렬하여	卽今吾道甚凌遲
온통 보이는 건 코끼리 가죽에 개뼈다귀뿐	象皮狗骨滔滔是
범이 깊은 숲에 숨자 여우와 삵이 요란하니	虎逝深林亂狐狸
세상 사람이 천시하며 노예로 볼 수밖에	世人賤之奴虜視
어찌 사람을 탓하고 하늘을 원망하랴	俯仰人天豈尤怨
탁족과 탁영도 스스로 불러들이는걸[34]	濯足濯纓皆自致
불전은 먼지에 묻히고 단청은 벗겨져서	古殿埋塵落丹靑

새도 꽃을 물지 않고 물똥을 갈기기만	鳥不含花徒遺矢
탄식하며 호소해도 들어주는 사람 없이	告訴不聞咄嗟聲
바위에 누군가 비의非衣[35] 글자만 새겼구나	石上誰剔非衣字
성습性習이라 부르는 한 비구가 있어	有一比丘號性習
손에 침 바르고 감개하며 분발하였네	唾手奮發感慨志
묘채妙采는 모름지기 일검一劍을 구함으로부터요[36]	妙采須求一劍從
겸금兼金을 얻어 쌍남雙南을 사고 싶어 하였다네[37]	兼金欲市雙南自
주머니 속에 한 푼도 없다고 해도	然雖探囊一錢無
티끌 모아 태산이라는 말 있지 않던가	聞道塵聚高山起
단월檀越의 문 두드리며 굳게 서원하리니	肆扣檀門與楚盟
이는 남을 위하면서 자신을 위하는 일	此是爲人兼爲己
생각건대 필시 선남자 선여인은	想必善男善女人
이 사람 보면 환희심을 발하리라	眼見斯人心生喜
선업이 선보를 부름을 알고 싶으신가	欲知善業招善報
단정히 서면 그림자도 단정함과 같다오	端立形影正相似
금색두타[38]의 인연이 어찌 없으리오	金色頭陀豈無因
갈삿갓도 천자의 보위에 오르리라	蘆笠天子登寶位

송광사 대웅전의 단청을 보수하며 모연한 시
松廣寺大佛殿改新丹靑募緣行

광명보전을 처음 낙성했을 때는	光明寶殿始成時
단청이 현란하게 임곡을 비췄는데	丹靑絢爛照林谷
오랜 세월 비바람에 시달리다 보니	年深歲久雨兼風
금빛 채색 건물이 옻칠로 목욕한 듯	彩㮣金栱如漆沐
해가 떠도 더 이상 자색 연기 일지 않고	日照無復紫烟生
황혼에 보이는 건 날아다니는 박쥐들뿐	黃昏但見飛蝙蝠
사자좌獅子座가 비록 자금산에 있다 해도	猊座縱有紫金山
세상 사람은 겉만 보고서 심복하지 않는다오	世人見外心不伏
정명[39]의 후예인 한 분의 거사가	有一居士淨名餘
사람들과 복의 씨앗 나누려 하네	要與諸人同種福
모포도 터럭이 모여서 만들어지고	已見廣氈衆毛成
대지도 미진이 모여서 이루어진 것	又聞大地微塵簇
부처의 밭에 조금만 선의 씨를 뿌려도	佛田雖下小善種
금강을 삼키면 뱃속을 뚫고 나오듯 하리[40]	如食金剛穿胸腹
선업이 선보를 초래함을 알고 싶으신가	欲知善業招善報
서자西子[41]의 거울엔 서자의 얼굴만 비친다오	西子鏡中西子目
앙축컨대 황천이시여 밝게 굽어 살피사	仰祝皇天俯照臨
공평하게 혜택을 초목에 내려 주시기를	無私惠澤沾草木

오언절구
五言絶句

김 점마와 헤어지며 올리다
奉別金點馬

나뭇잎 떨어지며 가을빛도 흩어지고	葉落秋光散
텅 빈 하늘엔 높다랗게 기러기 한 점	天虛鴈點高
삼청이라 신선의 누각 위에서	三淸仙閣上
손을 보내려니 덩달아 싱숭생숭	送客亦勞勞

흥양 원님에게 올리다
上興陽倅

손은 해 지는 절간에 오고	客到黃昏寺
중은 흰 달 뜬 뜰에서 맞네	僧迎白月庭
상방에서 밤 깊도록 도란도란	上房深夜話
등불도 눈빛도 다 함께 정다워라	燈與眼俱靑

수석정에 홀로 앉아 삼유삼무시를 짓다
獨坐水石亭作三有三無詩

정자는 있는데 사방 벽은 없고	有亭無四壁
오직 있는 것은 한 칸의 탑상	唯有一間床
찾는 이도 없고 일도 없어서	無客又無事
중 한 사람이 석양에 꾸벅꾸벅	有僧眠夕陽

최 양양이 보낸 시에 삼가 차운하다
謹次崔襄陽寄韻

개골산이 양양을 굽어다 보니   皆骨俯襄陽
올랐는지 굳이 물어볼 것 있나   不須問登否
생각건대 응당 뱃속에 온통   想應大肚中
일만 이천 봉이 담겼을 텐데 뭘   貯萬二千岜

칠언절구
七言絶句

칠봉암
七峯庵

앞 강에 물 가득 잔잔한 거울 위에	水滿前江鏡面平
들바람 산들 불어 비단 무늬 일렁이네	岸風微動錦紋成
아득히 어느 곳이 탐라의 섬이런가	渺茫何處耽羅島
구름 걷힌 남쪽 하늘 실오라기 푸른 점	雲捲南天一髮靑

정원의 꽃이 사람을 보고 웃기에
庭花向人笑

봄꽃 모두 지고 여름 꽃 피어	春花落盡夏花開
인간의 머리칼이 희다고 웃네	却笑人間髮白來
한순간 번화함을 으스대지 말지어다	頃刻繁華君莫恃
하루아침 비바람에 피눈물 흘리리니	一朝風雨政堪哀

백제회고의 시에 차운하다
次百濟懷古韻

산하를 보배 삼아 나라 처음 열었는데	山河爲寶國初開
필경에는 그 산하가 화를 빚어내었구나	畢竟山河釀禍來
서글퍼라 용[42]이 망하고 꽃잎 떨어지던 곳	怊悵龍亡花落處
석양의 누대에 갈가마귀 울음이 흩어지네	寒鴉啼散夕陽臺

의명 스님을 보내며
送義明上人

준마의 발이야 천 리 밖을 가볍게도 보겠지만	驥足已輕千里外
학 머리는 구고九皐[43] 깊은 곳에서 여전히 희도다	鶴頭猶白九皐層
교룡이 비 얻어 떠남에 구름도 따라가니	蛟龍得雨雲隨去
옛 못은 텅 빈 채 푸른 물만 엉겨 있네	舊澤空餘碧水凝

최 정언의 시에 삼가 차운하다
謹次崔正言韻

꽃은 붉고 버들은 푸르러 천기를 누설하고 　　花明柳綠洩天機
가랑비는 부슬부슬 낚시터 바위에 흩뿌리네 　　小雨霏霏灑石磯
새도 절로 날고 고기도 절로 노니나니 　　鳥自高飛魚自躍
주인이 이에 전날의 잘못을 깨닫는다오 　　主人於此悟前非

또 부치다
又寄

속진에 물들지 않고 나의 본성 그대로   居塵不染任吾眞
일천 년 전 고운⁴⁴이 다시 태어났는지도   千載孤雲有後身
무슨 일로 형주⁴⁵를 알고 싶어 하시는지   欲識荊州緣底事
지금은 옛날 인물 만나기 어려운걸   此時難得古時人

백암에게 삼가 올리다
謹呈栢庵

장부가 한번 그 몸을 맡겼으면	丈夫一委其身後
칼을 들이대도 마음 바꾸지 않는 법	白刃當胸不易心
더구나 이 세상이 이처럼 뜨거운데	況乎世界伊麽熱
누가 정전백수의 그늘[46]을 벗어나리오	誰外庭前栢樹陰

원통암기에 제한 시
題圓通庵記詩

두 사람의 심회 두 사람이 같아서	兩人心緖兩人同
문중의 불사에 큰 공을 세웠도다	佛事門中大有功
달마가 지시한 곳 알고 싶으신가	欲識達摩親指處
비 갠 바람결에 새 울고 꽃이 지네	鳥啼花落雨餘風

규 상인이 이야기를 청하기에 답하다
賽規上人之求話

옛사람이 답하는 이야기는 모두 지시하는 곳이 있지만, 이 늙은이는 졸렬해서 아무 기량도 없고 별로 지시할 것도 없다. 이것이 바로 무용이 무용으로 된 까닭이다.

> 古人答話。皆有指示處。而老拙無伎倆。而別無指示。此無用之所以爲無用者歟。

두견 소리 속에 저물어 가는 봄날	杜宇聲中春欲暮
들꽃은 마구 지고 풀은 막 푸르도다	山花亂落草初靑
조주는 무슨 일로 뜰 앞을 오염시켜	趙州何事庭前汚
잣나무에 무단히 비린내를 풍겼는고[47]	栢樹無端帶一腥

이 방백이 솜옷과 먹과 붓을 보내 주었기에 시를 지어 사례하다
上李方伯謝綿墨管

[1]

하늘이 납의 하나로 내 몸 덮어 주어	天將一衲覆吾身
동서남북 떠도는 사람[48]이 되게 했네	使作東西南北人
저 하늘의 은혜도 아직 갚지 못했는데	戴彼蒼蒼恩未報
상공은 무슨 일로 다시 인仁을 보태시나	相公何事更加仁

[2]

몸을 닦는 먹 선생은 한가한 날이 많고	墨氏修身多暇日
호기로운 붓 선생은 한가한 때가 적기만	毛公好勇少閑時
두 분 선생에게 은근한 뜻 종용하여	縱臾二子慇懃意
글자마다 생각하며 시 읊어 쓰노매라	吟寫新詩字字思

서울 손님에게 주다
與京客

먼 길손 올 적에 뒤끝의 비 듬성듬성　　餘雨踈踈遠客來
이끼가 미끄러운 깊은 숲 속 깜깜한 길　　林深路黑滑蒼苔
창문 열고 은근한 뜻 묘사하려니　　　　　開窓欲寫殷勤意
비 갠 봄 산 푸르름 일만 무더기　　　　　霽後春山翠萬堆

곡성의 원이 부르는 운에 삼가 차운하다
謹次谷城倅呼韻

가마 타고 흥에 겨워 찾아온 절간	肩輿乘輿訪蘭若
푸른 버들 붉은 꽃에 흰 해 길어라	柳綠花明白日長
누대에서 서로 만나 웃고 얘기하노라니	相逢談笑高樓上
솔바람이 끝없이 얼굴을 씻어 줘 시원하네	無限松風灑面凉

삼청각에서 김 상사[삼연][49] 시에 삼가 차운하다
三淸閣謹次金上舍【三淵】

못물이 본래 마음 없다 말하지 마오	休言潭水本無情
그 성품도 본래 하나의 맑음 얻었다오	厥性由來得一淸
가장 예쁜 건 밝은 달 뜬 고요한 밤에	最愛寥寥明月夜
창문 너머 때때로 보내는 마음 씻는 소리	隔窓時送洗心聲

부록 원운

산비가 무정한 듯 정이 있나니
부들방석 대 의자가 한층 시원하네
선승이 지나간 뒤 적막한 회랑에
다리 복판 흔드는 바람에 댕그렁 풍경 소리

附元韻

山雨無情也有情　蒲團竹倚更添淸
禪僧過後回廊寂　風動橋心一磬聲

또 차운하다
又次

지금 제일가는 인물 또 어느 분일까	當今第一更何人
유아한 가풍 이어받아 절로 참되도다	儒雅傳家自有眞
하늘의 구속 이미 풀고 하늘 유희 즐기나니	天懸已解天遊濶
도성 거리나 푸른 산이나 운신이 자유롭네	紫陌靑山任運身

우연히 절구 한 수를 지었는데 한번 웃겨 드릴 만하기에 삼가 써서 황 부사[50]에게 증정하다
偶得一絶句。庶可獻笑。謹寫仰呈黃府使。

뼈만 앙상한 아이들이 그 부친에게 묻기를   多兒骨立問其父
우리는 나물 주고 한 애만 고기 주느냐고   藜藿多兒肉一兒
아서라 네 아비가 어찌 차별하겠느냐   叱汝家君何彼此
너희는 문자 모르고 한 애는 아느니라   多兒昧字一兒知

김 처사의 시에 차운하다
次金處士韻

처처에 총림이요 높고 곧은 기둥들[51]	處處叢林覺覺楹
등등한 거사님 마음도 한가로우시니	騰騰居士閑閑情
지팡이 하나에 표주박 매달고 가면	一節頭掛一瓢去
고향 천 리 길 걱정할 것 있으리오	何慮家山千里程

홍 순상에게 올리다
上洪巡相

거마 소리 요란하게 동천에 들어와서   車馬喧轟入洞天
하룻밤 담소함은 몇 생의 인연이런가   一宵談笑幾生緣
내일 아침 귀한 행차 표연히 떠나고 나면   明朝軒盖飄然去
잠 깬 뒤에 꿈속의 신선 잊기 어려우리라   覺後難忘夢裡仙

참선을 마치고 해 어산의 청에 응하다
禪餘應海魚山之求

웅랑한 원음이 일만 골에 진동하니	雄朗圓音震萬壑
바람도 없이 푸른 초목 부르르 떠네	無風草木便搖靑
옥천이 남긴 음향이 지금도 있나니	玉泉遺響今猶在
당년에 코 막은 소리와 방불하다오[52]	彷彿當年掩鼻聲

신덕정사의 십영
新德精舍十詠

[1] 횡재야송譽齋夜誦

고요한 밤 한가한 집 만뢰가 잠긴 때에	夜靜閑齋萬籟沉
제생이 달 마주하고 시서를 외우누나	諸生對月詩書誦
후학의 마음 애연히 흥기시키나니	藹然興起後昆心
선성先聖의 유풍이 천고에 중하도다	徃聖遺風千古重

[2] 보암신종普庵晨鍾

시간 알리는 시골 닭 꼬끼오 소리 맞춰서	野村喔喔呼更鳥
뎅뎅 울리는 산사山寺의 새벽 종소리여	崖寺隆隆報曉鍾
천풍이 인간의 미몽迷夢 깨뜨리려고	天風欲破人間夢
천 층 만 길 산 위에서 끌어내리네	引下千層萬丈峯

[3] 옥봉왜송玉峰矮松

괴이해라 옥돌이 선 듯한 저 앞 봉우리에	怪彼前峰玉立上
머리끝에서 열 가닥 내려뜨린 소나무여	十條頭頂下垂松
어쩌면 진제秦帝가 태산에서 한 일[53]을 듣고	應聞秦帝泰山事
절벽에서 터지는 웃음 참지 못하는 듯도	未正危崖絕倒容

[4] 사담로회 沙潭老檜

밑바닥까지 투명하게 보이는 사담 위에　　　　　分明見底有沙潭
선생이 손수 심은 회나무가 거꾸로 비치네　　　　倒寫先生手植檜
고고하게 올곧은 가지 너끈히 하늘과 짝하는데　　孤高直幹謾叅天
까막까치가 이따금씩 가지 위에서 모임 갖네　　　烏鵲時時枝上會

[5] 용문귀승 龍門歸僧

성긴 비 엷은 안개 속 용문의 동천洞天　　　　　雨踈烟淡龍門洞
물소리 쓸쓸히 밟는 중 어떻게 그려내랴　　　　　堪畫溪聲冷踏僧
필경에는 표연히 어느 곳으로 향하는고　　　　　畢竟飄然何處向
지팡이 날려 곧장 층층의 봉우리 속으로　　　　　飛笻直入亂峯層

[6] 별암조옹 鼈巖釣翁

냇물에 임한 바위 모양 마치 별주부　　　　　　　臨溪有石狀如鼈
등에 앉아 낚시하는 어디 사는 노인네　　　　　　跨背垂釣何處翁
낚싯대 떠내려가는 줄도 모르나니　　　　　　　　不覺竹竿隨水下
양안의 붉은 진달래 보기 바빠서　　　　　　　　貪看躑躅兩岸紅

[7] 만경현폭 萬景懸瀑

만경대 옆에 걸린 한 쌍의 누인 명주　　　　　　萬景臺邊匹練雙
여산 폭포[54]와 고하를 논하지 말지어다　　　　休論高下廬山瀑
멋진 모습 어느 때가 가장 보기 좋으냐면　　　　勝狀何時最絶奇

석양의 폭포에 바위 꽃이 거꾸로 비칠 때　　　　　巖花倒暎斜陽曝

[8] 팔절명뢰 八節鳴瀨

찬 물소리 밤낮으로 창문 속으로　　　　　寒聲日夜入軒窓
잔잔한 그 소리 바로 팔절뢰[55]에서　　　　　來自潺潺八節瀨
세수하고 아침에 단정히 앉으면　　　　　盥漱淸晨端坐處
몸과 마음 씻겨서 진애 밖으로　　　　　心神洗出塵埃外

[9] 순연어약 蓴淵魚躍

동전 같은 순채 잎사귀 수면에 점점이　　　　　蓴葉如錢點鏡面
물 위에 자유롭게 뛰어오르는 물고기들　　　　　躍來皆是自由魚
천기를 발동하는 것은 너와 나가 없나니　　　　　動却天機無彼此
물아가 본래 똑같음을 비로소 알겠도다　　　　　方知物我本同如

[10] 소제와우 蘇堤臥牛

바람도 햇빛도 따스하고 풀도 살쪄서　　　　　風和日暖草肥膩
언덕 위에 실컷 먹고 소가 드러누웠네　　　　　壟上頹然飽臥牛
목동이 피리 불어 일으키려 해 보지만　　　　　牧兒吹籤欲驚起
봄잠 곤히 들었는데 머리를 들겠는가　　　　　春睡方濃何擧頭

우음
偶吟

산봉우리 삐죽삐죽 냇물은 졸졸 群峰矗矗水淙淙
부처와 조사의 심장이 바로 이 속에 佛祖心肝只此中
노능盧能은 무슨 일로 공연히 입을 열어 盧能底事閑開口
본래 한 물건도 없다 감히 말했는고[56] 敢道從來一物空

유 수재의 시에 차운하다
次柳秀才韻

유주柳州는 연로하여 변방에서 곤경에 처해   柳州年老困邊陲
그로부터 문장이 만고의 스승이 되었는데   從此文章萬古師
사흘 된 범 새끼가 소를 잡아먹을 듯하니   三日虎兒牛欲食
천재는 배운 뒤에 아는 것이 아니로세[57]   天才不是學而知

오언율시
五言律詩

가지산 보림사에서
伽智山寶林寺

멀리서 듣고서 잠시 귀를 기울였는데	遠聞蹔耳傾
지금 보고는 크게 마음으로 놀라노라	今見大心驚
솟구친 산은 하늘 얼굴을 문지르고	聳嶂磨天面
달리는 냇물은 땅을 찢어 나누누나	奔川裂地形
달은 성긴 대나무 그림자를 그려내고	月模踈竹影
바람은 늙은 소나무 소리 만들어내네	風産老松聲
고요한 밤 썰렁한 구름 창가에서	夜靜雲窓冷
정신이 또렷해져 잠들지 못한다오	神淸夢未成

강남의 부백에게 올리다
上江南府伯

일성一星⁵⁸이 천상에서 내려오고	一星天上落
오마五馬⁵⁹가 강남 땅을 밟았도다	五馬踏江南
덕을 드날림은 바람 불어 풀이 눕듯⁶⁰	德振風行草
마음이 텅 빈 것은 달이 못에 인을 치듯	心虛月印潭
송사訟事가 한가로워 새들이 찾아오고⁶¹	訟餘來鳥雀
거문고 타고는 또 청담을 잇는다오⁶²	琴了續淸談
어두운 밤 끝없이 비추는 그 빛이여	照夜光無盡
차디찬 광채가 세상 밖에 뻗쳐 나가네	寒輝物外覃

또
又

합하가 수레 내려 부임한 날은	閤下下車日
승평부의 태평한 경사였나니	昇平平泰時
환선정은 신선인 주인을 만났고	喚仙亭得主
다니는 길마다 구비口碑[63]를 이루었네	行路口成碑
벌어진 이삭 가지 내년에 피어나리	歧麥來年有
메뚜기 떼 간밤에 옮겨 갔으니[64]	飛蝗昨夜移
봄바람이 차별 없이 여기에도 불어 주니	春風不擇地
운수의 이 몸 역시 할 일 없이 편안해라	雲水亦無爲

선화자가 방장산으로 돌아가는 것을 전송하며
送禪和子歸方丈山

용문이라 하나의 초가집에서	龍門一草廬
선정을 닦은 지 몇 년의 세월	禪定數年餘
돌쩌귀에는 거미가 집을 짓고	石樞蛛絲網
섬돌 모래엔 새들이 글자를 썼네	階沙鳥跡書
조계산曹溪山에서 속진의 때를 씻어내고	曹溪塵垢滌
선암사仙巖寺에서 세상 인연 멀리했다오	仙寺世緣踈
지금 또 방장산으로 돌아가나니	今又歸方丈
쾌재라 학도 이보다는 못하리라	快哉鶴不如

매학당에 제하여 부치다
寄題梅鶴堂

평소의 취향에 맞는 그윽한 거처	幽居愜素趣
대나무 동산 속에 초가집 하나	茅屋竹爲園
달빛에 누워 사람은 걱정이 없고	臥月人無慮
옆에는 거문고요 술은 단지 속에	隣琴酒有樽
매화 한가로운데 여기에 또 학까지	梅閑兼鶴好
속진은 멀어서 단지 냇물 소리만	塵遠但溪喧
가시나무 뒤덮인 세상길에서	世路多荊棘
공명 따위야 말할 것이 있으리오	功名不足言

팔영산에 오르다
登八影山

이 몸이 한 군데 머묾이 없이	此身無住着
명승지 얼마나 많이 올랐던가	勝地幾多攀
어제는 쌍봉사에 누워 있다가	昨臥雙峰寺
오늘은 팔영산에 올라왔다오	今登八影山
외로운 따오기 너머의 일만 돛이요	萬帆孤鶩外
아득한 구름 사이의 삼신산이로세	三島縹雲間
금강산이 최고라고 말하지 마오	莫道金剛最
여기에서 얼굴을 활짝 폈으니까	於斯大解顔

여름날에 조계에서 다시 노닐며
夏日再遊曹溪

예전에 머물던 조계사 찾아	昔日曹溪寺
여름 바람 속에 객이 다시 왔소	南風客再來
여전히 고목인 전단 향나무요	栴檀猶古樹
원래 드높은 진락眞樂의 누대로세	眞樂自高臺
석벽에선 구슬 물이 떨어지고	石斷瑤泉落
참선을 마치니 도안이 뜨이네	禪餘道眼開
목우자牧牛子의 자취가 남아 있는 곳	牧牛遺跡在
천년토록 나의 가슴 비애에 젖네	千載我悲哀

박 찰방에게 부치다
寄朴察訪

계원鷄園과 복사鵬舍가 가까워서	鷄園近鵬舍
소자蘇子와 참료參寥가 만났다네[65]	蘇子得參寥
성긴 종소리 경경히 들리던 밤이요	耿耿踈鍾夜
지독한 안개 침침한 아침이었어라	沉沉毒霧朝
하늘은 상수의 언덕과 통하건만	天通湘水岸
땅은 낙양의 다리와 떨어져 있네	地隔洛陽橋
삼공三空[66]을 배워 볼 생각은 없으신지	肯學三空否
신세의 고단함 잊을 수 있을 텐데	可忘身世勞

김 수재[우환]에게 부치다
寄金秀才【遇煥】

헤어질 때의 호계의 물이	別時虎溪水
오늘도 여태 서글피 우네[67]	今日尙悲聲
아이들 장난인 나의 도업이요	道業吾兒戲
그대의 노성한 문장 솜씨로세	文章爾老成
서울에 멋진 벗이 많이 있으련만	洛中多勝友
산속의 쇠잔한 몸을 기억해 주다니	林下記殘生
산을 아무리 나가고 싶다 해도	深欲出山去
납과 학이 놀랄 테니 이를 어쩌지[68]	其奈猿鶴驚

송광사에서 계당 현판의 시에 차운하다
松廣寺次溪堂板上韻

[1]
세상을 벗어난 오래된 절간	物外招提古
산봉우리가 첩첩이 에워쌌네	層巒繞疊重
풀은 돋아나서 이슬이 지는 걸 싫어하고	草生憎露拔
전단栴檀은 죽어서 사람의 봉분을 생각하네	檀死憶人封
산 빛은 한 마리 새를 받아들이고	山色入孤鳥
냇물은 만 그루 솔바람 소리에 화답하누나	澗聲和萬松
밤 내내 여라女蘿 덩굴의 흰 달빛이여	夜來蘿月白
새벽 종소리 울릴 때쯤 특히 좋아라	偏愛到晨鍾

[2]
오솔길 하나 냇물 따라 구불구불	一逕隨溪曲
구름 헤치고 차갑게 밟고 가노라	披雲冷踏行
나그네 마음은 오히려 늠렬해지고	客心還凜冽
가을 기운은 갈수록 차갑고 맑아지네	秋氣益凄淸
햇빛은 단청의 색깔에 반사되고	日射丹靑色
바람은 강송하는 소리를 끌어오누나	風拖講頌聲
날아갈 듯 누대가 조배鳥背[69]에 임해서	飛樓臨鳥背
홀연히 오르니 높은 정취가 우러나네	忽上有高情

[3]
많은 경치 한곳에 모아 보려고	欲收多景聚
구름 위에 높은 누대 일으켰구나	雲上起高樓

산은 하늘이 기울까 높이 솟구치고	山畏天傾聳
냇물은 바다가 마를까 흘러간다오	川憂海渴流
국화는 지겨운 비에 이마를 찡그리고	菊花嚬宿雨
단풍잎은 새 가을에 취해서 붉어라	楓葉醉新秋
이런 곳을 어떻게 다시 얻으랴	此地更難得
일생에 오늘 내가 유람하였네	一生今日遊

수석정에 제하다
題水石亭

물과 바위에 임한 유쾌한 정자	快亭臨水石
높이 누운 저 사람 신선인가 봐	高臥彼羪仙
산 위의 햇빛은 처마 끝에 반사되고	嶺日簷端射
계곡의 바람은 난간 틈을 뚫고 오네	溪風檻孔穿
물고기는 본성을 따라 뛰어오르고	躍來魚率性
새는 천성을 발휘해 날아가누나	飛去鳥能天
만물을 관조하며 나를 관조하니	觀物還觀我
나도 그러하고 물 또한 그러하네	我然物亦然

삼연[70] 선생의 시에 삼가 차운하다
敬次三淵先生高韻

멋진 주인 못 되어 나는 부끄러운데	自愧非賢主
귀빈은 이 정자가 마음에 드시나 봐	嘉賓愜此亭
내와 산을 벗으로 삼을 만도 하거니와	溪山斯可友
물고기와 새들 또한 영성靈性을 지녔다오	魚鳥亦含靈
흰 달 아래 정원 숲을 거닐기도 하고	白月步庭樹
청풍 이는 난간 기둥에 몸을 기대기도	淸風倚檻楹
방 공龐公[71]이 지금 떠나려 하니	龐公今欲去
누구와 성성惺惺[72]을 함께한다지	誰與共惺惺

부록 원운[73]

남쪽에 내려와 수석을 못 보다가
유독 이 정자에서 눈을 씻었네
물길 소통시킨 것을 자세히 보고
청통한 성령을 눈으로 확인했소
꽃나무 그늘은 먼 언덕에 모여 있고
오동잎 스치는 비는 처마에 낙수 지네
내 소원은 스님과 여름 한철 함께하며
그 인연으로 적적성성寂寂惺惺 맛보는 것

附元韻

南來無水石　洗目獨斯亭
仔細看疏鑿　淸通閱性靈
花陰團逈塢　桐雨滴踈櫩

願與師同夏　收因會寂惺

안 석사가 홍시를 보냈기에 시를 지어 사례하다
安碩士送紅柿以詩謝之

고마워라 그대여 죽기에 봉해	感君封竹罶
나를 동정해서 운림에 부쳤고녀	憐我寄雲林
놀라워라 주작의 알이 떨어졌나	墮卵驚朱雀
빛나도다 자금[74]으로 만든 공이로세	成丸費紫金
먹을 때는 얼마나 혀가 시원하고	吮時多快舌
삼킨 뒤엔 속이 얼마나 달콤한지	吞後幾甘心
그저 시나 지어 보답하려고	但把新詩報
맑은 밤 달 아래 읊조리노라	淸霄月下吟

산양 원에게 부치다
寄呈山陽倅

멀리 대궐 향하는 해바라기 마음이요	遠心葵闕下
산골 생활 꿈꾸는 드높은 정취로다	高趣夢巖前
갓난아이는 삼 년 동안 엄마의 품속인데[75]	赤子三年母
푸른 산속에는 애꾸눈 신선이로세	靑山半目仙
향긋한 분 내음은 석탑에 엉겨 있고	香塵凝石榻
비단 같은 시구는 임천을 빛내누나	繡句曜林泉
맑은 바람만 뺏어가지 않는다면	不奪淸風去
천금과 같은 유월의 하늘이로세	千金六月天

칠언율시
七言律詩

우음
偶吟

어떤 물건이 여기에 고금을 꿰었는데	何物於斯貫古今
나는 번개 속에서 바늘을 꿸까[76] 걱정일세	我愁穿却電中針
일백 구비 시냇물은 황두의 혀요	溪流百曲黃頭舌
일천 그루 잣나무는 벽안의 마음이라[77]	栢樹千章碧眼心
중은 석장 떨치며 이끼 낀 오솔길 속으로	僧拂錫歸苔逕細
학은 새끼 데리고 흰 구름 잔뜩 낀 곳으로	鶴將雛入白雲深
누가 알까 동산에 높이 누운 나그네가	誰知高臥東山客
천지를 베개와 이불로 삼고 있는 줄을	能以乾坤作枕衾

이 도사에게 올리다
上李都事

내가 무한한 산속의 이 경치를	我將無限山中景
우리 그대에게 대략 말해 드릴까	請向吾君大略云
돌을 쏘는 시냇물은 바위 아래 하얗게 날리고	巖下白飛溪射石
구름 뚫는 경쇠 소리는 달 옆에 맑게 떨어지네	月邊淸落磬穿雲
골 어구에 해가 비껴도 연무는 여전히 얽혀 있고	日斜谷口烟猶織
못 복판에 실바람 불면 물은 저절로 무늬진다네	風細潭心水自紋
이것이 바로 선가의 진정한 살림살이	此是禪家眞活計
반절 나누고 싶어도 나눠 줄 수가 없다오	欲分其半未能分

보림사 벽 위의 시에 차운하다
次寶林寺壁上韻

젊은 나이에 몸 밖의 헛된 명성 좇았으나	妙年身外撥虛名
이제는 섬돌에서 새들도 놀라지 않는다네	自得階除鳥不驚
아침 거울엔 서쪽 여라女蘿에 흰 달이 걸리고	朝鏡掛西蘿月白
밤 거문고는 북쪽 대나무 맑은 바람 울리네	夜絃鳴北竹風淸
푸르게 에워싼 언덕의 버들엔 꾀꼬리 소리가 매끄럽고	靑圍岸柳鶯聲滑
빨갛게 터진 정원의 매화엔 나비 날개가 가뿐해라	紅綻庭梅蝶翅輕
세상의 객이 어떻게 숲 속의 낙을 알겠는가	世客何知林下樂
뱃속에 가득 부질없이 벼슬 생각만 채웠으니	滿腔空載宦遊情

강남의 부백에게 올리다
上江南府伯

비단 숲 가을날 외롭게 앉아 있기 따분해서	錦林秋日厭孤坐
등나무 지팡이 하나를 구름 만 층에 날렸소	藤一節飛雲萬層
연자교 서쪽으로는 해가 지고	燕子橋西西日下
환선정 위로는 중이 올라가네	喚仙亭上上人登
작의鵲衣의 하급 관리는 하의霞衣를 비웃어도	鵲衣小吏霞衣笑
오족烏足이 남은 가지를 백족白足이 받았다오[78]	烏足殘枝白足承
높은 다락에서 손잡는 행운을 입었건만	高閣幸蒙低接手
재주가 태전[79]만 못하니 부끄러워 어쩌나	深慙才落太顚僧

민 참의의 복사[80]에 올리다
上閔叅議鵩舍

예로부터 큰 재주는 세상이 용납하지 못해　　　　古來才大難容世
맹자도 당년에 나라를 안정시키지 못하였소　　　孟子當年未定邦
밝은 달이 어찌 하늘에 걸려 있지 않으며　　　　朗月豈無懸碧落
먹구름이 맑은 강에 비친다 한들 대수리오[81]　　重雲遮莫暎澄江
삼려[82]는 도성을 떠나도 마음이 한결같았고　　三閭去國心猶一
태부[83]는 시대를 슬퍼하며 눈물을 흘렸지요　　太傅傷時涕自雙
배척되면 진애라고 한유도 이미 설했거니　　　　排斥埃塵韓已說
복사에 양강이 끊어짐을 멀리 알겠노라[84]　　　遙知鵩舍絶羊腔

민과 안 두 장로가 돌아가는 것을 전송하며
送敏眼二長老歸

조석의 황료 따위야 말할 것이 있으리오	朝暮潢潦何足說
샘물이 퐁퐁 솟아 이미 구덩이 채웠는걸[85]	源川混混已盈科
문장은 도에 있어서 오히려 장애물이요	文章在道猶爲障
교의는 선에 있어서 역시 마군魔軍이로세	敎義於禪亦是魔
일표一豹는 남산의 무우 속에 털 무늬를 못 이루었는데[86]	一豹未斑南岳霧
이곤二鯤은 북명의 물결 박차고서 먼저 날아오르는구나[87]	二鯤先翮北溟波
남의 안목 틔우기는 실로 쉽지 않으니	開人眼目誠非易
마음속으로 너와 나를 분별하지 마시기를	心上休分自與他

접중[88]의 제사에게 보이다
示接中諸士

여름 바람 그치고 나서 일어나는 가을바람	南風已落西風起
오늘 아침 기분 좋은 삽상한 이 기운이여	爽氣今朝忽快余
산색은 언제나 구름 빛 따라서 뒤바뀌고	山色每從雲色變
대숲 소리는 이따금 냇물소리와 어울리네	竹聲時與澗聲俱
추위와 더위 함께한 일천 군데 기운 누더기	千瘡布衲兼寒暑
말과 종을 대신하는 아홉 마디 등나무 지팡이	九節藤節代馬奴
숲 속에 십 년 동안 외로이 누운 이 나그네도	林下十年孤臥客
왕년엔 세간에서 하나의 궁한 유자였다오	世間曾是一窮儒

징광사 오선루에 제하다
題澄光寺五禪樓

시원한 다락에 앉아서 참선하노라니	快樓閑上坐禪餘
눈 아래 봉우리들 흩어져 들쭉날쭉	眼底群峯散不齊
높이 거니니 이 몸 홀로 세상 밖을 벗어난 듯	高步自疑形外出
인간 세상 굽어보니 술 단지 속의 초파리인 듯	俯觀人似瓮中居
까마귀 곁으로 지는 해는 서쪽으로 빠져들고	鴉邊落日沉西去
기러기 잔등의 가을 하늘은 바다 속에 잠기누나	鴈背秋空入海低
어찌 꼭 태산에 올라야 천하를 작게 보리오[89]	何必登山天下小
난간에 기대도 오늘 저녁 시방이 텅 빈 것을	倚欄今夕十方虛

부도암에 제하다
題浮屠庵

자벌레가 몸을 굽힘은 장차 펴기 위한 것[90]　　尺虫之屈乃求伸
마음과 뜻은 임금이요 입과 몸은 신하로세　　心志吾王口體臣
매화가 백옥의 얼굴 터뜨리니 나비가 찾아오고　　梅破玉顔來蛺蝶
물이 구리거울을 열어 보이니 별들이 떨어지네　　水開銅鏡落星辰
산들은 막 갈아낸 칼을 마구 꽂아 놓았고　　群峰亂挿新磨釼
조각달은 동강난 은을 외로이 끌고 가누나　　缺月孤牽半折銀
저력[91]은 원래 어디에도 쓸모없나니　　樗櫟從來無所用
백 년을 한가로이 그런 사람 되었다오　　百年閑作箇中人

영 상인의 시축에 차운하다
次玲上人軸韻

[1]

불법은 원래 자기를 감추는 게 귀중한 법	佛法從來貴自晦
속진과 격리시킨 청산 층층이 몇 겹인가	隔塵靑嶂幾層層
짙은 구름 갈라진 곳에 휘영청 달이 솟고	重雲坼處孤輪出
만 가지 일 쉬는 때에 한 생각이 모아지네	萬事休時一念凝
벽에 걸린 지팡이는 아홉 마디 등나무요	掛壁笻閑藤九節
어깨에 걸친 해진 옷은 삼승 무명베[92]라	伴肩衣破布三升
스님이여 나의 말이 맞지 않은가	師乎吾說是耶未
그렇지 않다면 머리만 깎은 중이리라	若不如斯頭但僧

[2]

스님은 동서남북 정처 없는 나그네	師也東西南北客
남보다 몇 층이나 뛰어남을 알고말고	出乎人上知幾層
일곱 근 베 누더기 속에 마음 구슬 숨겼고	七斤布衲心珠隱
한 치 모난 못 안에 지혜의 물이 엉겼어라	一寸方塘智水凝
대붕大鵬은 힘차게 삼천 리 물결을 격동시키고	鵬怒三千蒼海擊
금오金烏는 구만리 아득한 하늘로 날아오르네	烏飛九萬紫霄升
장부의 기상이 이와 같을 수 있다면	丈夫氣象能如此
서강을 모두 들이킨 중[93]이 아니겠는가	不日西江吸盡僧

냉 상인의 시에 차운하다
次冷上人韻

방장산에는 어느 때에 대 지팡이 날렸는고	方丈何時飛短節
소매 끝에 아직도 석문의 바람이 남아 있네[94]	袖端猶有石門風
헐렁한 납의는 백번 기워 몸 옆에 너덜너덜해도	衲輕百結身邊破
도는 커서 삼천세계가 눈 아래 텅 비었어라	道大三千眼底空
하얀 발은 개골산의 냇물보다 한랭하고	白足冷於皆骨水
푸른 눈은 묘향산의 단풍보다 살아 있구나	靑眸活却妙香楓
산천의 멋을 모두 말해 주니 얼마나 기쁜지	喜君說盡山川美
무수한 명승지가 이 자리에 다 모였구나	無數名區一席中

방백에게 올리다
上方伯

한번 물어봅시다 우리 호남 관찰사여	爲問湖南觀察使
얼마나 노심초사하며 얼음물을 마셨는지[95]	幾多焦思飮寒氷
그대는 나랏일 애쓰는 북쪽에서 온 나그네요	賢勞王事北來客
나는 내 한 몸 좋게 하는 남쪽에 누운 중이로세	獨善其身南臥僧
뉘 알았으랴 쥐구멍 속의 잔뜩 움츠린 고슴도치가	誰識鼠宮窮縮蝟
하늘 길 힘껏 날아가는 대붕을 함께 바라볼 줄을	共瞻天路怒飛鵬
이 일대 언저리 오십여 고을의 그림자가	沿邊五十餘州影
우리 그대 지수智水[96]에 모두 들어와 엉겨 있네	盡入吾君智水凝

또 강남의 부백에게 증정하다
又呈江南府伯

내가 보건대 만물은 똑같을 수가 없나니[97]	吾觀萬物不齊也
태산이나 추호나 그 속에 하늘이 들었다오[98]	太岳秋毫各具天
오리와 학의 길고 짧음 누가 시킨 것이리오[99]	鳧鶴短長誰使尒
갈매기와 까마귀의 검고 흰 것도 그러하다오	鷗烏黑白亦如然
꿈속에서 꿈을 설명하는 것[100]도 진정 우습지만	夢中說夢眞堪笑
소를 타고서 소를 찾는 것[101]도 말이 안 되지요	牛背尋牛不足言
높고 낮음 그것이 원래 둘이 아니기에	高下從來無二矣
옛사람도 물고기와 소리개로 읊었다오[102]	古人曾已詠魚鳶

정 석사에게 부치다
寄呈鄭碩士

종기鍾期[103]를 만나지 못한 채 머리칼은 흰 눈으로	鍾期未遇鬢成雪
육십 년의 광음만 꿈속에 쌓일 따름	六十年光夢裡高
천하에 어찌 천리마가 없으리오마는	天下豈無千里馬
세간에 구방고九方皐[104]를 만나기 어려워라	世間稀有九方皐
낮게 나는 척안斥鷃이 구름 날개를 기롱하니[105]	低飛斥鷃譏雲翼
멀리 떠나는 명홍溟鴻[106]이 우모를 아낄 수밖에	遠擧溟鴻惜羽毛
벗 찾는 새 시를 어느 곳에 부칠거나	求友新篇何處寄
자진子眞[107] 그대를 생각함에 내 마음이 괴롭도다	子眞思汝我心勞

백운산 가가대에 제하다
題白雲山呵呵臺

산 이름은 백운인데 암자 이름은 무엇인고   山號白雲庵號何
옛 성인의 껄껄 웃는 소리를 이끌어 왔소   撮來先聖笑呵呵
대에 올라 멀리 보면 고갈된 마음이 살아나고   登臺望遠枯心活
방에 들어 선에 들면 도의 기운이 더해지네   入室安禪道氣加
바위의 회나무는 서리와 눈에도 끄떡없고   巖檜傲霜兼傲雪
계곡의 새들은 통곡하는 듯 노래하는 듯   谷禽如哭又如歌
덧없는 인생도 여기에선 실로 세상을 잊나니   浮生到此眞忘世
올빼미 꽥 하는 공명[108] 따위야 있으나마나   鴟嚇功名不足多

신 수재에게 주다
贈申秀才

한 구비 맑은 시냇물 콸콸 흐르고	一曲淸溪激激流
일만 겹 내 낀 숲 속 동문洞門이 그윽해라	萬重烟樹洞門幽
중은 돌길로 돌아오고 구름은 골짜기로	僧歸石逕雲歸壑
새는 꽃가지에 들고 나그네는 다락으로	鳥入花枝客入樓
임천의 한없는 정취를 자득하였거니	自得林泉無限趣
인간 세상 무슨 근심 있는지 모르겠네	不知人世有餘愁
삼황과 오제는 무엇을 하는 자들인고	三皇五帝何爲者
홍몽鴻蒙[109]이 껑충껑충 노닒만 못한 것을	未及鴻蒙雀躍遊

쌀
米

오랜 시간 들판에 있던 황관의 나그네가	多時在野黃冠客
하루 저녁에 조정에 올라 백옥의 낭관 되었네	一夕登朝白玉郞
거짓 버리고 진실을 밝힌 기자箕子¹¹⁰의 전각이요	去僞明眞箕子殿
사邪를 꺾고 정正을 드러낸 저공杵公의 관아로세	摧邪現正杵公堂
고대광실에 일찍 들면 천군天君이 기뻐하고	朱門早入天君喜
도성 거리 지체하면 송작宋鵲이 내려온다네¹¹¹	紫陌遲回宋鵲降
노쇠해서 젊을 때 일을 논할 것 있으리오	老朽何論年少事
전원에 돌아와 상마桑麻가 크는 것만 보노라¹¹²	歸田但見桑麻長

천등산에 올라
登千燈山

꿈틀꿈틀 벋어 내린 백두대간 한 줄기가	白頭一脉蜿蜒來
남쪽 바다 끝까지 와서 기세를 떨치누나	窮到南溟氣勢開
높지 않은 하늘 위로 봉우리들 솟구치고	碧落非高峰嶷嶷
크지 않은 청구[113]까지 눈길이 틔었어라	靑丘不大眼恢恢
금오金烏는 약수弱水[114]에 잠겨 삼천 리를 가고	烏沈弱水三千去
대붕大鵬은 배풍培風[115]을 타고 구만리를 도네	鵬御培風九萬廻
맑은 바람 뼈에 사무쳐 오래 머물기 어려워서	淸飇徹骨難棲泊
느린 걸음으로 천천히 보대를 내려오노라	緩步徐徐下寶臺

백천사에 제하다
題百泉寺

북룡北龍이 유락하여 남쪽 변방 나그네 되어	北龍流落客南邊
푸른 바다에 살지 않고 백천白泉에 누웠다네	不宅滄溟臥白泉
이 산의 역사는 천지가 개벽된 뒤요	山古二儀開闢後
이 절의 창건은 삼국 통일 이전이라	寺新三國混融前
여름 우레 진동하듯 은은한 종소리여	鯨音隱隱夏雷震
가을 달 둥글듯 두렷한 부처 얼굴이여	佛面堂堂秋月圓
아 나는 구허拘墟[116]하여 아직도 이르지 못했나니	嗟我拘墟猶未到
초파리가 단지 속에서 혼자 잘난 격이로다	醯雞自大甕中天

최 진사의 유고 뒤에 제하다
題崔進士遺稿後

시산詩山[117]에서 시로詩老가 시로 늙어 갈 적에	詩山詩老老於詩
천 리 길 한번 문안할 인연이 없었는데	千里無緣一問之
어떤 객이 왕년에 옥 나무를 더위잡고	有客昔年攀玉樹
나를 위해 오늘날 옥 가지를 보여 주네	爲吾今日示瓊枝
혼돈의 면목은 삼재三才에서 볼 수 있고[118]	混沌面目三才見
한자韓子의 심간은 오두五蠹에서 알 수 있는 법[119]	韓子心肝五蠹知
하늘이 선생을 후세에 태어나게 하여	天使先生生後世
한림翰林과 공부工部[120]가 마음 편히 시를 지었도다	翰林工部得便宜

봉서암에 제하다
題鳳瑞庵

하늘이 아낀 곳 뚫어 선궁을 세웠나니　　　天慳破處起禪宮
물 맑고 산 밝아서 눈과 귀가 트이누나　　　水秀山明眼耳通
새 한 마리 지나가니 푸른 산색이 흔들리고　岳色靑搖孤去鳥
바람 절로 불어오니 찬 물소리 부서지네　　溪聲冷碎自來風
봉방蜂房은 크고 작아 구분이 다르지만　　　蜂房大小區分異
약수는 청량하여 그 맛이 똑같도다　　　　　醴井淸凉一味同
연달아 밤낮으로 불경을 송독하노라니　　　諷誦金文連日夜
육시[121]로 푸른 하늘에서 꽃비가 내려오네　六時花雨灑蒼穹

화연 제자인 비구 지택과 우바새 여원명 등이 모연하여 삼가 본사 석가여래 및 제화[122] 미륵의 삼대 존상을 조성하였기에 회향 발원하며 게송을 짓다

化緣弟子比丘智擇。波塞呂圓明等募緣。敬造本師釋迦如來及 提花彌勒三大尊像。回向發願者。偈曰。

회향하는 마음 깊어 다른 것은 원치 않고	回向心深不願餘
세상 벗어나 대우거大牛車[123]에 곧장 오르기만을	超方直上大牛車
성문은 유독 진흙 울타리의 말을 빼낼 뿐이지만	聲聞獨脫泥欄馬
보살은 함께 고해의 물고기들을 건져 준다오	菩薩兼撈苦海魚
희사한 이들 모두 상락의 언덕에 오르시고	捨喜齊登常樂岸
원수와 친지도 다 함께 오묘한 진여 증득하시리라	冤親等證妙眞如
이 공덕이 어디서 오는지 조용히 생각하니	靜尋功德來何處
철저히 공하고 공하여 태허를 뛰어넘어서	徹底空空越太虛

이 방백에게 삼가 증정하다
謹呈李方伯

[1]
한번 남하하여 정사를 행함에 성인을 본받아　　一南行政法先聖
관맹寬猛을 때에 맞게 하며 중도를 잡았어라[124]　寬猛隨時執厥中
겨울 햇빛 여름 햇빛이 다른 태양 아니요　　　　冬就夏遮非二日
꽃 피고 꽃 지게 한 것이 똑같은 바람이로다[125]　昨開今落是同風
천지가 만물을 사랑하며 추구芻狗[126]로 여기고　乾坤愛物爲芻狗
문무가 백성에 임함에 각궁角弓으로 한다오[127]　文武臨民以角弓
갚기 어려운 깊은 은혜 따로 있나니　　　　　　別有深恩難報處
봄 우레 땅 흔들어 잠든 벌레 깨운 것　　　　　春雷動地起眠虫

[2]
보림寶林에 어찌 타산의 돌이 필요하리오　　　　寶林何假他山石
녹록해서 원래 손안의 구슬이 못 되는 것을[128]　碌碌元非掌上珍
전원에서 늦은 나이에 비로소 상아喪我[129]한 나요　丹壑暮年初喪我
청운의 이른 나이에 이미 성인成人[130]된 그대로세　靑雲早歲已成人
용이 드솟는 것은 전생에 엎드렸기 때문　　　　龍驤旣有前身蟄
자벌레 굽힌 뒷발 어찌 펴지지 않으리오[131]　　蠖屈寧無後步伸
그래도 걱정은 섭 공처럼 명실이 달라서　　　　還恐葉公名實異
모사만 구하고 진실을 구하지 않는 것[132]　　　只求模寫不求眞

양 진사의 앞 시에 추후하여 차운하다
追次梁進士前韻

아, 당시에 바로 차운했더라면 말이 어찌 이렇게까지 슬펐겠는가. 사랑하여 보고 싶어도 다시 보지 못할 것이 분명해서 눈물이 떨어지고 마음이 부러지는 심정이 시에 드러났다.

嗚呼當時即次。則辭豈至若是之哀耶。愛而欲見者。不復見決矣。淚落心折。情見于詩。

늘그막에 얻은 세 아들 모두 소년으로	晚得三男盡小年
머리마다 총각이라 아직 두건 못 썼다네	頭頭有角未巾巔
알밤 좋아하고 부역 충당할 자식 아니요	並非愛栗添丁子
난새에 장착하고 학을 탈 신선들이었어라[133]	皆是裝鸞駕鶴仙
어떤 물건이 홀연히 갓 찬 달을 삼켰는고	何物忽吞初滿月
이른 서리가 지레 중추의 밭을 짓밟았네	早霜先轢半秋田
한 가지 부러지며 두 그루 구슬 나무까지	一枝摧與雙珠樹[134]
사씨의 집 뜰[135] 전단목이 쓸쓸하여라	謝氏家庭冷落旃

산루에 누워 읊다
山樓臥吟

산루에 편히 누우니 생각이 아득한데	山樓快臥思茫茫
늙은 나무에 매미 우는 여름날이 길어라	老樹蟬鳴畏日長
하늘가 구름 봉우리는 기이함 일색이요	天際雲峰奇不盡
난간 앞 냇물소리는 설법이 끝없도다	檻前溪舌說無央
머리는 쓸쓸해서 터럭이 삼천 눈발이요	頭寒髮已三千雪
뼛속도 차가워 나이는 육십 성상星霜일세	骨冷年今六十霜
낙향이 어디인지 알고 싶으신가	要識樂鄉何處是
무더위 찌는 세간 속에 청량한 이곳	世間炎熱此淸凉

백마강 회고의 시에 차운하다
次百馬江懷古韻

백제의 옛터에 시름겨운 고목이여	百濟遺墟古木愁
조룡대[136] 아래 물은 지금도 서쪽으로	釣龍臺下水西流
버들은 전조의 한에 눈썹을 펴지 못하고	柳眉未展前朝恨
꽃은 고국의 수치에 얼굴이 더욱 붉어라	花面增紅故國羞
천년 전의 일도 호접의 꿈속[137]이요	蝴蝶夢中千載事
잠깐의 가을날도 한단의 침상[138]이라	邯鄲枕上片時秋
흥망을 물어볼 사람 어디에도 없고	興亡欲問人何處
백마강 머리에 배만 유유히 떠가네	白馬潮頭有去舟

시천 이 생원의 모정 시에 차운하다
次詩川李生員茅亭韻

우스워라 진황이 옥으로 지은 누대여	笑矣秦皇玉作檯
하루아침에 잿더미 되어 아무 소용 없도다	一朝煨燼竟無功
도잠의 무릎 들여놓을 방이면 그만이지	若能容却陶潛膝
도 목수 솜씨 수고롭게 빌릴 필요 있으랴	何用勞乎匠伯工
때가 되면 바다와 산에 천 리의 달빛	時至海山千里月
절로 천지에 불어오는 사방의 바람	自來天地四方風
여기에 또 제자백가의 말을 가지고	亦將諸子百家語
삼만 육천여 일 너끈히 보내는 것을	三萬六千餘日終

동복 적벽의 시에 차운하다
次同福赤壁韻

음과 양이 하늘과 땅으로 처음 나뉠 때	二氣初分地與天
귀신이 묘한 솜씨로 이 산천을 조각했네	神工巧刻此山川
바위 병풍 붉은 것은 채찍 맞아 흘린 피요[139]	巖屛面赤鞭苔血
돌 항아리 푸른 것은 불 피우는 연기로세	石瓮身靑鑽燧烟
해가 홀연히 솟을 때 거꾸로 비치는 산 그림자	日忽昇時峰影倒
사람이 오를 수 없는 곳에 매달린 학의 둥지	人難及處鶴巢懸
영주도 멀지 않고 봉래도 가까우니	瀛洲不遠蓬萊近
아침에 왔다 저녁에 가는 선인 있으리	應有朝來暮去仙

물염정의 시에 차운하다
次勿染亭韻

달리던 벼랑이 여기에 와서 우뚝 서 있고	走崖來此立巍巍
굽이진 냇물이 요란하게 협곡 따라 돌아드네	曲澗喧從峽勢廻
물고기는 깊은 못 얻어 강과 바다를 잊고	魚得深潭忘積水
사람은 승지를 만나 높은 누에서 상쾌해라	人逢勝地暢高臺
바위의 단풍은 바람 불어 떨어질까 두려웁고	岩楓却恐風吹落
언덕의 국화는 햇빛에 터져 한창 어여뻐라	岸菊方憐日爆開
비낀 햇빛도 유유자적하는 흥치를 알고 있는지	斜景亦知遊衍興
서산을 넘으려 하지 않고 오랫동안 배회하네	西峯懶越久徘徊

이 방백에게 올리다
上李方伯

남아가 일찌감치 창 앞의 뜻을 이뤄	男兒早遂窓前志
변방의 쌍남雙南 중에 일남一南을 얻었도다[140]	地角雙南得一南
방외方外의 가풍은 차고 더움이 없는데	物外家風無冷煖
인간의 세상맛은 달고 신 것이 있다오	人間世味有酸甘
전야를 살피느라 얼마나 노심초사하실까[141]	身心省野勞焦幾
조정에 돌아가면 세 번씩 토포악발吐哺握髮하시리[142]	哺髮還朝吐握三
덧없는 인생이 항상 일에 쫓겨도 안 되리니	不可浮生長役役
청산에서 한나절쯤 중과 이야기한들 어떠리	青山半日與僧談

윤 상사에게 증정하다
呈尹上舍

연원은 관령關令으로부터 도도히 흘러	淵源混混自關令
도덕경 오천 자가 이로부터 전파되었네[143]	道德因之散五千
하루아침 빗물에도 소 발자국은 넘쳐나고	短潦一朝牛跡溢
긴 강은 천 리를 달려 바다 문에 이어지네	長河千里海門連
천품의 재주와 운명은 형제간에 차이 없지만	禀天才命無昆季
이 땅에 태어난 시간에는 선후가 있다네	落地時年有後先
묻노니 마을에 세운 문이 높고 크지 않은가	爲問巷閭高大否
우 공于公이 음덕을 쌓음이니 우연이 아니로세[144]	于公厚積不徒然

조 정자에게 증정하다
呈趙正字

조씨의 연원이 옥천에서 드높으니　　　　　　趙氏淵源聳玉泉
맑은 시내 물소리가 해동 하늘에 울리네　　　　淸流有響海東天
가슴은 팔진八陣을 삼켜 연하여 붓을 던졌고[145]　胸呑八陣連投筆
다리는 삼산三山을 밟아 홀로 신선에 올랐네　　脚踏三山獨上仙
뛰어난 자취는 초모超母[146]의 날에 시험했고　　逸跡試曾超母[1]日
웅대한 마음은 식우食牛[147]의 해에 싹 텄다오　雄心萌欲食牛年
모르겠네 하늘 높이 나는 붕새가　　　　　　　未知碧落高飛翼
메추라기 굽어보며 불쌍히 여길는지　　　　　俯視蜩鳩萬一憐

---

1) ㉯ '超毋'는 '超母'의 잘못이다.

승평의 원에게 증정하다
呈昇平倅

변방 백성 미련하여 현묘한 교화를 모른 채	邊氓蠢爾昧玄化
초파리처럼 술 단지 속에서 웅웅거릴 뿐	蠔蟻紛飛甕裡天
뒤얽힌 노끈 풀어 가는 오묘한 솜씨를 보겠고	閑理亂繩看手妙
복잡한 사건 처리하는 뛰어난 능력을 알겠도다	能分錯節認刀賢
과장科場에 임해선 낭형[148]의 선비를 선발하고	當場選彼囊螢士
도를 물음엔 면벽[149]의 선승을 찾아야 하고말고	問道回斯面壁禪
세상 티끌 씻어 주는 한 가닥 개벽의 물이	一帶洗塵開闢水
그대 위해 밤새도록 창 앞에서 울어 예놋다	爲君終夜響窓前

태허재의 시에 차운하다
次太虛齋韻

아침 내내 재계하듯 올올히 앉았노라니　　　　終朝兀兀坐如齋
도의 기운 무럭무럭 아름답게 피어오르네　　　鬱鬱葱葱道氣佳
한마디 말이 천 리에 응함이 귀할 뿐이지[150]　　只貴一言千里應
반평생 어긋난 만 가지 일 논해 무엇 하리오　　何論萬事半生乖
안빈한 절조는 법으로 따를 만하고　　　　　　安貧節操能追憲
독학한 공부는 고시高柴[151]에게 지지 않았네　　篤學工夫不負柴
두보杜甫가 자기 시를 당년에 자부하였지만　　杜子當年空自大
금일 그대에게 밀릴 줄이야 어찌 생각했으랴　　豈料今日爲君排

황 부사에게 기증하다
寄呈黃府使

사군의 집은 바로 상안商顔의 아래	使君家在商顔下
한 곡조 지가芝歌를 몇 번이나 읊었을까[152]	一曲芝歌幾度吟
비 갠 뒤의 새 구름은 마음속의 솜털이요	雨後新雲心上絮
바람 앞의 옛 냇물은 꿈속의 거문고로세	風前古澗夢中琴
요임금 하늘에 허유許由의 달[153]일랑 짓지를 마오	堯天莫作許由月
은나라 들판엔 부열傅說의 장맛비[154]가 당연하다오	殷野宜爲傅說霖
애석해라 날기에 지쳐 돌아가는 새여	我惜倦飛歸去鳥
천지 저물기도 전에 일찍 숲에 들다니[155]	乾坤未暮早投林

산양의 원에게 올리다
上山陽倅

조개皁蓋[156] 나부끼며 지나가는 바닷가 마을   皁蓋翩翩過海村
백성 얼굴 펴 준 뒤의 산문山門 행차로세   民顔有喜指雲門
청량각 밑에선 냇물이 거문고 연주하고   淸凉閣下溪搖瑟
적묵당 앞에선 새들이 뭐라고 조잘조잘   寂默堂前鳥碎言
안팎으로 불어오는 백 리 고을 인풍이요   百里仁風吹內外
매일 두 때 조석으로 성긴 경쇠 소리로다   二時踈磬逐朝昏
깊은 숲 속 두 번이나 친히 왕림하시다니   深林再被親臨顧
세상 마치도록 이 은혜 갚기 어려우리   沒世難酬萬一恩

무용당유고 하
| 無用堂遺稿 下 |

문文 / 행장行狀

요청에 응하지 않으며 답한 글

저번에 과분하게 불러 주시는 은총을 입고 감격스럽기 그지없었습니다. 그러나 나는 쓸모없는 사람인 것이 분명하니 쓸모없는 곳에 그대로 놔두는 것이 좋을 것입니다. 비록 성대한 자리에 말석末席으로나마 끼어 보고 싶어도, 19인[157]이 눈짓하며 비웃을 테니 어떻게 하겠습니까. 형들도 어찌 나를 주머니 속의 송곳(囊中錐)으로 여겨서 첫손가락에 꼽으며 불렀겠습니까.

내가 예전에 바랑을 메고 단교斷橋의 시장을 지날 적에 소금 장수가 뛰어나오더니 내 옷자락을 끌면서 "나에게 소금을 파시오, 나에게 소금을 파시오."라고 하였습니다. 내 바랑 속에 그런 물건이 있는지 그가 어떻게 참으로 알았겠습니까. 그리고 내가 마음속으로 그럴 생각이 있었다면 무엇 때문에 끝내 거절하였겠습니까. 나는 법계法界를 짊어질 힘이 없는데, 형들이 만에 하나라도 나에게 그렇게 기대한다면, 소금 장수의 이 일과 무엇이 다르겠습니까.

더구나 화엄華嚴의 대교大敎는 대기大機의 소유자만이 감당할 수 있는 것입니다. 수행을 쌓은 보살이라고 할지라도 오히려 물이 말라서 헐떡거리는 물고기(曝鱗)에 비교될 것인데, 지금 육군六群[158]보다도 몇 십 층이나 더 아래에 있는지도 모를 자들이 80권 『화엄경華嚴經』을 몇 달 안에 후딱 해치우려 하다니, 어쩌면 이토록 허술하고 경솔하게 행한단 말입니까.

꿈속에서 천만리의 강산을 답사한 자가 꿈을 깨고 나서 혹 방불하게 상상할 수는 있을 것입니다. 하지만 나는 『화엄』을 모두 읽었다고 하면서 마음속으로 자부할 뿐만 아니라 다른 사람에게 과시하기까지 한다면, 이것은 두 번이나 잘못을 범하는 것이 될 것입니다.

나는 비유하자면 절뚝거리는 노둔한 말과 같으니, 어떻게 하루에 천 리를 달릴 수 있겠습니까. 그야말로 일생을 기약하더라도 힘이 부족할 것이니, 따라서 나와 같은 비천한 자는 법석法席을 더럽히지 않는 것이 좋을 것입니다.

게다가 나는 체질이 허약하고 기운이 부족해서 10여 년 이래로 뒷방에 혼자 거하며 앉고 눕고 하는 모든 일을 오직 내 마음대로 하였습니다. 그런데 만약 하루아침에 많은 대중 사이에 끼어서 나의 옛날 습관을 버리고 사람들의 새로운 취향을 따르게 한다면, 이는 비유컨대 원거鶢鶋를 종고鐘鼓의 음악소리로 즐겁게 해주고,¹⁵⁹ 원숭이에게 주공周公의 옷을 입히는 것과 같아서¹⁶⁰ 여자餘子처럼 옛 걸음걸이를 잃게 되고,¹⁶¹ 한유韓愈처럼 광질狂疾이 발작할 것이 분명합니다.¹⁶²

봄과 여름이 어떤 초목도 살리려 하지 않는 것이 없지만 썩고 마른 것은 어떻게 할 수가 없고, 가을과 겨울이 어떤 초목도 죽이려 하지 않는 것이 없지만 소나무와 잣나무는 어떻게 할 수가 없습니다. 사시四時를 주관하는 것이 천지天地이지만, 이런 천지도 어떻게 할 수 없는 것이 있으니, 형들이 또 나에 대해서 어떻게 하겠습니까.

천 사람도 많은 것이 아니고 한 사람도 적은 것이 아닙니다. 아무쪼록 형들은 적임자를 구하시고 나머지는 바라지 마십시오. 그저 귀를 어지럽히기만 하였으니,¹⁶³ 한번 웃어 주시기 바라며 이만 줄입니다.

答未赴書

日者過蒙寵召。感幸極矣。然而吾無用之正。宜自置於無用之地。縱欲末其妙席。奈十九人之目笑何。諸兄豈以演爲囊中錐。屈初指而招之耶。吾昔者擔囊而過斷橋市。賣鹽者趁出牽衣曰。貨吾鹽貨吾鹽。渠豈眞知囊中有其物。心有其意。則胡然而終拒之耶。吾無負法界之力。而諸兄之萬一於吾。何異此。況此大教大機所擔。以菩薩之積行。猶比於曝鱗。今下六群。不知其幾十層者。獵盡八十卷經於數月之中。何其草率若是。夢踏江山千萬里者。覺後或有彷彿想像也。然而曰吾盡讀華嚴。自負於心。又誇於人。此兩也。吾譬馬蹇駕。何及一日千里者。正期一生猶不足。以此如吾之鄙勿汚法席可也。且又吾質弱氣少。十餘年來。獨處後室。坐臥凡百。惟心之適。若一旦虱其廣衆之間。而背己之舊。逐人之新。則譬如樂鷄鵾[1]而鐘鼓之聲。衣猿狙以周公之服。餘子之失故行。韓愈之發狂疾快[2]矣。春夏之於草木。無不欲生也。而無可奈何者。枯朽是已。秋冬之於草木。無不欲殺也。而無可奈何者。松栢是已。主四時者天地也。而天地尙不可奈何。則諸兄之於吾。亦奈何哉。千人不多。一人不少。望須諸兄求其人。勿望餘。徒亂耳。一笑伏惟。

1) ㉮ '鷄鵾'는 '鷄鵾'의 잘못이다. 2) ㉮ '快'는 '決'의 잘못이다.

최 정언에게 부친 글

비록 합하閤下의 풍색風色을 뵙지는 못하였습니다만, 선사先師가 살아 계실 적에 합하의 형제를 극구 칭찬하면서 "당세當世의 유아儒雅한 선비로서 존경할 만하다."라고 하였습니다. 만약 풍도風度와 의기義氣가 높지 않다면 도道가 다른 자로 하여금 이와 같이 마음속으로 진정 열복悅服하게 할 수가 있겠습니까.

그때 귀로 놀라고 마음속으로 감동하면서 한번 두 분의 자리에 배석陪席하여 고론高論을 듣고 싶었습니다마는, 뜻한 대로 되지 못한 채 학사學士께서 먼저 세상을 떠나시고 얼마 뒤에 선사가 또 그 뒤를 이었으니, 세상일이 다 틀려 버려서 그저 통곡하는 심정일 뿐이었습니다.

지금은 합하만 남아 있고 또 다행히 인근隣近에 머무시는 만큼, 의리로 보면 응당 정신없이 달려가서 인사를 올려야 할 것인데, 이처럼 머뭇거리고만 있으니 그 죄가 크다고 하겠습니다.

근래에 듣건대 합하의 행차가 산정山庭에까지 왔다가 돌아갔다고 하는데, 흥이 다해서(興盡) 그냥 돌아가신 것입니까?[164] 깊은 숲 속에 앉아 있는 자로서는 실로 그 사실을 알지 못하였으니, 이것은 빈도貧道의 죄가 아닙니다. 합하께서는 양찰해 주십시오.

합하께서 만약 "조수鳥獸와 함께 사는 자[165]가 비록 인정人情에 가깝지 않다고는 하더라도, 내가 그의 스승과 면교面交[166]의 사이가 아닌 만큼, 그는 벌써 오래전에 나의 뜰에 와서 인사를 올려야 했을 것이다. 내가 그의 처소에 찾아가기 전에는 그가 나를 모르는 것처럼 한다면, 그는 마음을 잃고 실성失性한 자일 것이 분명하다. 그렇지 않다면 나를 우습게 보고 거만하게 구는 것일 터인데, 옛날 혜원惠遠이나 태전太顚[167]이 어찌 고승이 아니었던가."라고 책망하신다면, 빈도의 죄가 물에 얼음이 붙는 것처럼 더 중해질 것이기에 이렇게 사연을 갖추어 사뢰는 것입니다.

지금 장마철 무더위가 물러가는 때에 어떻게 지내고 계시는지요? 삼가 사모하는 심정이 간절해집니다. 빈도는 본성이 매우 졸렬해서 보내고 맞는 데에 게으른 데다 선사先師께서 세상을 떠나신 뒤로는 온갖 생각이 모두 재로 변하였습니다.

새처럼 빠른 광음光陰은 사람을 다그쳐서 노사老死의 구덩이 속에 거꾸로 떨어뜨리는데, 이런 삶을 큰 즐거움으로 생각한다면 실로 두려워해야 할 일입니다. 우리의 앞길에 예비할 양식으로는 마음을 수습하고 고요히 생각해서 급히 서방의 성자聖者(아미타불)를 부르는 것보다 좋은 것이 없습니다. 우리를 만 길의 대갱大坑 속에서 끌어올려 저 칠보七寶의 연화蓮花 위에 올릴 수 있는 것은 이것 말고는 달리 찾을 수가 없습니다.

모르겠습니다만, 합하께서는 천 척尺의 독목교獨木橋 위를 지날 때 붙들어 줄 수 있는 물건을 예비해 두셨습니까. 이러한 때를 당하여 세간에 있는 것들은 모두 나를 밀어서 떨어뜨리는 위험한 물건들밖에 없습니다. 믿을 수 있는 것은 오직 서방 정토를 생각하며 백업白業(善業)을 닦는 길밖에 없으니, 이것이 바로 우리가 믿고 의지해야 할 쇠지팡이인 것입니다.

옛날에 백 향산白香山(白居易)과 장 승상張丞相(張商英)과 황 태사黃太史(黃庭堅)의 무리가 노년에 이르러 모두 서방 정토를 생각하며 발원하는 글을 지었으니, 이는 본받을 만한 일입니다. 합하께서 혹 "나는 유자儒者이지 이단異端이 아니다."라고 하실지 모르겠습니다만, 저 백 향산의 무리도 어찌 유자가 아니었겠습니까.

합하가 비록 지금의 세상에 거하고 있지만, 모습도 예스럽고 마음도 예스러우며 행동도 모두 옛사람의 도와 일치하여 효도에 힘을 모두 바치고 충성에 목숨을 모두 바치고 있습니다. 향리鄕里에 거하면 향리에서 그 선善을 일컫고, 백성을 다스리면 백성들이 그 덕을 구가謳歌합니다. 10년 동안 칼을 갈아서 단지 닭 잡는 일에 시험했는데도, 백 리里가 태고太古처럼 되어 희황羲皇 이전의 사람으로 높이 누워 지내게 되었습니다.[168] 만약 추상秋霜 같은 그 칼날을 가지고 촉룡燭龍과 운붕雲鵬에 시험한다면, 신물神物이 다시는 칼집 속에서 울지 않을 것인데, 생각하면 아쉽기만 합니다.[169]

지난번에 한 한미寒微한 선비가 와서 합하를 칭찬하기를, "이 세상에 사람이 생겨난 이래로 있지 않았던 분(生民以來未有也)[170]이라서 퇴임退任하신 뒤에 더욱 몹시 그리워지기에 구리로 초상을 만들어 봉안하였다."라고 하였는데, 그 선비는 바로 그 지방의 사람이었습니다. 옛날에 자후子厚(柳宗元)가 유주 자사柳州刺史가 되었는데, 그는 죽은 뒤에야 사당에 초상화가 걸렸습니다. 이것을 가지고 저것과 비교해 본다면 합하는 유주보다도 훨씬 훌륭하다고 하겠습니다.

합하께서 임금에게 충성하고 어버이에게 효도하고 백성을 사랑하고 만물을 아끼는 그런 마음을 가지고서 정토에 회향한다면, 구품九品의 연지蓮池[171]에서 자금紫金의 빛나는 몸을 지니고서 조촐하게 금강대金剛臺 위에 우뚝 설 분이 합하가 아니고 또 누구이겠습니까. 합하는 힘쓰십시오.

한번도 합하를 만나 뵙지 못한 처지에서 먼저 이와 같이 간곡히 말씀을 드리며 피할 줄을 알지 못하는 것은 바로 여러 해 동안 사모해 온 정성 때문이요, 또 사람이 형편없다고 해서 그 사람의 좋은 말까지 버리지 않는다(不以人廢言)[172]는 가르침을 들었기 때문입니다. 오직 합하께서는 자세히 살펴 주소서. 그리고 절구絶句 한 수를 바치는바, 이는 뜻을 말한 것일 뿐이니, 어찌 시라고 말할 수야 있겠습니까.

寄崔正言書

雖未奉閣下風色。先師在時。盛稱閣下昆季曰。當世儒雅可敬。若非風義之高。能使道不同者。心悅誠服如是。其時耳驚心動。願一陪二妙高論。而未及如意。學士先逝。先師俄繼。世事已矣。堪爲痛哭。今則閣下惟存。幸及隣近。義當顚倒奔拜。而因循若此。罪戾多矣。近聞行色及於山庭而返。無乃興盡而然耶。坐深林者。實不知也。此則非貧道之罪矣。閤下恕之。閤下若曰。鳥獸同群者。雖不近人情。我與其師面交[1] 渠可拜我庭久矣。而未我至渠所。而渠若不知。渠必喪心失性者。不然簡慢者。惠遠太顚豈非高僧。則貧道之罪。如水加水。故具此白。即此霖暑退。養起居若何。伏慕殷摯。貧道素性甚拙。懶於將迎。加以自哭先師以來。萬慮都灰。光陰鳥速。迫促人倒墜於老死坑中。以爲大樂。實可畏也。前道資粮。莫若收心靜慮。急呼西方聖者。極我萬丈大坑。登彼七寶蓮花上。非此莫能。不知閤下已備過千尺獨木橋上扶衛之物乎。及此也。世間所有。盡是推我落險之具。可恃惟一念西白業耳。此乃眞我所柱底鐵杖也。昔者白香山張承相[2]黃太史之徒。及其老也。皆有發願念西之文。其可則也。閤下若曰。我儒者。不爲異端。白香山之類。豈不是儒者。閤下雖處今世乎。貝古心古。所行皆合古人之道也。孝則竭力。忠則盡命。居鄕而鄕稱其善。子民而民歌其德。十年磨劒。但試一鷄。而百里太古。高臥羲皇。若以霜刃。當其燭龍雲鵬。則神物不復吼於匣中矣。惜哉。頃有一寒士來稱閤下曰。生民以來未有也。是以去後思益甚。銅鑄肖像而奉之。士縣人也。昔者子厚爲柳州。沒後爲廟像。持此較彼。賢於柳州遠矣。閤下以忠君孝親仁民愛物之心。回向淨土。則九品蓮池。以紫金身。瑩然屹立於金剛臺上者。非閤下而誰。閤下勉之。未曾一奉閤下。而先此忉怛若是。而不知所避者。正以多年慕用之誠。而亦聞不以人廢言之訓。惟閤下詳垂察焉。又獻一絶言志耳。烏足云詩。

---

1) ㉯ 판본에 따르면 '我與其師面交'는 '我與其師非面交'의 잘못이다. 2) ㉯ '承相'은 '丞相'의 잘못이다.

임 교리에게 올린 글

봄날이 돌아왔습니다. 왕래하는 인편을 통해 삼가 합하의 병세가 조금 나아져서 한가히 산사山寺에 계시다는 말씀을 들었습니다. 고요한 가운데 얻으신 것이 필시 많으리라고 여겨집니다.

빈도貧道는 마음공부가 점점 처음보다 못해지고 쇠한 백발만 늘어갈 뿐입니다. 이 몸이 재가 되기 전에 다시 한번 합하를 뵙고서 지난날 미진했던 소회所懷를 죄다 털어놓고 싶은데, 합하는 병으로 왕림하지 못하고 빈도는 늙어서 나아가지 못하고 있으니, 이 소원이 끝내 수포로 돌아갈까 걱정입니다.

매양 지주地主와 만나 이야기하면서 합하의 풍류가 유아儒雅한 것을 찬탄하지 않은 적이 없습니다. 명부明府도 수석정水石亭에 초청하여 만나고 싶은데 지금까지 실행하지 못하고 있으니, 이 역시 하나의 유감스러운 일입니다.

이 정자를 노래한 명공名公의 작품이 꽤 많은데, 아직까지 합하의 보타寶唾(귀한 시문)를 얻지 못해서 사람들이 또한 흠으로 여기고 있습니다. 건강이 요즘 회복되셨으면 어찌하여 한번 붓을 휘두르는 일을 아끼시어 이 임천林泉의 한 빛을 감손減損시키십니까.

『춘추春秋』와 『전국책戰國策』과 『국어國語』가 산중에 없는데, 합하처럼 나를 아껴 주는 분이 아니면 그 누가 한번 볼 수 있게 해주겠습니까. 해解가 올 적에 어깨에 잔뜩 메고 오게 해주신다면 그런 행운이 없겠습니다. 갖추지 못하고 이만 줄입니다.

上林校理書

春廻因徃來便。伏聞閣下病候少間。而閑寓山寺中。靜裡所獲必多矣。貧道心上工夫漸落初。而多得衰白而已。未灰前欲再奉閣下。攄盡徃日未盡之

懷。而閣下病未臨。貧道老未進。第恐此願終歸虛牝耳。每與地主會話。未
嘗不嘆美閣下之風流儒雅。明府亦欲邀會水石亭上。至今未果。亦一恨也。
亭詠名公之作頗多。而未獲閣下之寶唾。人亦欠之。體候近若平復。則何斬
一揮減却林泉之一色乎。春秋戰國策國語。山中所無。若非閣下之愛我。孰
使一玩乎。解之來使之槙肩。則幸莫大焉。不具伏惟。

황 부사에게 올린 글

작일昨日에 풍색風色을 뵙게 된 것은 실로 천행天幸이었는데, 만나고 헤어짐이 무상無常하여 임하林下를 또 적막하게 하였으니, 이 한림李翰林이 "보는 날은 적고 이별의 날이 많다.(見少離別多)"[173]라고 읊은 것은, 바로 이것을 말한 것입니다.

삼가 생각건대 깃발을 돌려 떠나신 뒤에 합하께서 백성을 임하여 정사를 행하심에 신명神明이 도울 것이라고 여겨지는바, 삼가 마음속으로 환희하고 있습니다.

빈도貧道가 수석정水石亭 위에 조용히 앉아 있노라면, 눈으로 보고 귀로 듣는 것 모두가 정신을 수습하고 성정性情을 기르는 성색聲色 아닌 것이 없습니다. 이 가운데에서 얻어지는 것을 혼자서 즐길 수 있을 뿐, 합하와 공유할 수 없는 것이 유감입니다.

예로부터 명인名人과 달사達士가 임하의 사람과 친하게 지낸 경우가 많은데, 합하가 그 일을 이었으니 합하 역시 옛사람과 같다고 하겠습니다. 조만간 합하가 임 교리林校理의 손을 이끌고 수석정 위에 앉아서 이 즐거움을 나눈다면, 백련의 고회高會[174]만이 과거의 역사에서 아름다움을 독점하지는 못할 것입니다. 오직 이렇게 되기만을 바랄 따름입니다.

졸시拙詩는 글 속의 미진한 소회所懷를 대신 개진한 것이니, 한번 봐 주십시오. 삼가 백성을 위해 몸을 보중하시기를 축원하며, 송구한 마음으로 두서없이 올립니다.

上黃府使書

昨奉風色。實是天幸。離合無常。却敎林下又寂寞。李翰林所詠見少離別多者。正謂此也。伏想返斾後。閤下臨民政履神相。伏喜殷摯。貧道靜坐水石亭上。眼所見耳所聞者。盡是怡神養性之聲色。此中所得。只可自樂。而恨未與閣下共之耳。自古名人達士。與林下人相好者衆。而閣下繼之。亦古人矣。早晩閣下。挽林校理。坐水石亭上。分享此樂。則白連高會。不獨專美於前日也。惟此之望耳。拙詩替陳。書中未盡之懷。伏乞鑑之。伏祝爲民珍攝。悚仄不次伏惟。

임 교리에게 올린 글

삼가 생각건대 성제聖制(服制)가 비록 끝나기는 하였으나, 효사孝思는 다 하지 않으리라 여겨집니다. 반드시 신명神明이 도와주실 것인바, 멀리 앙모仰慕하는 마음이 실로 배가倍加됩니다.

산인山人은 올해 나이가 67세이니, 거의 다한 목숨이 아침 아니면 저녁에 끝날 것인데, 다만 걱정은 합하를 다시 뵙기 전에 뼈가 먼저 재로 변하지 않을까 하는 점입니다.

듣건대 상국上國에 빙문聘問하는 사명을 받으셨다는데, 그것이 사실입니까? 만약 그렇다면 장유壯遊도 겸하는 것이 될 것이니, 축하할 일입니다. 나처럼 졸렬한 자는 탄환과 같은 한 구역[175]도 다 돌아다니지 못했으니, 또한 부럽기만 합니다.

이 참판李叅判 광좌光佐씨는 지금 무슨 관직에 있으며, 또 어느 곳에 있는지요? 답서를 주실 때 알려 주시기를 삼가 바랍니다.

일찍이 조계曹溪에서 모시고 고론高論을 듣는 행운을 얻은 뒤로 10년 세월이 훌쩍 지나갔습니다. 노졸老拙이 먼저 옛날 노닐던 곳에 와서 다시 찾아 주시기를 눈이 빠지게 고대苦待한 것이 지금 벌써 오륙 년이나 되었습니다.

언제 한 사람 본 적이나 있으리오(何曾見一人)[176]라는 탄식은 고금을 막론하고 매한가지인 모양입니다. 이는 바로 눈이 높은 낭군郎君이 어여쁜 신부를 향하는 그 마음이, 진흙에 붙은 버들개지처럼 요지부동인데도, 늙고 추한 옛날의 처妻가 만에 하나라도 요행히 예뻐해 주기를 바라는 것과 같으니, 어쩌면 이토록 자신의 분수를 헤아리지 못한단 말입니까.

삼가 봄추위에 몸을 보중하시기를 빌며 종이가 짧아서 이만 줄입니다.

上林校理

伏想聖制雖終。而孝思不匱。必有神相。遠仰實倍。山人今年六十七。幾盡之命非朝卽夕。唯恐未及再奉閤下。而骨先灰也。聞有聘上國之命。其然乎。若然則亦兼壯遊可賀也。如拙彈丸一區脚未周。亦可羨也。李叅判光佐氏。今在何官。亦在何處。回書及之伏望。曾於曹溪幸陪高論。倏過十年。老拙先到舊遊處。苦待再訪而眼欲穿。今已五六年矣。何曾見一人之歎。無古今一也。此政如高眼郎君。於嬋姸新婦。心如粘泥之絮。而老醜舊婦。僥倖萬一之憐。何其不自量也。伏祈春寒。好自珍攝。紙短不旣。

김 수사에게 부친 글

그동안 가뭄과 장마가 이어지면서 무더위가 심하였는데, 모르겠습니다만 시봉하는 이 외에 잠자고 먹는 것은 어떠하십니까?

계축년에 한번 얼굴을 보고 나서 잊지 못하는 정이 피차 서로 같을 것인데, 산인山人은 산을 내려가지 못하고, 세객世客은 세상을 나오지 않아 지금까지 다시 만날 인연을 맺지 못했으니 탄식할 만한 일입니다.

홀연히 듣건대 달 속의 계수나무 가지를 거의 꺾으려다가 실패했다[177]고 하였는데, 가지는 높고 팔은 짧아서 그렇게 된 것이 아니겠습니까. 애석한 일입니다. 그렇지만 중인衆人이 바라는 마음이 멀리 구만리 정도일 뿐만이 아닌 상황에서 지금 거의 그렇게 될 수 있었던 것은 축하할 일이기도 합니다.

어쩌면 하늘이 기운을 보충해 주고 팔을 길게 하여 높다란 첫 번째의 가지를 꺾게 하려는 뜻이 있는 것이 아니겠습니까. 그렇다면 금일의 작은 실패가 후일의 큰 소득이 될 것이니, 역시 축하할 만한 일입니다. 그런데 족하는 어찌하여 슬퍼하십니까. 기뻐해야 마땅한 일입니다.

또 듣건대 족하가 『장자莊子』에 힘을 써서 과거科擧의 글을 지으려 한다고 하였는데, 한편으로는 족하를 위해 기뻐하면서도 한편으로는 족하를 위해 서글픈 심정이 들었습니다. 그 이유는 무엇이겠습니까.

장자는 옛날의 신묘막측神妙莫測한 사람입니다. 그는 도가 크고 지혜가 밝아서 천지를 작게 여기고 일월을 어둡게 여겼습니다. 그러므로 그 언론言論이 활달하고 문장文章이 걸출해서 중니仲尼의 인仁이나 백이伯夷의 의義도 비웃음을 면치 못하였는데, 더군다나 다른 사람의 경우이겠습니까. 그렇기 때문에 당시에 사람들에게 인정을 받지 못했으므로 스스로 도룡屠龍[178]의 탄식을 발하였던 것입니다. 옛날에도 그러하였는데, 하물며 지금이야 더 말해 무엇 하겠습니까.

지금 만약 장자의 웅변雄辯과 대론大論을 가지고 천하를 누르려 한다면, 천하 사람들이 듣고서 괴이하게 여길 것이 분명합니다. 어찌 괴이하게 여길 뿐이겠습니까. 또 따라서 그르다고 할 것이니, 그렇게 되면 몸을 어떻게 세울 수가 있겠으며, 이름을 어떻게 드날릴 수 있겠습니까. 그렇다면 족하를 위해서 한번 슬퍼해야 할 일이 아니겠습니까.

비록 그렇긴 하지만 장자의 정수精髓를 얻기만 하면, 담담한 경지에서 마음을 노닐고 적막한 세계에 기운을 맞추어 아무것도 없는 시골 마을의 광막한 들판에서 소요逍遙하고 방황할 것이며,[179] 만승천자萬乘天子의 높은 지위를 헌신짝 버리듯 하고 천금千金을 지푸라기처럼 여겨 돌아보지 않으면서[180] 하늘의 군자君子가 될 것입니다. 그렇게 되면 녹록한 공명功名 따위를 내려다보는 것이 어찌 원추鵷鶵가 썩은 쥐를 대하는 정도[181]일 뿐이겠습니까. 그렇다면 족하를 위해서 한번 기뻐해야 할 일이 아니겠습니까.

비록 그렇긴 하지만 족하의 뜻이 어찌 여기에 있기야 하겠습니까. 그저 그 꽃을 채취하여 꿀이나 만들고, 그 애벌레를 길들여서 벌로 만드는 것에 지나지 않을 것입니다. 아, 그렇다면 족하의 뜻이 작다고 할 것이니, 하늘의 군자는 될 수가 없고 사람의 군자가 될 수밖에 없지 않겠습니까.

비록 그렇긴 하지만 몸을 세우고 이름을 드날려 부모님을 드러나게 해 드리는 것이 효도의 시작인데 족하가 그 일을 이로써 행하려 하고, 신체와 터럭과 살갗은 모두 부모님이 남겨 주신 것인 만큼 감히 다치지 않게 하는 것이 효도의 마지막인데 족하가 그 일을 이로써 행하려 하니,[182] 아, 그렇다면 족하의 훌륭함이 산인山人보다도 훨씬 뛰어나다고 할 것입니다.

산인은 자벌레처럼 암혈巖穴에 몸을 굽히고서 지기志氣가 말라비틀어진 채 단지 부서진 몸뚱이만 보존하고 있을 뿐인데, 족하는 만에 하나라도 고인이 불쌍하게 여겨지지는 않습니까. 만약 치소緇素(僧俗)의 신분을 혐의하지 않고서 구름을 헤치고 한번 찾아 준다면, 그런대로 한나절의 한가함[183]을 얻을 것이요, 임하林下도 적막하지 않을 것입니다. 이야기를 한없이 주절대다가 그만 중언부언 늘어놓고 말았습니다.

寄金秀士

邇來旱雨相連。蒸溽甚。未知侍外眠食何如。癸丑年。一面之情。彼此相同。而山人不下山。世客不出世。因緣不再合至今可歎。忽聞月中桂幾折而未。無乃枝高手短而然耶。可惜。衆人所望不趐如九萬里之遠。而今其庶幾。可賀也。豈非天充其氣長其手。使高折第一枝耶。然則今日小失。後日大得。亦可賀也。足下奚悲。宜喜之也。又聞足下用力於莊子。爲科擧之文。一爲足下喜。一爲足下悲。何者。莊子古之神妙不測之人。其道大。其智明。以天地爲小。以日月爲昏。故其言論濶。文章屹。仲尼之仁。伯夷之義。不免所笑。而況他乎。是以當時焉。不見知於人。自發屠龍之歎。自古尙然。而況今乎。今若以莊子之雄辯大論。扼於天下。則天下之人聞而怔之必矣。豈惟怔之。又從而非矣。然則身可立乎。名可揚乎。然則爲足下一悲者。非乎。雖然得莊子之髓。凝心於淡。[1] 合氣於漠。逍遙乎彷徨乎無有鄕廣漠野。屣萬乘。芥千金。而爲天之君子。則其下視碌碌功名。何趐鵷鶵之腐鼠也。然則爲足下一喜者。非乎。雖然足下之志豈有此哉。不過採其花而成蜜。呪其虫而成蜂而已。噫。足下之志小哉。不得爲天之君子。而爲人之君子者乎。雖然立身場名。以顯於父母。孝之始也。而足下以之。身體髮膚。父母之遺體。不敢毁傷。孝之終也。而足下以之。噫。足下之賢。賢於山人遠矣。山人蠖屈巖竇。志氣焦拳。只存朽然形殼。萬一爲故人憐耶。倘不以緇素爲嫌。而披雲一訪。則庶得半日閑。而林下不寂寞矣。葛藤未盡。不免重說偈言。

---

[1] '凝心於淡'은 『장자』「應帝王」에 나오는 말로, '凝'은 '遊'의 잘못이기에 바로잡아 번역하였다.

최 상국에게 부쳐 올린 글

모某는 백암栢庵의 문도입니다. 천 리 밖에 있는 몸이라서 합하의 발치에 나아가 인사드리지는 못하였습니다만, 이전부터 동강 공東岡公이 백암을 깊이 사랑한 것이 도陶가 원遠을 사랑하고 소蘇가 요寥를 사랑한 것[184]보다 훨씬 더하였기에 마음속으로 합하의 문에 달려간 것이 오래되었습니다. 잘 모르겠습니다만, 봄날도 저물려 하는 이때에 상국相國 합하께서는 체후體候가 어떠하신지요? 삼가 사모하는 마음이 간절하기만 합니다.

모는 죄역罪逆이 심중深重한 탓으로 헤아릴 수 없는 화禍를 참혹하게 당하였습니다. 백암이 지난해 7월 25일 밤 초저녁에 홀연히 세상을 떠났으니, 그 비통한 심정을 어떻게 말로 다 사뢸 수 있겠습니까. 서거逝去한 뒤에 밤마다 계속해서 광서光瑞가 있었으며, 7일째 되는 날 화욕火浴(茶毗)을 행하던 밤에는 그 서기瑞氣가 더욱 커져서 한 줄기 백기白氣가 마치 한 필匹의 누인 명주처럼 남북으로 뻗쳤는데 이 광경을 원근의 사람들이 모두 보았습니다.

또 그로부터 사흘 뒤에 유골遺骨을 수습하던 날에 한 조각의 영골靈骨을 소나무 위에서 얻었으므로 금년 늦봄이나 초여름에 탑을 세워서 봉안하려고 기약하고 있습니다. 의리상 즉시 급히 치달려 고하는 것이 마땅하겠습니다마는, 일이 어긋나고 길이 멀어서 지금에야 인편에 알리게 되었습니다. 정례情禮가 땅을 씻은 듯 없어졌으니, 아홉 번 죽더라도 어찌 원망하겠습니까.

몇 년 전에 현랑군賢郎君(최 상국의 아들)이 국사國事로 호남湖南을 검찰檢察하면서 송광사松廣寺에 행차하여 제가 백암의 문도로 그곳의 암자에 있다는 말을 듣고서 명소命召한 뒤에 동강 공이 백암을 사랑했던 옛일을 간절히 말하며 쉬지 않고 친절히 일러 주었습니다. 그 모습을 보고 그 말을 들으매 귀가 뚫리고 눈이 뜨이면서 마음이 절로 열리고 손이 절로 합해졌습니다.

  제가 후생後生이라서 비록 동강 공을 모실 수도 없었고 합하를 뵙지도 못하였습니다마는, 삼가 현랑군의 점잖은 모습과 호탕한 기상을 접하고는 마치 두 분 선생을 뵙는 것만 같았으니, 그 기쁨을 어떻게 헤아릴 수 있겠습니까.

  선사의 유고遺稿가 거의 10여 편에 이르는데 흩어져 없어진 나머지 겨우 몇 편만 얻었기에 이 중에서 정선精選하여 간행하려고 합니다. 지금 이 원고를 올리오니 합하께서 보시고 근정斤正해 주시는 것이 어떻겠습니까. 그런 뒤에 서문序文을 지어 첫머리에 올린다면, 저로서는 세상에 있을 때나 세상을 떠난 뒤에 모두 합하의 선물을 받아 영광이 극에 이를 것입니다. 이는 또 하나의 특별한 은혜로서 서방 정토에 가 계신 영혼도 깊이 감격할 것이니, 비록 몸을 갈아서 가루가 되게 하더라도 이 깊은 은혜를 만분의 일도 갚지 못할 것입니다.

  존엄하신 안전案前을 이와 같이 귀찮게 해 드리며 그 죄를 피할 줄 모르는 것은, 합하께서 선사를 사랑하신 그 사랑으로 이 몸도 역시 사랑하며 죄를 주지 않으실 것을 전적으로 믿고 있기 때문입니다. 나머지는 황송해서 다 아뢰지 못합니다. 양찰해 주십시오.

寄上崔相國書

某栢庵之役。雖在千里之外。未望閣下之履。而自先東岡公愛栢庵之深。跂於陶之遠蘇之寥。故心徃閣下之門久矣。伏未審春事欲暮。相國閣下體履若何。伏慕殷摯。某罪逆深重。慘遭不惻之禍。栢庵年前七月念五夜未牛。奄然歸盡。其爲慘痛。何可盡白。逝後連夜有光瑞。而第七日火浴之夜。其瑞益大。一道白氣。如一匹練。亘于南北。遠近皆覩。且又越三日。收骨之日。得一片靈骨于松樹上。期以今年春末夏初。立塔而封之。義當即傳馳告。而事乖道遠。今始仍便。情禮掃地。九死何悔。數年賢郎君。以國事檢湖南。臨松寺。聞演以栢庵之役在其庵。命召而慇語東岡公愛栢庵之故。亹亹不厭。觀其貌。聽其言。耳爽目活。心自開而手自合矣。演後生。雖未及陪東岡公。亦未奉閤下。而謹獲雅貌浩氣。如拜二先生矣。其爲欣幸可量。先師遺稿。幾至十餘篇。而散亡之餘。僅得數篇。欲擇其精者。而椊梓故。今此呈上。伏乞閤下斤正何如。然後文其序。弁其首。則先師在世卽世。得閤下之賜。榮光極矣。是兩也。已西之靈亦有深感。雖碎身粉骨。而難報其深惠於萬一。尊嚴之前若此煩瀆。而不知避罪者。專恃閤下愛先師之愛。亦愛演而不之罪耳。餘惶悚不具伏惟。

곡성의 원에게 올린 글

　전일에 만나 뵌 것은 실로 하늘이 내려준 기회였는데, 호로병 속의 건곤乾坤은 비록 한가해도 꿈속의 일월은 매우 바빠서 전광석화電光石火처럼 만났다가 헤어지고 말았으니 이를 어찌 하겠습니까. 이를 비유한다면 비선飛仙이 잠시 머물러 옥치玉齒를 반쯤 열어 웃어 보이고는 학가鶴駕를 다시 되돌려 눈을 쳐들기도 전에 벌써 아득한 운애雲靄 사이로 사라졌다고나 할까요.

　남겨 주신 새 시를 때때로 다시 읊으며 음미하노라면 어금니와 뺨에서 향기가 돋아나니, 이것을 가지고 우러러 사모하는 괴로움을 조금 누그러뜨리고 있습니다. 삼가 생각건대 지금 꾀꼬리 노랫소리가 점점 매끄러워지고 보리밭 물결이 일렁이기 시작하니, 공무公務의 여가에 정신을 툭툭 털어 버리고 마음속에 청산녹수靑山綠水를 모두 담고서 소요逍遙하시리라 여겨집니다.

　빈도는 대중을 훈도訓導하는 이외에 다른 일이 없고, 날마다 하는 공부는 그저 방심放心을 수습하는 것일 뿐입니다. 산인散人의 종적은 그야말로 규방閨房에 깊이 들어앉은 처자處子와 같아서 사람을 보고 싶은 마음이 있어도 스스로 나아갈 길이 전혀 없으니, 힘을 내어 찾아뵙고자 해도 그것이 어떻게 가능하겠습니까.

　요행히 하늘이 오마五馬[185]를 등라藤蘿의 산길로 돌아오게 해준다면 임하林下도 적막하지 않겠기에 한 장의 거친 글씨와 조잡한 말로 미진한 회포를 다시 펴게 되었습니다. 공무公務의 여가에 한번 돌아보아 주신다면 그런 행운이 어디에 있겠습니까. 나머지는 황송해서 이만 줄입니다. 양찰해 주십시오.

上谷城倅

頃日之奉。實爲天與。壺裡乾坤雖閑。而夢中日月甚忙。其奈離合石火電光何。譬如飛仙暫駐。玉齒半啓。而鶴駕還擧。未及擡眼。已入杳靄間矣。所留新詩。時復諷詠。牙頰生香。以此少寬瞻注之勞耳。伏想此時。鶯歌漸滑。麥浪初起。公餘抖擻精神。括盡靑山綠水於方寸上。而逍遙焉。貧道訓蒙徒外無餘事。日用工夫只在收放心而已。散人蹤跡正如深閨處子然。雖有見人之心。而雅無自進之道。縱欲强謁。其可得乎。幸天復回五馬於蘿逕。則林下不寂寞矣。一紙荒草蕪詞。再伸未盡之蘊。公隙倘垂一顧。則何幸如之。餘惶悚不宣伏惟。

호남 방백에게 삼가 올린 글

정월에 소사미小沙彌가 올라가는 편에 편지 한 통을 닦아 올렸는데, 문지기가 가로막는 바람에 전달하지 못하고 그냥 돌아왔으니 매우 아쉽습니다.

지금은 하늘과 땅이 서로 소통하여 만물이 번성하는 때입니다. 삼가 합하의 기후氣候도 시절과 함께 화창하리라 생각하니 적이 위로됩니다.

빈도는 지난해 섣달에 송광사로 옮기고 나서 다시 한 봄을 맞았는데, 선송禪頌을 폐하지 않게 된 것은 합하께서 외호外護해 주신 은사恩賜 덕분이기에 더욱 감사하고 있습니다.

승가僧家의 고민거리에 대해서 일찍이 조목별로 세밀하게 말씀드렸는데, 합하께서 천근한 말도 자세히 살피기를 좋아하시어[186] 소경이 볼 수 있게 하고 절름발이가 걸을 수 있게 해주셨으니, 인인仁人 군자君子가 아니고서야 천지처럼 곡진히 이루어 주는 대도大度를 어떻게 이렇게까지 베풀어 주겠습니까. 하나의 집이 무너지는 것을 붙들어 주고 한 사내가 물에 빠진 것을 건져 주어도 사람들이 모두 칭송하는데, 더구나 이처럼 지극하게 배려해 주어 봄날에 온갖 꽃이 피는 것처럼 해주셨음이겠습니까. 1천 산에 환희의 기운이 떠 있고, 1만 골에 기쁨의 소리가 들끓으니, 어찌 유독 희황羲黃의 시대[187]만 태평한 세상이라고 하겠습니까.

그런데 혹 왼쪽 눈은 다시 밝아졌어도 오른쪽 눈은 여전히 어두워서 옛날의 온전한 눈으로 되돌아가지 못할까 하는 걱정도 있는데, 합하께서 만약 한쪽 눈으로 충분하다면서 금비金錍[188]를 다시 들지 않으신다면, 아, 마침내 반쪽짜리 인간으로 그치고 말 것이니, 이를 어떡합니까. 하지만 부모가 자식에 대해서 어찌 그렇게야 하겠습니까. 이런 것은 치아痴兒의 철없는 생각에 지나지 않을 것입니다. 날마다 봄철에 순행巡行하실 때 다시 풍색風色을 뵐 수 있으리라 기대하였는데, 누가 이 일을 가로막아서 가을을 기약하게 되었단 말입니까.

졸렬한 율시 두 수를 지난겨울에 지었는데 이제야 비로소 바치게 되었습니다. 이것은 빈도의 생각을 말한 것일 뿐이니, 베로 만든 북이 어떻게 뇌문雷門에 어울리겠습니까.[189] 삼가 원하옵건대 창생蒼生을 위하여 몸을 보중하소서. 나머지는 황송하여 다 말씀드리지 못합니다. 양찰해 주십시오.

謹上湖南方伯

首月中。憑小沙彌上去便。奉修一札。爲闍者所攙。未達空還。深用慨然。今則地天交泰。萬物雍熙。恭審閣下氣候與時和舒。伏慰殷摯。貧道年前臘月移棲松寺。又得一春。而不廢禪頌。仰賴閣下外護之賜。尤爲拜感。僧瘦曾爲條分縷柝。而閣下好察邇言。使盲者得明。跛者能行。若非仁人君子。則天地曲成之大度。焉至是。一室之傾扶。一夫之溺援。人皆得稱焉。況此至矣之及。如春行萬卉者乎。千山喜氣浮。萬壑歡聲咽。豈獨羲黃之際爲太平之世歟。或恐左眼再明。右眼猶暗。未復昔日之全。閣下若曰一眼足矣。金鎞不再擧焉。則嗚呼奈何終作牛介人而止耳。然而父母之於子。豈其然乎。此痴兒之妄度也。日望行春再奉風色。誰爲尼之。秋以爲期。惡詩二律。已搆前冬。而今始仰塵。言志而已。布皷豈合於雷門。伏乞爲蒼生珎毖。餘惶悚不具伏惟。

이 석사에게 답한 글

날마다 풍색風色을 뵙기를 바라던 차에 귀한 서찰을 먼저 받고 보니, 갈매기(海鶴)와 같은 한가한 모습을 뵙는 것만 같습니다.

빈도貧道는 시천詩川[190] 선생이 석사碩士에게 친족의 어른이신 것만 들었는데, 지금 와서 석사가 빗자루를 든 제자[191]이기도 하다는 것을 자세히 알았습니다. 선생의 도가 오늘날 이처럼 떨어지지 않을 것을 어찌 생각하였겠습니까.

선생과 선사先師의 친분은 도혜陶惠와 한전韓顚[192]과 비교되니, 여기에 어찌 고금古今의 차이가 있겠습니까. 아, 선사가 먼저 세상을 떠나시고 선생이 또 그 뒤를 따랐는데, 남겨 주신 향기 넘치는 시문들이 분명히 흰 종이 위에 담겨 있으므로 때때로 무릎을 꿇고 봉독奉讀하노라면 눈물이 뺨을 적시곤 합니다. 그리고 선생의 문하에는 석사가 건재하니, 선생이 비록 지하에 계시더라도 눈을 감으실 수 있을 것입니다.

불초不肖 연연演은 선사의 방 안을 엿보지도 못했는데, 석사가 이처럼 과분하게 칭찬하시다니, 이는 정말 감당할 수 없는 일입니다. 시장詩章은 우리 집안의 군더더기 일에 지나지 않습니다. 그러나 옛날에 득도得道한 분들이 혹 자신의 경지를 노래하다 보면 저절로 음률에 맞곤 하였으니, 노능盧能이 본래 한 물건도 없다(本來無一物)고 읊은 것[193]이 좋은 예라고 하겠습니다.

연연演은 선사께서 돌아가신 뒤로 흥사興思가 갑자기 없어지고 나이도 많이 들어 쇠하였으니, 마음을 맑게 하고 생각을 고요히 하여 나의 변치 않는 근본 자리로 되돌아가야 할 것입니다. 만약 아침에 읊고 저녁에 지껄이면서 저 도필리刀筆吏처럼 문필文筆을 일삼는다면, 식견이 높은 사람들에게 비웃음을 당할 것이 분명합니다. 간혹 어떤 경계를 접하고 인연을 만나서 서자西子가 이마 찡그리는 것을 본뜨지 않을 수 없는 경우도 있는데,¹⁹⁴ 산중에 글 짓는 사람이 매우 적은 관계로 뜻하지 않은 칭찬을 귀로 듣기도 합니다만, 매양 마음속으로는 부끄러운 생각이 들어 얼굴이 절로 붉어지곤 합니다.

석사가 거론한 조문석사朝聞夕死¹⁹⁵의 설은 내가 이야기하려고 했던 것을 먼저 말한 것인데, 이것은 우물 안 개구리가 바다의 별주부에게, "나의 즐거운 이 우물 속으로 들어와서 왜 구경하려 하지 않는가?"라고 말한 것¹⁹⁶과 무엇이 다르겠습니까. 나도 세속에 있을 적에는 선유씨先儒氏의 설을 읽기도 하였고, 청운靑雲 위에 오른 사람의 말을 듣기도 하였습니다. 그 모두가 석사의 설과 같았는데, 내가 지금 와서 생각해 보면 잠을 자다가도 크게 소리 내어 웃곤 합니다. 왜냐하면 그쪽의 가르침은, 깊고 깊은 것도 우리 가르침의 얕고 얕은 것에도 미치지 못하기 때문입니다. 그런데 석사는 깊고 얕음이 어떠한지 깊이 따져 보지도 않고서 오히려 시동尸童과 축관祝官이 제기祭器를 뛰어넘어 와 주방에서 베고 삶는 일을 대신하려 하고 있으니,¹⁹⁷ 너무 지나치다고 해야 하지 않겠습니까.

옛날 고명高明한 인사도 나이가 젊어 기운이 왕성할 때에는 마음으로 비난하고 입으로 비평하면서 못하는 일이 없다가 늘그막에 이르러 홀연히 달식達識의 고론高論을 듣고는 전날의 잘못을 뉘우치는 경우가 왕왕 있었습니다. 석사가 지금은 고집을 부리지만, 후일 숭악 전崇岳顚과 황벽 운黃檗運¹⁹⁸의 부름을 받고 일어나 꿈에서 깰 줄 어떻게 알겠습니까.

이교二敎(불교와 유교)의 심천深淺에 대해서 입으로 말하자면 장황해지고 붓으로 쓰자면 번거로우니, 다음에 만나는 날로 미루어 두는 것이 좋겠습니다. 『전등록傳燈錄』은 청하신 대로 보내 드리고 싶은 마음이 간절하지만, 깜깜한 길에 명월주明月珠를 던져 주면 모두 칼을 뽑으려 하면서 노려보는 법이니,¹⁹⁹ 석사의 천하가 크게 밝아진 뒤에 보내 드려도 늦지 않을 것입니다.

봄날이 점점 따뜻해지는 이때에 잠자고 밥 먹는 것이 한결같으시기를 바라며, 나머지는 지침서에 쓰인 대로 석사께서 잘 살펴 행하시리라 믿습니다.

答李碩士

日望風色。而華札先及。宛奉海鶴閑姿。貧道但聞詩川先生於碩士姓長。而今詳亦爲操篲之役。豈意先生之道不墜於今日乎。先生之與先師相好。較諸陶惠韓顚。奚古奚今。噫。先師先逝。先生亦繼。而留與滕馥。明明存紙素上。則時跪奉讀。涕泗交頤。先生之門碩士在。先生雖地下乎。可以瞑目矣。不肖演。未窺先師之室。而碩士過越稱道若是。不敢當不敢當。詩章乃吾家餘事。古之得道之士。或詠歌其所蘊。而自合音律。如盧能之本來無一物之類是也。演自哭先師以來。興思頓落。年又衰邁。可以淸心靜慮。復吾其不變之初。若朝吟暮噪。而事持鉛槧。如刀筆之吏。則爲見笑於大方之家必矣。或觸境逢緣。不獲已效西子之嚬。而山中乏人之甚故。不虞之譽入耳。每心自愧而面自赤矣。碩士之朝聞夕死之說。余欲說之而先焉。何異井蛙向海鼇曰。吾樂歟。何不入觀之說耶。余亦在俗時。讀先儒氏之說。而或逢雲上人說。如碩士之說。我今而思之。則寐中亦大笑一聲。彼敎之深深。不及吾敎之淺淺。而碩士不深討淺深之如何。而反欲以尸祝越樽俎而代割烹。不已過乎。古之高明之士。年少氣盛時。心非口議。無所不至。及其晚暮。忽聞達識高論。而悔前非者。往往有之。碩士之今日固也。安知後日爲崧岳顚黃蘗[1]運之喚起而夢初廻耶。二敎深淺。言之長也。筆之煩矣。可以留在他日一面。傳燈錄切欲如敎。而暗中明月必爲按劍者所顧。待其碩士之天下大明。然後進之亦未脫[2]也。春日漸暄。眠食如宜。餘在叙。惟碩士察此。

---

1) 옙 '蘗'은 '檗'의 잘못이다. 2) 옙 '脫'은 '晩'의 잘못이다.

백암 화상 문집 서문

옛사람은 글을 조박糟粕²⁰⁰으로 여겼다. 그렇다면 글을 귀하게 여길 것이 없는 것도 분명한 사실이다. 아, 마음은 일신一身의 주인이요 만류萬類의 근원으로서 유래한 시초가 없고 형체가 있지도 않다. 무릇 상相이 있는 것들은 모두 무상無相의 그림자라고 할 것인데, 글 또한 이와 유사한 점이 있다. 흐름을 거슬러 근원을 찾고, 싹을 통해 뿌리를 찾는 것이 무방하다면, 우주 사이에 없을 수 없는 것이 또한 글이라고 할 것이다.

그러므로 삼교三敎의 성인聖人이 무상無相의 몸을 가지고 무언無言의 가르침을 설하여 인간 세상에 남겨 준 것인데, 그것이 지금까지도 쇠하지 않고 있는 것이다. 세상에 표준이 셋이 있으니, 덕을 세우는 것(立德)과 공을 세우는 것(立功)과 말을 세우는 것(立言)이 그것이다.²⁰¹ 덕이 있는 자는 반드시 공과 말이 있게 마련인데, 이처럼 세 가지를 모두 겸하여 지닐 수 있는 것은 성인이 아니면 불가능하다고 하겠다.

예로부터 말을 세우는 사람은 일반一斑²⁰²이라도 엿보고서 문장을 이루는 것이니, 그리고 보면 이것도 공언空言은 아닌 것이다. 달마達磨가 비록 문자를 배격하며 본성을 밝혔으나, 그래도 선경禪經과 선게禪偈가 있었고 보면, 다른 것이야 더 논할 것이 없다고 하겠다.

경희慶喜²⁰³가 대장경大藏經을 결집結集한 뒤에 수명친착樹鳴親着²⁰⁴이 논論을 짓고, 외장관밀外長觀密²⁰⁵이 소疏를 지어 곡조를 발하며 삼킨 것을 토해냈으니, 이는 모두 도道를 드러낸 도구들이었다.

그러다가 다섯 종파²⁰⁶로 나뉨에 미쳐서는 단도單刀와 일구一口로 불조佛祖를 죽이고 삼키면서 염고拈古하기도 하고 송고頌古하기도 하였는데, 그 기세가 불타오르듯 하고(燀爀) 삼엄森嚴하여 사람의 귀와 눈에 우레와 번개처럼 내리꽂혔다. 이로 말미암아 귀머거리와 소경의 눈과 귀가 밝아져서 다시 청천백일靑天白日을 보고 유수고산流水高山을 감상할 수 있게 되었으니, 이를 통해 살펴본다면 귀할 것 없는 물건이 또한 귀한 물건이 되었다고 하겠다.

아, 석문釋門의 주석柱石인 우리 선사先師는 부모를 여읜 곤궁한 처지에서 묘령妙齡에 머리를 깎고 먹물 옷을 걸치셨다. 교해敎海의 물결이 쇠한 것을 탄식하고, 선등禪燈의 불꽃이 꺼진 것을 개탄하여 노심초사하며 불조佛祖의 피육골수皮肉骨髓를 파헤치는 일을 자신의 임무로 삼았다. 그리고 외전外典에도 통달하고 문장도 여사餘事로 하여 솥의 세 발을 이루고 수레의 두 바퀴를 이루었으므로 당시에 문인文人 달사達士가 도연명陶淵明과 혜원慧遠의 관계에 비기고, 교연皎然과 육우陸羽207의 재림再臨이라 여겨 서로 창화唱和하며 주고받아 주옥 같은 시편詩篇이 가득하였는데, 비단옷을 안에 입고 다시 홑옷을 걸쳤으나 날로 드러나는 것을 어찌할 수가 없었다.208

우리 동방의 공문空門(佛門)에서 문장으로 근세에 울린 자는 서산西山(休靜)과 백곡白谷(處能)인데, 서산은 도道가 문文보다 뛰어났고, 백곡은 문이 도보다 뛰어났다. 선사가 살아 계실 적에 언급하기를, "백곡은 비유하자면 하나의 큰 가람伽藍과도 같다. 대전大殿과 층각層閣이 첩첩이 솟아서 새가 나래를 펼치고 꿩이 날아가는 듯하여(鳥斯革翬斯飛)209 사람의 눈을 번쩍 뜨게 하고 마음을 뒤흔드는데, 그 사이에 구유와 헛간과 방앗간과 창고와 부엌과 뒷간 등이 끼어 있다. 내 속에도 하나의 오래된 전각殿閣이 있으니, 이루離婁210가 먹줄을 독찰督察하고 장백匠伯이 도끼를 휘둘렀으며,211 승요僧繇212가 기린의 뿔과 봉황의 부리213를 달여 서촉西蜀의 단청丹靑214과 섞어서 교묘하게 솜씨를 발휘하였으므로 천전天殿이 하늘에서 떨어지고 용궁龍宮이 바다에서 솟아난 듯하여 사람들이 하루 종일 에워싸고 구경하면서도 싫어하지 않는다."라고 하였는데, 이는 확론確論이다. 옛날에 "사람들은 어찌하여 자신을 알지 못하는가?"라고 하였는데, 선사는 자신을 알았으며, 자부한 것이 또한 이와 같았다.

옛날에 중니仲尼가 요순堯舜을 조술祖述하였는데, 재아宰我가 중니의 도덕과 문장을 칭하면서 "요순보다 훨씬 뛰어나다.(賢於堯舜遠矣)"²¹⁵라고 하였다. 선사가 취미翠微(守初)의 뒤를 이었지만 나도 선사에 대해서 그렇게 말하려 하는데, 자기가 좋아한다고 해서 무턱대고 아부하지는 않을 것이라고 맹씨孟氏도 이미 말한 바 있다.

아, 옛사람은 문언文言을 도道의 찌꺼기 정도로 여겼다. 그렇다면 이를 막고 끊어야 할 것인데, 그렇게 하지 않은 것은 무엇 때문인가. 조박糟粕이 비록 주마酒麻의 찌꺼기이긴 하지만, 주마만 있고 조박이 없을 리는 결코 없기 때문이다. 그렇다면 정조精粗와 내외內外와 본말本末이 있는 것은 어떤 것마다 모두 그러하니, 조粗를 통해 정精으로 나아가고 외外를 통해 내內로 나아갈 수가 있는 것이다. 이렇게 정精과 내內가 있으면 조粗와 외外가 따르게 마련이니, 어떻게 버릴 수가 있겠는가. 옛사람이 조粗인 줄 알면서도 버리지 않았고, 선사 또한 그러하였는데, 나의 대에 와서 끊어버리고 전하지 않는다면 이것은 옛사람을 어기고 선사를 배반하는 것이다. 옛사람을 어기고 선사를 배반하면서 하늘을 머리에 이고 발로 땅을 밟을 수 있겠는가.

그래서 선사의 유고遺稿를 취집하고 보니 시詩와 문文이 거의 7~8권이나 되었다. 그런데 모두 간행하려니 감당할 힘이 없기에, 또 중니가 시서詩書를 정리한 방식을 따라 가장 정밀한 것만을 가려서 상편과 하편으로 만든 다음 판각에 부쳤는데, 지금쯤 서방에 계실 영혼께서 수긍하실지 어떨지 모르겠다.

선사께서 만약 "연演아, 너는 단지 나의 흔적만 알지, 나의 근본은 모르는구나. 나에게는 글자가 없는 광대한 한 권의 경經이 있는데, 너는 그것도 새겼느냐. 어찌 이 몇 권의 글만 여기에서 흘러나왔겠느냐. 삼장三藏 십이부十二部²¹⁶와 유교·도교의 제서諸書도 이와 같고, 사성육범四聖六凡²¹⁷과 산하대지와 삼라만상도 모두 이와 같으니라. 이와 같을진대 이와 같은 여러 가지를 나의 면목이라고 해도 나의 제자가 아니요, 나의 면목이 아니라고 해도 나의 제자가 아니니라."라고 말씀하신다면, 제자는 "예, 알았습니다."라고 할 것이다.

栢庵和尙文序

古人以書爲糟粕。然則書之不足貴也必矣。噫。心也一身之主。萬類之源。而其來無始。其體沒形。凡有相者。皆無相之影。書亦相類也。不妨尋流而得源。因苗而識根。則宇宙間不可無者。亦書也。是以三敎聖人。以無相之身。說無言之敎。留與人間。至今不衰。世有標準三。曰立德。曰立功。曰立言。有德者必有功與言也。則兼三而有之者。非聖莫能。古來立言之士。莫不窺一班[1]而成章焉。則亦非空言也。達磨雖云。彈文明性。而亦有禪經及禪偈也。則其他不足論矣。自慶喜蘊結大藏而後。樹鳴親着之爲論。外長觀密之爲疏。發其引。吐其含。皆現道之具也。施及宗分五派也。單刀一口。殺呑佛祖。而或拈或頌。燀爀森嚴。雷電人耳目。因此而聾盲聰明。復覩靑天白日。更賞流水高山。迹此觀之。不足貴者。亦足貴也。哀我先師。釋門柱石。困於孤艱。而妙齡薙染。嘆敎海之波頹。慨禪燈之焰滅。苦心勞慮。刮佛祖之皮肉骨髓。以爲已任。而傍通外典。餘事文章。鼎成而足三。車行而輪二。一時文人達士。擬陶於慧。再陸乎皎。唱去和來。珠璣滿篇。錦已衣矣。網雖尙之。其奈日章何。我東空門中。以文章鳴於近世者。西山與白谷。西山道勝文。白谷文勝道。先師在時。語及曰。白谷比如一大伽藍。大殿層閣。疊疊聳出。烏斯革翬斯飛。令人目活心搖。而槽廠碓坊庫廚溷厠與其間。我中有一古殿。離婁督繩。匠伯運斤。僧絲以獼角鳳觜之煮。和於西蜀丹靑。而逞其巧妙焉。却疑天殿飛隆。虹宮涌出。使人環而觀之。終日而不厭。此確論也。古曰人豈不自知。先師自知矣。其自負也亦如此。昔者仲尼祖述堯舜。而宰我稱仲尼之道德文章曰。賢於堯舜遠矣。先師翠微之後。余於先師亦云。汗不阿好。孟氏已言之矣。噫。古之人。以文言爲道之緖餘。

則杜之絶之可也。而未者何戕。糟粕雖酒麻之餘。而獨有酒麻無糟粕。理之必無也。然則精粗內外本末。物物皆然。自粗而及精。由外而之內。有此精內。粗外隨之。其可舍之。古人知粗而不去。先師亦然。至於余絶而不傳。是違古背師。違古背師。而頂天足地乎。肆以裒集先師遺稿。詩若文幾至七八卷。欲盡刳剗。則力之難堪。又且則仲尼刪詩書。而止撮精最者。上下篇。附諸板上。抑未知已西之靈。其頷也否。先師若曰。演。爾徒知我迹。未知我本。我有廣大沒字經一卷。爾亦刻此否。豈獨此數卷文從此流出。三藏十二部。儒道諸書。亦如是。乃至四聖六凡。山河大地。森羅萬像。亦如是。若如是。如是種種。謂吾面目。非吾弟子。非吾面目。亦非吾弟子。弟子曰唯。

---

1) ㉮ '班'은 '斑'의 잘못이다.

『심경소기회편』의 서문

 이 종이 반 장의 경經으로 말하면, 글자 수는 적고 글은 간략하지만 6백 권의 중심에 거하여 모든 반야般若의 뜻을 끌어안고 큰 장교藏敎의 이치를 아우르고 있으니, 제불諸佛의 모태요 만법의 근원이라고 이를 만하다.
 그러므로 관음대사觀音大士가 부처의 신력神力을 받들고 광대한 뜻을 간략히 설하여 이 세상에 남겨둠으로써 칠중七衆[218]의 입술과 혀 위에 구르도록 한 것이다. 비록 『화엄華嚴』이 일체경一切經의 종원宗源이라고 말을 하지만, 많이 지송持誦하는 것으로는 이 경經보다 더한 것이 없다.
 만약 풍부한 뜻을 간략하게 표현하여 상相을 없애고 공空을 밝히며, 헛 것을 보는 눈알의 백태白苔를 긁어내고 나비로 변한 꿈에서 깨어난 사람이 아니라면, 어떻게 이와 같이 할 수가 있겠는가. 그렇긴 하지만 옥돌의 온윤溫潤한 속성에 대해서 겉을 보는 사람은 많아도 속을 아는 사람은 드문 법이니, 이것이 바로 현수賢首의 주각註脚[219]과 옥봉玉峰의 연주連珠[220]가 어쩔 수 없이 나오게 된 까닭이라고 하겠다.
 아문我門의 사형師兄인 석실 공石室公(明眼)이 다행히 현수의 소疏와 옥봉의 기記를 얻고는, 소疏를 통해 경經을 알고 기記를 통해 소疏를 아는 것이, 마치 가지를 통해 줄기를 알고 줄기를 통해 뿌리를 아는 것과 같음을 기뻐하였다. 그러나 기記가 유독 별행別行으로 처리되어 보는 이들이 병으로 여기는 것을 안타깝게 여기고는 이를 한데 모아 편집하였다. 그리고 이를 장차 출판하여 일국一國에 공개함으로써 심오한 경의 뜻이 남김없이 심목心目 사이에 활짝 드러나고 경외하는 마음을 가질 수 있도록 친절히 유도하였으니, 실로 그 뜻이 도저到底하다고 하겠다.
 옛날에 책 공策公이 석벽石壁의 기記를 규봉圭峯의 소疏에 연결하여 『금강경金剛經』의 대의大義가 천년 뒤에까지 환히 빛나도록 하였는데,[221] 석실石室의 마음이 곧 책 공의 마음과 같다고 할 것이니, 오늘날의 일을 옛일과 비교한다면 누가 앞이고 누가 뒤라 하겠는가.

  공이 연연을 비루하게 여기지 않고서 나에게 교증校證을 상의하며 그 전말顚末을 쓰도록 청하였다. 그래서 내가 그 송무松茂를 기뻐한 나머지 손을 다칠 것도 잊고서 감히 일빈一嚬을 흉내 내었다.[222]

心經疏記會編序

此半紙經。字少文略。而居六百卷之中心。包括諸般若之義。攝盡大藏敎之理。可謂諸佛之母。萬法之源。肆以觀音大士。承佛神力。略說廣義。留諸世界。常轉於七衆唇舌上。雖云華嚴爲一切經之宗源。而誦持之盛。莫尙於此。若非義豊文略。蕩相明空。刮見花之翳。覺化蝶之夢。焉得如是也哉。然而石裏溫潤。觀者雖多。知者鮮矣。此賢首之注脚。玉峰之連珠。不獲已而作也。我門兄石室公。幸得疏若記。喜其疏以通經。記以通疏。政如因枝得幹。因幹得根。而慨乎記獨別行。觀者病之。故會而編焉。將附剞劂氏。公諸一國。使深經奧義豁然頓現於心目之間。開庸可畏之心。實謂到矣。昔策公係石壁記於圭峰疏。使金剛大義煥然乎千載之後。石室之心。乃策公之心也。引今較古。孰先孰後。公不以演爲鄙。薔余校證。而爲叙其顚末。故余悅其松茂。忘其手傷。敢效一嚬。

『신간 범음집산보』의 서문

범음梵音의 유래는 조위曹魏 시대로 거슬러 올라간다.[223] 우리 동방은 진감 노인眞鑑老人이 중화中華에 들어가 배우고 돌아온 뒤로부터 옥천玉泉[224]의 유향遺響이 우레가 치고 산이 응하듯 하면서 누추한 개구리 소리가 한 번 변하여 지나支那와 인도印度의 그것과 방불하게 되었다.

지금은 그 법도가 무너지고 사람이 성글어지면서 소리도 자연히 그렇게 되고 말았다. 그리하여 감히 포고布鼓를 가지고 천뢰天雷에 대드는 자가 횡행하는 세상이 되고 말았으니,[225] 이것을 어찌 차마 말할 수 있겠는가.

그런데 방장方丈(지리산)의 음音이 온 나라를 뒤덮는다 해도 어떻게 귀를 기울여 들을 수 있겠는가. 노래하는 게구偈句를 보면 선법률禪法律 삼장三藏 가운데에서 뽑은 것이 많고, 간혹 그 시대의 명언名彦의 손에서 나오기도 하는데, 입으로 가르치고 손으로 전하는 과정에서 오언烏焉[226]을 구분하지 못하게 되었으니, 사람은 속일 수 있을지 몰라도 제성諸聖을 속일 수야 있겠는가. 크고 작은 자리를 베풀어 불천佛天과 신기神祇를 공양할 즈음에 제성諸聖이 만약 그 잘못을 알기라도 한다면 어떤 사람이 입을 열 수 있겠는가. 아, 생각하면 두려운 일이다.

모某 상인上人은 방장方丈의 무리이다. 그 사람됨이 단정하고 그 소리가 웅장하니, 그중 뛰어난 자라고 이를 만하다. 그 성교聲敎의 물결이 무너진 것을 개탄하고는, 마음속으로 다른 유파流派들을 모아 와전되고 어긋난 점을 바로잡으려 하면서 자기 생각대로 하지 않고 여러 성도聲徒 중에 걸출한 자를 청하여 번잡한 것을 깎아내고 빠뜨린 것을 보충하려 하였다. 그리하여 잘된 것은 그대로 두고 잘못된 것을 고쳐서 분류한 뒤에 3축軸으로 만들었다.

그리고는 나에게 고증考證을 청하고 그 전말顚末을 쓰게 하였는데, 내가 자격이 없다고 굳이 사양하였으나, 그 사람의 청이 워낙 완강해서 내가 이웃 사람들이 달아날 것을 생각하지도 않고서 감히 서자西子를 본받게 되었다.[227]

新刊梵音集删補序

梵音之作。權輿於曹魏。而我東眞鑑老。入中華模還。而後玉泉遺響。雷振山應。蛙音之陋一變。而彷彿乎支那印度焉。今則法墜人踈。音亦隨之。敢以布鼓搏揳天雷者。滔滔皆是。可言哉。然而方丈之音蔽一國。耳堪傾乎。其所詠句偈。則多撫於禪法律三藏之中。或出於當其時名彦之手。而口訓手傳。烏焉莫分。人雖欺。聖可欺乎。小大設筵。供佛天神祇之際。諸聖若見其過。則人無開口者。吁。可畏哉。某上人方丈之徒。其人端其音雄。可謂拔萃者。慨其聲敎波頹。心欲會其異執。正其訛舛。而不自用。期以請諸聲徒之傑然者。删其繁。補其闕。是者仍之。非者改之。分爲三軸。旣又乞余考證。而序其顚末。余以不才讓之固。而之人之請。堅其甚。余不顧隣人之走。敢效西子爲。

『중간 선문염송설화』 서문

과거 승국勝國(고려)에서는 국조國朝가 선법禪法을 간성干城으로 삼아 외적의 침입을 막고 국가의 명운을 연장하였다. 당시에 선법이 성행한 것은 중국에 못지않았다.

그러므로 산성散聖 목우 옹牧牛翁(知訥)의 사법嗣法 제자인 무의자無衣子 심 공諶公(慧諶)이, 선문禪門의 호걸들이 본사本師(釋尊)의 가르침 및 가섭迦葉 이하가 보여 준 것 중에서 혹 염고拈古하고 송고頌古하거나, 혹 대어代語하고 별어別語한 것 가운데 어록語錄에 산재한 자료를 취집하여 30권으로 편집하고는 『염송대별략拈頌代別略』이라고 제목을 붙여서 학자들에게 제공하였다. 그런데 그 내용이 은미하고 간략한 데다 내외의 제서諸書에서 많이 나온 까닭에 식견이 부족한 사람들로 하여금 아득해서 알 수 없다고 오히려 비방하게 하는 허물을 면치 못하였다.

그래서 귀곡龜谷 운 공雲公(覺雲)이 이를 안타깝게 여기고는 별도로 설화說話를 첨가하여 설명하였다. 송宋나라 사람이 뽑아 올린 것이 묘苗에게는 해가 되겠지만, 수모水母의 입장에서는 새우의 조력이 무엇보다도 중요하니,²²⁸ 후진後進에게 도움이 되는 점이 실로 적지 않았다고 할 것이다.

하지만 그 판본이 당세에 성행하였으나, 산하가 한번 뒤바뀌면서 나라와 함께 없어지고 말았다. 아, 그로부터는 학자들이 이 책을 구해 보기가 무척 어렵게 되었다.

이에 미천彌天 노인²²⁹이 북산北山을 주지主持하면서 오래도록 개탄하다가 다행히 한 곳에서 고본古本을 얻어 향산香山의 절에서 판각하려 하였는데, 이곳에서 향산과의 거리가 몇 천 리나 되었으므로 남방에 있는 자들이 이를 병으로 여겼다. 그래서 얼마 뒤에 설암자雪巖子 붕 공鵬公이 자기 아버지의 소를 먹이려고 북쪽에서 남으로 왔으니, 월저月渚가 바로 그의 법부法父였다.

붕 공은 그 역사役事를 팔영산八影山 능가사楞伽寺에서 일으켰다. 능가사는 오늘날의 사찰이지만 승가의 규범은 고찰古刹을 능가하였다. 상기尙機와 의헌義軒은 그 사원의 거벽巨擘이었는데, 상기가 그 일을 감독하면서 의헌과 함께 상의하며 참여하였다. 붕 공의 계도戒徒 약간 명이 그 비용을 대고, 또 사저寺儲를 출연出捐하여 아홉 길의 산을 쌓으면서 한 삼태기의 흙이 모자라는 일이 없게 하였다.²³⁰ 그리하여 이로부터 남북이 한목소리를 내고 부자가 풍도를 같이하게 되었으니, 붕 공이야말로 잘 계승한 사람(善繼者)이라고 이를 만하다.²³¹

아, 이 일이 끝나기도 전에 붕 공이 급하게도 세상을 떠남으로써, 또 안로安老로 하여금 나를 망하게 한다(喪予)²³²는 비통한 심정을 느끼게 하였으니, 슬픈 일이다.

능가楞伽의 제공諸公이 선림禪林의 조락凋落을 개탄하면서 처음 제창提唱한 자가 스러진 뒤에도 이 일을 완성하여 이처럼 남은 한이 없게 하였으니, 이는 총림叢林의 일대 성사盛事라고 할 것이다. 아, 붕 공이 의도했던 것도 다른 데에 있지 않고 바로 여기에 있었다고 하겠다.

重刊禪門拈頌說話序

往在勝國。國朝以禪法爲干城。禦寇兵延國祚。當時禪法之盛。不在中國之下。是以散聖牧牛翁之嗣法。無衣子諶公裒其禪門諸傑之。或拈或頌或代或別。於本師所說及自迦葉以下所示者。散在語錄底。編錄爲三道卷文。目之曰拈頌代別略也。以貽學者。而其語隱略。又多出於內外諸書。反使管見者。未免謗蒼蒼之愆。故龜谷雲公憫焉。別爲說話而明之。宋人之捱。在苗雖害。而水母之待。於蝦最要。其爲後進之助也。固不淺淺矣。然其板本。盛行當世。山河一異。與國俱亡。嗚呼。自是厥後。學者之得見此書也甚難。爰有彌天老。主北山。慨然久之。幸得古本於一處。刻諸香山寺。此去香山里幾千乎。在南者病焉。已而雪巖子鵬公。欲食其父之牛。自北而南。月渚其法父也。鵬也。駕其役於八影之楞伽。楞伽今刹也。而僧範邁古。尙機義軒。院之巨擘者。機董其事。共軒謀而與。鵬公之戒徒若干輩。供其費。又出寺儲。成其九仞之高。而無一簣之虧。今而後南北一聲。父子同風。鵬也。其可謂善繼者歟。噫。鵬之逝也趣。不待此事之了。又使安老奄起喪予之慟。哀㦲。楞伽諸公。慨禪林之彫落。告厥於唱者已焉之後。而使無遺恨若此。此叢林之一大盛事乎。噫。鵬之歿。不於他者。其在斯歟。其在斯歟。

영남로 곤양군 봉명산 직조암 신축 모연문

불법佛法은 청정하고 고원高遠해서 세속과 함께할 수가 없다. 그래서 머리카락과 수염을 깎고 운림雲林에 처하여 형체를 고목枯木처럼 하고 생각을 불 꺼진 재처럼 하면서 토굴을 파고 흩어져 살며 인간 세상을 완전히 잊어버렸던 것이다.

그러다가 말세에 인人과 법法이 쇠퇴함에 미쳐 백장 대사百丈大士[233]가 동우棟宇를 경영하여 노병老病을 편히 쉬게 하였는데, 이런 일이 있은 뒤로부터 건물의 규모를 크고 넓게 하며 다투어 제천諸天[234]을 세움으로써 선禪을 닦는 자가 그곳에서 안거하게 하고 선善을 좋아하는 자가 복의 씨앗을 심도록 하였으니, 그 복리福利가 미치는 바를 어떻게 헤아릴 수 있겠는가.

서봉사棲鳳寺는 연기 국사烟起國師가 창건한 옛 도량이다. 거기에서 남쪽으로 백 보쯤 걸어가면 유명한 절터 하나가 나오는데, 옛 모습을 회복하지 못한 것이 오래되었다. 이는 어쩌면 때가 돌아오지 않고 적임자를 얻지 못해서 그런 것이 아니겠는가.

대사大師 한 사람이 방장산方丈山에서 와서 여름 몇 철 동안 이곳에 석장錫杖을 걸었는데, 법호法號를 광밀廣密이라고 하였다. 사원의 모든 사람들이 이구동성으로 그에게 청하기를, "우리 대사의 재능과 덕이야말로 이 난야蘭若를 여유 있게 경영할 수 있을 것이니, 근골筋骨의 수고로움을 잊으시고 이 불후의 공을 이루어 주소서."라고 하니, 대사가 고사固辭하지 않고 그 말을 따랐다. 이는 시기가 돌아오고 적임자를 얻은 것이니, 하늘에서 화당華堂이 떨어지고 땅에서 보전寶殿이 솟아나와 여우와 토끼가 뛰어놀던 곳에 엄연儼然히 절간이 서게 될 것을 미리 점칠 수 있겠다.

무용자無用子가 비록 이 산과 이 절의 승개勝槩를 보지는 못하였지만, 대사大事가 장차 이루어질 것을 생각하니, 멀리서도 기쁘기에 이 한마디 말을 지어 단문檀門에 두루 고하게 함으로써 힘닿는 대로 보시하게끔 하였다. 보시는 십도十度[235] 중의 으뜸이니, 어찌 소홀히 해서야 되겠는가. 이와 함께 나라가 태평하고 백성이 안락하기를 축원하는 바이다.

嶺南路昆陽郡鳳鳴山直照庵新成募緣文

佛法淸淨高遠。不可以與俗同。故剃其鬚髮。處其雲林。枯乎形。灰乎慮。穴土星居。而大忘人世焉。逮及世末。人法替怠。百丈大士。營其棟宇。以安老病。自是以後。廣堂大廈。競搆諸天。使修禪者。安其居。樂善者。植其福。其爲福利之所覃。烏可量哉。棲鳳寺者。烟起國師所創。古道場也。南行百步外。有一名基。而未復古者久。豈非時未還人未得而然耶。有一大師。自方丈來。掛錫數夏者。法號廣密。合院異口同請。曰我大師之才與德。可以營此蘭若。而有餘裕。忘其筋骨之勞。而成此不朽之功。師不固辭而從之。時還而人得。天墜華堂。地湧寶殿。儼立於狐兎之場。預可占矣。無用子。雖未見之山之寺之勝槩。而遙喜大事將成。草此一言。使遍告檀門。隨力而施。施爲十度之首。其可忽諸。祝曰國泰平民安樂。

단교 모연문

도강徒杠은 사람만 지나다닐 수 있고, 여량輿梁은 수레도 통행이 가능하니, 여량의 다리가 좋을 것이다. 나무는 썩기 쉽고 돌은 부서지지 않으니, 돌로 만드는 것이 좋을 것이다. 무지개다리는 구멍이 둥글고 커서 큰물이 밀려와도 물의 충격이 작으니, 무지개다리가 좋을 것이다. 돌로 만들고 무지개다리로 하여 오래 견디도록 하려면, 이를 완성함에 수고와 비용이 매우 많이 들 것이니, 한 사람이 혼자서 감당할 수 있는 일이 아니요, 하루 만에 이룰 수 있는 일이 아니다.

단교斷橋는 부사浮槎(樂安의 옛 이름)의 동문洞門에 있다. 큰 냇물이 쏟아져 내려와 성낸 물결을 맞아들이는데, 그 넓이는 화살이 날아갈 만한 거리이고, 그 깊이는 한 길 남짓 된다. 여기에 또 개펄이라서 발이 잘 빠지지 않기 때문에 사람이 건너가기도(揭厲)²³⁶ 어렵고 말 역시 머뭇거릴 뿐 건너가려고 하지 않는다.

그러므로 성습性習 상인上人이 사람들을 건네주려는 마음을 선뜻 내면서 저 썩기 쉬운 다리를 피하고 오래 견딜 수 있는 다리를 지향하였다. 그리하여 그 산을 깎아내어 길이 귀천貴賤과 인축人畜으로 하여금 모두 차안此岸을 떠나 피안彼岸에 오르게 하고자 하였으니, 어찌 위대하지 아니한가.

그러나 터럭 하나로는 공을 만들기도 어렵지만, 잔질을 많이 하면 바다도 이룰 수 있는 법이다. 그렇다면 믿을 것이 하늘이겠는가, 땅이겠는가. 하늘이 덮어 주고 땅이 실어 준다 하더라도, 일의 성패는 그 책임이 사람에게 있는 것이다. 사품四品의 사람 중에 사士가 으뜸을 차지하는바, 고명高明한 지혜로 그 풍도를 들으면 기뻐하겠기에 이렇게 사연을 갖추어 고하게 되었다. 보시를 하는 것은 집에 재물이 있느냐 없느냐에 달려 있지 않고, 마음속으로 믿느냐 비웃느냐에 달려 있다고 하겠다.

斷橋募緣文
徒杠人獨過。輿梁車大行。則輿梁可乎。木易朽。石難壞。則石可乎。虹孔圓且大。淫流雖浹而水之擊小。則虹可乎。石而虹而長且久。則成之也。勞費甚大。非一人之獨任。非一日之可爲也。斷橋浮槎之洞門。大川下注。怒潮迎入。其濶一箭過。其深一丈餘。泥且濃。人難揭厲。馬亦躑躅。是以性習上人。頓發濟人之心。而厭彼易朽。欣其堅且久。刱諸他山。永使貴賤人畜。離此岸而登彼岸。豈不偉戕。然一毛難毬。衆勺成海。則所恃天乎地乎。天雖覆。地雖載。事之成壞。責在乎人。人之品有四。而士冠于首。可以高明之智。聞其風而悅之。故具此白。施之爲不在家之有無。心之信笑。

태안사 봉서암 신축 모연문

태안사泰安寺는 신라 혜철 국사慧徹國師가 창건한 절이다. 많은 세월 속에 누차 병화兵火를 겪은 끝에 꿩이 날고 새가 나래를 치는 듯한(翟飛鳥革)[237] 건물이 순식간에 잿더미로 변해 여우와 토끼의 놀이터가 된 것이 언제인지 성상星霜을 기억할 수도 없다. 그리하여 국로國老의 귀비龜碑와 안탑雁塔도 글자가 파묻힌 채 땅에 엎드려 있고, 이끼에 뒤덮인 채 하늘을 가리킬 뿐이었다.

그 뒤에 방포方袍[238]의 무리가, 고인古人의 유적이 오래도록 가시덤불 속에 묻혀 있음을 깊이 개탄하고는, 약간의 전당殿堂을 겨우 짓고서 지금까지 이어 왔는데, 골이 깊고 세상과 멀어 거승居僧이 매우 적기만 하니, 퇴락하고 피폐한 그 정상은 차마 입에 올릴 수가 없을 정도이다.

예로부터 땅을 잘 고르는 자가 말하기를, "이곳은 하늘이 아끼고 땅이 숨긴 곳인데, 다행히도 혜철 국로國老에게 간파되어 성대히 총림叢林을 이루었다. 그 전성시대에는 소위 봉서암鳳瑞庵이 안산案山의 뿌리에서 제압하여 마치 봉황이 상화相和하는 것처럼 주빈主賓이 상응하였다. 지금은 주主가 그 빈賓을 잃고 봉鳳이 그 황凰을 잃었으니, 적막하게 된 것이 또한 당연하지 아니한가?"라고 하였다. 이 말이 매우 이치에 맞지만, 누가 손에 침을 뱉고 마음속으로 맹세하면서 서원한 대로 실천하며 그 책임을 떠맡으려 하겠는가. 그래서 지금까지 머뭇거리기만 하였으니 실로 개탄스러운 일이다.

그래서 내가 변변찮은 일개 납자衲子로서 대원왕大願王[239]을 발하여 흥복興復의 거조를 일으키려 하는데, 일은 크고 힘은 미약한 것이 그야말로 우로愚老가 산을 옮기고 정위精衛가 바다를 메우려는 것[240]과 같다. 이것이 비록 역량을 헤아리지 않은 하나의 일이긴 하나, 그래도 걱정하거나 두려워하지 않는 것은 바로 인과因果의 도리를 잘 아는 단신檀信들이 어느 곳에나 바둑알과 별처럼 널려 있음을 알고 있기 때문이다. 손수 선실禪室을 구하면 백 가지 진식珍食이 손을 대는 대로 현성現成할 것이니, 복을 구하고 죄를 뉘우치려 한다면 이 일을 놔두고서 또 무엇을 하겠는가. 아무리 적어도 싫어하지 않을 것이요, 많으면 많을수록 더욱 좋을 것이다. 왕국의 기틀이 공고해지고 성상의 수명이 유구하기를 우러러 축원하는 바이다.

泰安寺鳳瑞庵新建募緣文

泰安寺者。羅朝慧徹國師之所剙也。多歷年所。屢經兵火。翬飛鳥革之構。倏爲灰燼。狐兔戲走之場。不記星霜。國老之龜碑鴈塔。字沒而伏地。苔封而指天而已。厥後方袍之徒。深慨古人之遺蹤。久埋榛莽之中。僅構若干殿堂。而流至于今。洞邃世遠。居僧甚少。其彫弊之狀。不忍齒錄。古來擇地者曰。此處天之慳地之秘。而幸爲徹老之所破。蔚爲叢林。方其全盛時。所謂鳳瑞庵。壓于案山之根。主賓相應。若鳳凰之相和。今則主失其賓。鳳失其凰。其爲岑寂。不亦宜乎。此語甚爲當理。而誰能唾手矢心。服其言而擔其任耶。因循至今。實可欺也。故我一壞衲。發大願王。擬作興復之擧。事大力微。政如愚老移山。精衛塡海。雖是不量力之一事。而不生怖畏者。正以知因識果檀信。碁布星羅於在在處處耳。手構禪室。百般珍食隨手現成。則夫欲邀福懺罪者。捨此奚爲。少少非厭。多多益善。仰祝王碁[1]鞏固。聖壽悠久。

---

1) ㉺ '碁'는 '基'의 잘못이다.

조계산 송광사 함청각 단청 모연문

송광사松廣寺는 해동의 유명한 일대 가람으로서 온 나라 사람들이 귀천을 막론하고 한번 가서 보지 못하면 평생의 한으로 여기고 있는 터이다. 그 이유는 열여섯 분 성인聖人[241]의 유적이 아직도 보존되어 있기 때문만이 아니요, 침계루枕溪樓와 임경당臨鏡堂과 함청각含淸閣의 삼절三絶이 솥발처럼 옥계玉溪 위에 높이 임하여 꿩이 날고 새가 나래를 치는 듯한(翬飛鳥革) 건물의 그림자를 명경지수明鏡止水 속에 드리우고 있고, 금슬과 같은 솔바람과 시냇물 소리가 유객遊客의 귀를 상쾌하게 해주기 때문이다. 무릇 복선福善을 공문空門에 심으려고 한다면, 이곳을 놔두고 또 어디로 가겠는가.

사승寺僧이, 함청각이 나무다리 위에 있는 만큼 쉽게 썩을 염려가 있다 하여 돌로 무지개다리를 만든 다음 그 위에 다시 새롭게 세우니, 경상景像이 예전보다 훨씬 나아졌다. 여기에 만약 승요僧繇[242]의 묘한 솜씨를 가하여 새로운 건물의 얼굴을 생기 있게 단장한다면, 보는 이들의 눈이 번쩍 뜨이고 마음이 흔들려 마치 옥경玉京 위의 십이루十二樓에 있는 것처럼 느끼게 될 것이다.

그래서 빈도가 그 책임을 떠맡았으나 비용은 많이 드는데 역량은 부족해서 혼자 마련하기 어렵기에 많은 털을 빌려서 공(毬)을 만들고자 한다. 만약 선善을 좋아하는 분들이 도와주지 않는다면, 어떻게 일대 호사好事를 이룰 수가 있겠는가.

힘이 닿는 대로 보시하여 불후不朽의 선인善因을 함께 맺으시기를 삼가 바라는 바이다. 인과가 서로 어긋나지 않는 것은 바로 형체와 그림자, 그릇과 거푸집의 관계와 같으니, 무엇을 의심하겠는가. 인하여 축원하는 바이다.

曹溪山松廣寺含淸閣丹雘募緣說

松廣寺爲海東一大名藍。而合國人無貴賤。不得一見。爲生平恨者。非獨十六聖之遺躅尙存。抑亦枕溪樓臨鏡堂含淸閣。三絕鼎足。高臨玉溪之上。而霍飛鳥革之影。印於明鏡之中。松琴澗瑟之聲。爽諸遊客之耳。凡欲種福善於空門者。捨此而焉徃也哉。寺僧以含淸閣。據木橋上。易朽爲慊。石以虹之。更新其上。景像倍徙於前。若加以僧繇妙手。活畫新構之面。則觀者目活心搖。如在玉京上十二樓矣。是以貧道荷其任。擧羸力詘。難以獨辦。須假衆毛以成毬。若非諸樂善之士。何以畢竟一大好事乎。伏望隨力隨施。共結不朽之因。因果不忒。正如影之形器之模然。何曾疑焉。因祝。

태안사 삼일암 신축 모연문

선사禪舍의 시작은 그 유래가 오래되었다. 우리 만정각자滿淨覺者(世尊)가 삼십이상三十二相 팔십종호八十種好로 서천西天에 자취를 응했을 적에 사위국의 급고 장자給孤長者가 고산高山처럼 우러러보며 겸금兼金을 태자의 땅에 깔고서 천중천에게 정사를 헌납하였다.[243]

이 일이 있은 뒤로부터 아전鵝殿이 새처럼 날개를 펴고 앙려鴦廬가 꿩이 날아가듯 세워져서 마음을 닦는 인사들이 각기 있을 곳을 얻게 됨은 물론이요, 재물을 보시하는 자들이 복을 구하고 죄를 참회하게 되었다.

이 삼일암三日庵이 비록 옛터는 아니지만, 앞 봉우리들이 겹겹이 절을 하고 청룡靑龍과 백호白虎가 층층이 보듬고 있으니 실로 수도하도록 잘 도와줄 곳이다. 그래서 내가 변변찮지만 몇 칸의 선실禪室을 엮어서 운유雲遊의 상사上士로 하여금 송광사 상사당上舍堂의 인연[244]과 같이 사흘 동안 앉아서 마음을 밝히게 하고자 하는 것이다.

신심 깊은 단나檀那는 유한한 재물을 아끼지 말고 무궁한 복을 이루시기를 삼가 바라노니, 이와 같은 행운이 또 어디에 있겠는가. 바람은 화순하고 비는 제때에 내리며, 나라는 태평하고 백성은 편안해지기를 삼가 축원하는 바이다.

泰安寺三日庵新建募緣文

禪舍之始。其來久矣。我滿淨覺者。以三十二八十種。應跡西天。舍衛國給孤長者。仰止高山。布兼金於太子之地。獻精舍於天中天。自是厥後。鵝殿鳥革。鴦廬翬飛。修心之士。各得其所。而使施財者。邀福懺罪焉。此三日庵者。雖非舊址。而前峰疊揖。龍虎層抱。實是助道之處也。故我無似欲結數間禪室。使雲遊上士。坐三日而明心。如松廣寺上舍堂之緣。伏願有信檀那。莫靳有限之財。以成無窮之福。何幸如之。伏祝風和雨順。國泰民安。

백운암 불전 모연문

불전佛殿을 지은 것은 백장 화상百丈和尙이 총림을 건치建置한 때로부터 시작되었다. 이로부터 그 제도가 크게 유포되었는바, 이는 거찰巨刹에만 적용된 것이 아니라 난야蘭若에도 역시 그러하였다. 그래서 보시를 행하여 복전을 가꾸시라고 권유하게 되었다.

백운암은 용문사 동부洞府 위에 있다. 흉년에 도적이 불을 질러서 소실되었는데, 우선 좌우의 두 건물만 세웠을 뿐, 불전은 지금까지 착수하지 못하였다.

지금 모 상인上人이 이를 개탄하고 무거운 짐을 짊어졌으니, 그 능력이 대단하다고 하겠다. 그러나 큰 집은 하나의 재목으로 지탱할 수 있는 바가 아니다. 삼가 바라건대 여러 단나檀那들은 각각 힘이 닿는 대로 보시함으로써 당래에 대복大福의 과보를 받을 인연을 함께 맺도록 하시라. 이 밖에 또 무슨 말을 하겠는가.

白雲庵佛殿募緣文

佛殿之作。始於百丈和尙建置叢林。自是其制大布。非獨巨刹。蘭若亦爾。此化緣植福田之勸也。白雲庵在龍門寺洞府上。凶歲爲賊火所焚。先構左右兩堂。而未及佛殿。今也某上人慨之。荷重擔。其力大矣。然而大廈非一木之所支。伏乞諸檀那。各隨力而施之。同結當來得大福報之因。此外更何言。

성기암 상량문

산악이 신령한 기운을 내려 성인을 잉태하니 이구尼丘²⁴⁵가 구해九垓(九州)에 날고, 영우靈祐가 위산潙山을 얻어 선문禪門을 여니 동산桐山²⁴⁶이 팔로八路(八道)에 행해졌도다.

하늘이 아낀 것을 간파하고 땅이 숨긴 것을 열었나니, 일을 주관한 상인上人은 6척의 작은 체구에 삼명三命²⁴⁷의 뛰어난 기예를 지녔도다.

방에 경쇠만 매달린 적취積翠의 백 년 인생이라 해도, 뱃속에 우레 소리 자주 들리는 삼순구우三旬九遇는 어떻게 해야 하나.²⁴⁸

벌은 꽃을 채취하여 꿀을 만들고, 까치는 가지를 물어다 둥지를 트나니, 집집마다 억지로 웃고 곳곳마다 꼬리를 흔들도다.

백련白蓮의 정사精舍는 동림東林 원 법사遠法師²⁴⁹의 높은 정취요, 벽운碧雲의 정거淨居는 서악西岳 휴 상인休上人²⁵⁰의 맑은 운치로다.

오늘날의 그림자와 메아리는 바로 옛사람의 형체와 소리일 터, 길상한 땅이 길상한 사람을 만나고, 신령이 숨긴 곳이 신인神人의 눈에 드러났도다.

창을 돌이켜 잡고 방에 들어오는 것을 혜철 국사惠哲國師는 보지 못하였으나, 사람이 하늘을 이기기도 하나니 옥황상제가 막을 수 없었도다.²⁵¹

공수公輸²⁵²가 도끼를 휘두르고 이루離婁²⁵³가 먹줄을 살폈나니, 대부大夫의 양재良材²⁵⁴를 죄다 들이고 금강金剛의 이기利器를 모두 썼도다.

각각 제자리에 거하여 높고 곧은 기둥들(覺覺之楹)²⁵⁵을 서로 마주하고, 그 몸을 홀로 바르게 하여 겹겹이 바위가 쌓인 산(巖巖之石)²⁵⁶에 외로이 섰도다.

불일佛日에 비한다면 황공하다 하겠지만, 오산鰲山(삼신산)과는 어깨를 견줄 수 있으리니, 원앙元央의 날개를 덮어서 쉬게 하고, 무지개 허리를 비껴서 들 만하도다.

들보 동쪽에 떡을 던지세나　　　　　　　　抛樑東
금오[257]가 흰 구름 속에 날아오르네　　　　金烏飛出白雲中
만수[258]가 삼월에 부끄러움 숨기지 못해　　曼殊三月羞難掩
아침마다 얼굴 가득 붉게 물들인다오　　　　應是朝朝滿面紅

들보 남쪽에 떡을 던지세나　　　　　　　　南
땅이 기암 떠받들어 이 암자를 호위하네　　　地擎奇巖護此庵
천추에 홀로 서서 허리를 굽히지 않나니　　　獨立千秋腰不屈
증상만增上慢 같기도 하고 사나이 같기도 하고　一如增慢一如男

들보 서쪽에 떡을 던지세나　　　　　　　　西
섬 밖에 푸른 산이 흩어져 들쭉날쭉　　　　　島外靑山散不齊
잣나무가 뜰 앞에 서 있지 않아도　　　　　　栢樹庭前雖不立
조사가 온 뜻이 완전히 드러났네[259]　　　　祖師來意已全提

들보 북쪽에 떡을 던지세나　　　　　　　　北
승방僧房을 굽어보니 어찌 저리도 촘촘한지　俯視蜂房何錯落
조혁휘비[260]가 어찌 그대들 공이리오　　　　鳥革翬飛豈爾功
부처님이 자손들을 돌보아주신 덕분이지　　　毫光蓋覆兒孫力

들보 위쪽에 떡을 던지세나　　　　　　　　上
푸른 하늘 구만리에 티끌이 하나 없네　　　　靑天九萬無塵堁
높이 달린 일월이 비추지 않는 곳 없나니　　　高懸日月照無方
철위산[261] 사이에도 어찌 가지 않으리오　　　鐵圍山間胡不往

들보 아래쪽에 떡을 던지세나　　　　　　　下

지륜의 그 다음은 금륜²⁶²이로세 　　　　地輪之次金輪也
가련해라 팔열과 팔한지옥의 무리여 　　　可憐八熱八寒徒
모두 당년에 비법자²⁶³였으리니 　　　　　盡是當年非法者

　삼가 바라건대 들보를 올린 뒤에는 창 앞의 범도 착해지고, 뜰 위에 연꽃이 피어나는 가운데 밥이나 먹고 똥만 채우는 비실거리는 파리 떼는 화염 속에 쓸어버려지고, 얼음 창자 무쇠 안목의 선객禪客들만 꽃향기 좇는 나비처럼 찾아오시기를.

聖祈庵上樑文

岳降靈而孕聖。尼丘飛九垓。祐得瀉而開禪。桐山行八路。天慳旣破。地秘方開。幹事上人。六尺短軀。三命長伎。室磬懸於積翠。雖百年一期。膓雷鳴於多時。奈三旬九遇。蜂採花而成蜜。鵲含枝而爲巢。家家強顏。處處搖尾。白蓮精舍。東林遠法師之高情。碧雲淨居。西岳休上人之淸致。即今日之影響。乃古人之形聲。吉地遇於吉人。神秘暢於神眼。戈返入室。哲國師之未曾窺。人亦勝天。玉上帝之不能禦。公輸運斧。離屢督繩。材盡大夫之良。器皆金剛之利。各據本位。相對覺覺之檻。獨善其身。孤立巖巖之石。雖膽喪於佛日。庶肩比於鰲山。元央之翼。蔽且休。蟷螂之腰。橫可擧。
抛樑東。金烏飛出白雲中。曼殊三月羞難掩。應是朝朝滿面紅。南。地驚奇巖護此庵。獨立千秋腰不屈。一如增慢一如男。西。島外靑山散不齊。栢樹庭前雖不立。祖師來意已全提。北。俯視蜂房何錯落。鳥革翬飛豈爾功。毫光盖覆兒孫力。上。靑天九萬無塵块。高懸日月照無方。鐵圍山間胡不佳。下。地輪之次金輪也。可憐八熱八寒徒。盡是當年非法者。
伏願上樑之後。窓前虎善。庭上蓮生。飯帒屎囊。掃寒蠅於火焰。氷膓鐵眼。引好蝶於花香。

매학당梅鶴堂의 기문

　매학당의 주인이 산수山水 가운데 고요하고 한산한 땅에 초헌草軒 한 채를 엮어 놓고는, 처사處士의 혼²⁶⁴을 불러다 섬돌 위에 안치하고, 청전青田의 깃²⁶⁵을 불러다 층계 아래에서 기르니, 아래와 위의 자태가 모두 한가하고 그 빛이 희디희었다. 매화가 피고 지는 그 속에 오히려 출처를 신중히 하는 자세가 엿보이고, 학의 노래와 춤 속에도 현포玄圃²⁶⁶에서의 즐거움이 여전하니, 어찌 백설白雪의 백과 백옥白玉의 백白처럼 색만 희다뿐이겠는가.²⁶⁷ 주인이 이물二物을 가지고 일당一堂을 이름 지은 그 이면에는 깊은 뜻이 들어 있다고 하겠다.
　주인은 세속의 울타리를 벗어난 사람이다. 안씨顔氏의 단사표음簞食瓢飮²⁶⁸의 즐거움을 우러르며 똑같이 될 것을 생각하고, 유자孺子의 탁영탁족濯纓濯足²⁶⁹의 노래를 듣고서 거스르지 않는 자이니, 이 집을 저 매화와 학으로 이름 지은 것도 허황된 일이 아니요, 서로 어울린다고 하겠다.
　아, 주인이 소유한 것이 어찌 매화와 학뿐이겠는가. 가령 그 큰 산이 밖에서 에워싸고 작은 산이 안에서 보듬고 있는 것은 주인의 성곽城郭이 되고, 소소蕭蕭한 대나무 소리와 석석淅淅한 솔바람 소리는 주인의 금슬琴瑟이 되고, 우르릉 쾅쾅 쏟아지는 폭포는 주인의 종고鍾鼓가 되고, 삼삼森森히 벌여 선 나무숲은 주인의 병장屛障이 되고, 둥글고 매끈한 비단 돌은 주인의 베개가 되고, 맑고 투명한 옛 못은 주인의 거울이 되고, 희고 조촐한 산 달(山月)은 주인의 등불이 될 것이다.
　그리고 일중일엄一重一掩은 주인의 폐부肺腑가 되고, 산새와 산꽃은 주인의 우우友于가 될 것이며,²⁷⁰ 긴 하늘과 두터운 땅은 주인의 이불과 요가 되고, 맑은 바람과 밝은 달은 주인의 붕우가 될 것이다.
　어찌 이것뿐이겠는가. 주인의 배를 채우는 것은 물가의 아기 고사리요, 주인의 입을 헹구는 것은 바위틈의 옥 같은 샘물이요, 주인의 눈이 트이게 하는 것은 지는 노을과 조각구름이다.

그러고 보면 번거롭게 경영할 것도 없이 백 년의 생애가 풍족하고, 고달프게 시달릴 것도 없이 일신一身의 기거가 편안하다. 피곤하면 잠자고 배고프면 밥 먹으며, 추우면 옷을 입고 목마르면 물을 마시면서 저절로 무위無爲하고 무사한 하나의 한가하고 한가한 사람이 될 것이니, 어찌 유쾌하지 않겠으며 어찌 후련하지 않겠는가.

호중壺中의 천지[271]라서 세인은 알지 못하고, 귤리橘裏의 건곤乾坤[272]이라서 제왕도 수세收稅하지 못하나니, 그렇다면 녹수綠水와 청산을 뺏을 자가 누구이겠으며, 청풍과 명월을 다툴 자가 누구이겠는가. 여기에서 웅경조신熊經鳥伸[273]하고, 여기에서 탄하복기呑霞服氣[274]하다가 천년 뒤에 세상이 싫어지면, 손은 섬돌 위 옥 같은 매화의 가지를 붙잡고, 몸은 층계 아래 눈 같은 깃털의 학에 올라타고서 구만리 구름 너머 저 높은 하늘로 표연飄然히 날아가리니, 십이경루十二瓊樓에 여유로이(丁焉) 앉아 있을 자가 바로 주인이 아니겠는가.

그렇다면 주인이 이 집의 이름을 이렇게 짓고, 객이 이 집의 기문記文을 이렇게 지은 것도 참으로 후인後人에게 부끄러움이 없다고 할 것이다. 이에 다음과 같이 노래한다.

> 녹수綠水와 청산은
> 천지의 소유인데
> 주인이 소유하였고
> 설학雪鶴과 빙매氷梅는
> 우인羽人(신선)이 주관하는데
> 주인이 주관을 하고 있으니
> 주인이여 주인이여
> 그대는 사람 사는 세상 밖의 사람이로다

梅鶴堂記

梅鶴堂主人。於山水中靜散地。結一草軒。招處士之魂。安於階上。喚靑田之翮。籠於階下。下上閑姿。鶴鶴其色。爰開爰落。尙有出處之態。載歌載舞。不改玄圃之樂。豈如白雪之白。白玉之白。色但白者戉。主人之以二物。名一堂。有深旨戉。主人拔俗者。仰顏氏簞食瓢飮之樂而思齊。耳孺子濯纓濯足之歌而不逆者。名此堂以彼物。非浮也稱也。噫。主人所有。豈獨梅鶴而已戉。若其大山外擁。小山內抱者。主人之城郭也。竹聲蕭蕭。松聲浙浙者。主人之琴瑟也。殷殷雷瀑。主人之鍾皺也。森森列樹。主人之屛障也。團圓錦石。主人之枕也。澄淸古潭。主人之鏡也。皎潔山月。主人之燈也。一重一掩。主人之肺腑也。山鳥山花。主人之友于也。長天厚地。主人之衾席也。淸風明月。主人之朋友也。至若望主人之腹者。潤眉兒蕨也。漱主人之口者。石罅瑤泉也。活主人之目者。落霞斷雲也。然則無所營營。而百年之生涯足。無所役役。而一身之起居安。困來眠。飢來食。寒則衣。渴則飮。自作無爲無事一箇閑閑人也。豈不快戉。豈不暢戉。壺中天地。世人不知。橘裡乾坤。帝王不收。則綠水靑山。奪之者誰。淸風明月。爭之者誰。熊經鳥伸於斯。吞霞服氣於斯。千載厭世。手把階上玉梅枝。身騎階下雪翎鶴。九萬雲霄。飄然而擧。十二瓊樓。于焉而坐者。非主人歟。然則主人之名此堂。客之記此堂。誠不愧於後人矣。乃爲歌曰。綠水靑山。天地所有。而主人有之。雪鶴冰梅。羽人所主。而主人主之。主人主人。人外人也夫。

조계산 선암사 영성루의 기문

언관彦寬과 영민英敏 두 장로가 마음과 힘을 함께 합쳐 복福을 구하고 선善을 향하는 집을 찾아다니며 근골筋骨을 수고한 결과, 선암사仙巖寺 대웅전 앞에 큰 누각 하나를 지어 기어이 낙성落成하고야 말았다. 이에 강남江南의 과객過客이 다음과 같이 말하였다.

"이는 지금까지 없었던 일이다. 신라시대에 대각 국로大覺國老가 이 절을 창시한 이래로 거의 1천여 년의 세월이 흐르는 동안²⁷⁵ 송골매처럼 빠르고 날쌘 자들이 간혹 있었지만, 이 사원에 이 누각을 세웠다는 말은 듣지 못하였으니, 그리고 보면 이 사원이 마치 사람의 몸에서 한 부분이 빠진 것처럼 지내온 지도 오래되었다고 하겠다.

무릇 천지의 물건은 모두 뭔가를 의지해야만 이루어지는 것이다. 그러므로 붕새는 바람의 힘이 불어난 뒤에야 구만리 하늘로 치솟는 날개를 떨칠 수 있고, 천리마는 백락伯樂을 만난 뒤에야 천 리를 치달리는 발을 펼 수가 있으며, 신룡神龍은 운우雲雨를 얻은 뒤에야 하늘에 오르내릴 수가 있는 것이다. 따라서 서로 의지함이 없이 이루어지는 이치는 없으니, 그렇다면 이 사원만 있고 이 누대가 없을 수 있겠으며, 이 누대가 없이 이 사원이 이루어질 수 있겠는가.

아, 이 누대가 지금에야 있게 되고 옛날에는 없었으니, 옛사람이 오늘날의 사람보다 못한 것이며, 오늘날의 사람이 옛사람보다 나은 것인가. 대각 국로는 그 깨달음을 크게 얻은 뒤에 그 이름을 얻었을 것이니, 그렇다면 남보다 뛰어난 것이 구만리나 높을 뿐만이 아닐 것인데, 이 누대를 짓지 않음으로써 이 사원에 1천여 년 동안이나 흠이 있게 한 것은 참으로 괴이한 일이다. 추측컨대 대각이 두 장로를 1천여 년이나 오래 기다린 것은 언 대사彦大師가 3백 년 뒤의 비의非衣를 기다린 것과 같다고 할 것인가?²⁷⁶ 그러나 저기에는 기록이 있고 여기에는 없으니 분명히 논하기는 어려운 일이다.

　아, 이 사찰이 이 누각에 의해 이루어진 것은 사람이 몸을 갖춘 것과 같고, 이 누각이 이 사람에 의해 이루어진 것은 붕새와 바람, 신룡과 구름의 관계와도 같다고 할 것이다. 그렇다면 사찰이 이루어진 것은 누각에 있고, 누각이 이루어진 것은 사람에 있다고 할 것인데, 사람이 이루어지는 것은 과연 어디에 있다고 해야 할 것인가.

　그런데 이 누각 위에 올라서면 잘 드는 칼과 긴 창이 늠름하고 열렬烈烈하게 용정龍旌과 준여隼旟의 깃발 사이에 빽빽이 도열해 서 있어서 공중에 나는 새들도 지나갈 수 없을 것 같기도 한데, 이는 팔면의 산들이 모두 날카로운 봉우리들이기 때문에 자연히 드는 느낌이다. 또 산 위의 한 쌍의 백룡白龍이 골짜기의 구슬 하나를 내려다보고는 두 길로 나뉘어 머리를 들고 꼬리를 떨치며 치달릴 적에 전후로 우열이 없는 까닭에 그 구슬을 두 겨드랑이 사이에 끼고 몸을 합쳐서 가는 것 같기도 한데, 이는 동서의 두 시냇물이 마지막에 하나의 시냇물로 합쳐지는 것을 볼 때의 느낌이다. 이런 경치가 그중에서 큰 것이고, 그 밖의 허다한 풍물에 대해서는 이루 다 거론할 수가 없다.

　이 누대의 공사는 신유년(1681, 숙종 7) 봄에 시작해서 그 해 봄에 마쳤다. 어찌 그리도 빨랐던가. 이는 또한 온 사원이 취한 보거輔車의 형세[277] 때문에 가능한 것이었다. 영성迎聖이라고 이름을 걸어 놓은 것은 무엇 때문인가. 여기에서 운수雲水(衲子)의 자리를 베풀고, 여기에서 경음鯨音을 떨치고, 여기에서 어범魚梵을 진동하고, 여기에서 사성四聖[278]을 영접하기 때문에 그렇게 이름 지은 것이다. 이 이름을 지은 자는 누구인가. 이 절의 주지인 약휴若休라는 사람이다. 그가 나에게 청하기에 이렇게 기문을 지은 것이다."

曹溪山仙巖寺迎聖樓記

彦寬英敏二長老。同心幷力。苦骨勞筋於求福向善家。於仙巖寺大雄殿前。奮一大樓。落成而後已。江南過客曰。未是有也。自羅朝大覺國老。創始而來。年所幾至千有餘。其間俊若鷹。快若鶻者。時或有之。而未聞有立此樓於此寺。則此寺之正如人身上欠一體而來。久矣。凡天地之物。皆有所待而後成。故鳥之鵬也。而培風然後。能奮九萬之翼。馬之騏也。而伯樂然後。能展千里之足。龍之靈也。而雲雨而後。能爲上下于天。是故無其待而成者。無其理焉。然則有此寺而無此樓可乎。無此樓而成此寺可乎。噫。此樓也。始於今而無於古。古之人下於今人乎。今之人賢於古人乎。大覺國老。大其覺而後得其名。則出乎人上不翅九萬之高。而不爲此樓。使此寺帶一玷於千有餘年。大可恠也。意以推之。大覺之待二老於千有餘年之久。如彦大師之待。非衣於三百年之後者耶。然彼有誌而此無難明論也。噫。此寺此樓以成。如人之具體然。此樓此人以成。如鵬之風龍之雲然。然則寺之成在乎樓。樓之成在乎人。人之成在於何所。若其如快劍長戟。凜凜烈烈。森然儼立於龍旂隼旟之間。而飛鳥不能過者。八面群峰。皆銳峰者也。又如山上雙白龍賭一珠於堅分二道。驤首奮尾而奔。前無强後無鈍。故挾其珠於兩腋之間。而合體而去者。東西二溪。終一溪者也。此其大者。其餘許多風物。不可縷擧。樓之成。始於辛酉春。終於其年秋。何其速歟。亦乃擧寺輔車之勢而然也。揭號迎聖者何。設雲水於斯。振鯨音於斯。動魚梵於斯。迎四聖於斯。故云名。此名者誰。此寺住持。名若休者。愖余爲記。

양성당의 기문

사람이 천지 사이에 사는 것은 하얀 망아지가 담장의 틈 사이를 지나가는 것과 같다.[279] 그럼에도 파초와 같은 연약한 체질을 가지고 금석金石과 같은 견고한 계책을 세우면서 쌓기만 하고 흩으려 하지 않는다. 어찌 흩으려 하지 않을 뿐이겠는가. 또 쌓은 위에 더욱 쌓아 가면서 아무리 쌓여도 싫어할 줄을 알지 못한다. 그리하여 하나의 작은 물건이라도 얻으면 기뻐해 마지않고, 하나의 작은 물건이라도 잃으면 슬퍼해 마지않는다. 그런 사람은 가련하다고 할 것이다. 고금을 살펴볼 때 여기에서 벗어난 사람이 과연 몇이나 될 것인가.

만약 이 몸이 나그네와 같음을 생각하여 저 재물에 매이는 것을 두려워하며, 재물이 없는 것을 싫어하지 않고 나에게 있는 것을 스스로 흩으면서 봉황의 날개를 떨쳐 정사精舍에 잠시 깃들었다가 새처럼 자유롭게 날아다니는(鳥行)[280] 쾌활한 남자라면, 그런 사람은 어떤 사람이라고 해야 할 것인가. 호쾌한 사람인가, 아닌가. 그렇다면 이 건물을 지은 대사의 사람됨을 알 수 있으니, 이런 인물을 저 가련한 사람과 비교한다면, 몇 층이나 높으며 몇 리나 멀다고 할 것인가.

감인堪忍(사바세계)의 세상은 괴롭고 안양安養 극락세계의 세계는 즐겁다. 하루 저녁에 종기를 터뜨리고서[281] 이 세상을 떠나 저 세계로 가는 것이 슬픈 일이겠는가. 양성養性은 종오 대사宗悟大師의 법호이며 당호堂號이다.

養性堂記
人生天地間。猶白駒之過隙乎。以芭蕉之質。作金石之計。積聚而不散乎。豈唯不散。又從而愈積乎。愈積而愈不厭乎。得一小物以欣欣乎。失一小物而戚戚乎。其人乎。可憐乎。詳乎古今。出乎此者幾乎。如有念此身如寄。

畏彼財爲累。不厲彼無。自破我有。奮鳳翼精舍棲。鳥行快衲者。以若人爲何人乎。快人乎非乎。然則作此堂大師乎。其爲人可知乎。持譬彼可憐者。高幾層。遠幾里乎。堪忍兮苦。安養兮樂。一夕決疣。捨此而彼。悲乎。養性。宗悟大師之法號堂號乎。

승평부 대광산 용문사의 새로 그린 용화회에 대한 기문

우리 본사 석가불의 좌보처인 미륵대사彌勒大士는 부처가 멸도한 뒤에 도솔천兜率天에 상생上生하여 본사가 했던 것처럼 상호相好[282]의 복업福業을 닦고 있다가 미래에 감겁減劫[283]이 진행되는 과정에서 인간의 수명이 8만 세일 적에 바라문의 집에 하생한 뒤에 출가하여 용화수龍華樹 아래에서 도를 이루고는 삼회三會의 설법을 통해 사람들을 무수히 제도할 것이다.[284]

익翊 장로가 그 풍도를 듣고 기뻐한 나머지, 소매 속에 글을 넣고 다니며 화연化緣[285]을 하는 한편 화사畫師인 치일致一 비구를 불러 미륵대사가 하생하고 출가하고 성도하고 설법하는 모습을 비롯해서 그 좌우보처左右補處와 여러 대제자들과 인천人天 팔부八部 대중이 에워싸고 설법을 듣는 장면을 수십 폭 저포苧布 위에 그리게 한 뒤에 극락대전極樂大殿의 오른쪽 벽 위에 엄연儼然히 걸어 놓음으로써 한 번 보거나 한 번 예배하는 자들 모두가 수승한 인연을 맺게 하였으니, 장로의 마음이야말로 보살의 마음이라고 하겠다.

내가 당시에 은봉隱峰의 소암小庵에 있다가 이 말을 듣고 무한히 기뻐하였는데, 일을 끝내고 나서 장로가 몇 장의 초지草紙를 손에 들고 나를 찾아와서는 간절히 말하였다.

"일이 끝났으니 이를 기록해서 보는 자들로 하여금 누가 화연化緣을 했고, 누가 보시를 하였으며, 증사證師는 누구이고, 화사畫師는 누구이며, 몇 년 몇 월에 시작을 하고 일을 마쳤으며, 시화施化와 찬훼讚毀의 인과가 어떠한 것인지를 알게 하는 것이 좋겠다. 그리하여 신자는 더욱 믿게 하고 불신자는 믿음을 내게 한다면, 이것도 하나의 교화 사업이 될 것이다. 이는 나의 공을 자랑하려 해서도 아니요, 스님의 글솜씨를 뽐내려 해서도 아니니, 스님은 힘써 주기 바란다. 스님이 이미 권소勸疏를 지었는데 지금 또 기문記文까지 지어 준다면, 이는 금상첨화라고 할 것이다. 비록 한 자의 베나 한 말의 곡식을 희사하지 않더라도 이렇게 보시하는 것이 크다고 할 것이니, 어찌 사양하겠는가?"

내가 크게 웃으면서 말하였다.

"훌륭하다, 장로의 말씀이여. 장로의 거조擧措가 크기도 하다. 과거의 부처에 대해서 곡진하게 그린 것은 세상에 많이 있지만, 미래의 부처를 예상해서 그린 것은 내가 아직 보지 못하였으니, 장로의 희유한 경광耿光이 묻히게 할 수 없다. 이뿐만이 아니다. 장로는 몇 년 전에 본사의 팔상성도상八相成道相²⁸⁶을 모사模寫하여 전각에 안치하였는데, 그때 내가 기문을 지은 바가 있다. 또 불전佛殿 앞의 광명석경光明石檠과 재齋를 올릴 때 필요한 난경卵鏡·욕기浴器와, 소대疏臺와 사로使路에서 각각 첩하帖下한 단의壇衣 등을 장로가 모두 갖추었으니, 장로의 공이 많기도 하다. 경에 이르기를, '불상을 맥麥의 크기만큼 만들더라도 무량한 복을 얻는다(造像如麥。獲福無量。)'²⁸⁷라고 하였는데, 장로가 만든 것이 맥麥보다 몇 배나 더하고 그 수도 한둘이 아니니, 그 복이 무량하고 또 무량하다고 하겠다. 세간과 출세간의 대복大福을 오직 마음속에 구하는 대로 받을 것인데, 어느 것을 취할 것인가. 세간은 공중에 화살을 쏘는 것이요, 출세간은 금강을 먹는 것이다.²⁸⁸"

장로가 말하였다.

"부처를 조성함은 부처를 구하고자 함이니, 어찌 다른 뜻이 있겠는가?"

이에 내가 말하였다.

"그렇다면 장로가 구하는 것이 크니, 내가 기문을 짓는 것도 행운이라고 하겠다."

장로가 빙그레 웃었다.

아, 장로가 권소勸疏를 메고 다닌 것이 갑신년(1704, 숙종 30) 늦가을인데,

그 이듬해인 을유년 봄에 일을 완료하였으니, 능숙하게 일을 처리하는 사람이 아니라면 이렇게 할 수 있겠는가. 뒤에 장로의 풍도를 사모하는 자들이 장로가 행한 일을 행하고 장로가 구한 것을 구한다면, 장로의 도는 영원히 끊어지지 않을 것이다. 후인들은 힘쓸지어다.
 장로의 법자法子는 정익精翊이요, 부사浮槎289 사람이다. 승평부昇平府 조계산曹溪山 송광사松廣寺로 출가하였다가 이 절로 옮겨 온 것이 지금 수십 년이다.

昇平府大光山龍門寺新畫龍華會記

我本師釋迦佛。左補處。彌勒大士。佛滅度後。上生兜率。修相好業。如本師然。於未來減刼中。人壽八萬歲時。下生波羅門家。出家成道。龍華樹下。三會說法。度人無數。翊長老聞其風而悅之。袖疏化緣。召畫師致一比丘。邈[1]得其大士下生出家成道說法之儀。及其左右補諸大弟子人天八部圍繞聽法之狀于數十幅苧布上。儼垂極樂大殿右壁顔。使一瞻一禮者。皆結勝因。長老之心。即菩薩之心也。予時在隱峰小庵。隨喜無限。事竟。長老手持數張草紙。懇予曰。事畢矣。可記之。使之者。知其某化緣。某施財。證師某。畫師某。及其年月始卒。施化讚毀之因果。敎有信者增信。無信生信。則此亦一化事耳。非誇我功。非衒師文。師其勉之。師已作勸疏。今又記之。則此兩也。雖不捨一尺布一斗粟。而其施大矣。奚讓。予破顏曰。善哉長老。長老之擧大矣哉。模盡已過佛。世多有之。預擬未來者。吾未之見也。長老稀有耿光。不可埋也。非獨此。長老於數年前。模本師八相成道之相。閣以安之。予已記焉。又於佛殿前光明石檠。設齋時所需卵鏡浴器疏臺使路各帖下壇衣。長老皆備焉。長老之功多矣。經云造像如麥。獲福無量。長老所造。過於麥幾倍。厥數又非一二。則其福無量上又無量矣。於世出世大福報。惟心之求。奚取焉。世箭射空。出世食金剛。長老曰。造佛求佛。豈有他哉。予曰。然則長老之寸大矣。予之記幸也。長老莞爾。噫。長老荷勸疏於

甲申秋末。越明年乙酉春斷手。若非幹事之能。能若是乎。後之慕長老之風
者。爲長老之爲。求長老之求。則長老之道。終古不墜。後人勗之哉。長老
法字精翊浮槎人。出家昇平府曹溪山松廣寺。而移此寺。方數十年。

---

1) ㉠ 판본에는 '邀' 자 대신에 '邂' 자가 쓰였다.

승평부 대광산 은봉암의 기문

내가 영천암靈泉庵에서 대중을 흩어 버리고는, 높지도 않고 낮지도 않으면서 나의 진성眞性을 기를 만한 소쇄蕭灑한 작은 암자를 찾다가 이 암자가 내 눈에 들어오기에 내려와서 거주하였다.

그 이듬해에 초안初安 장로가 낙포樂浦 어구에서 단교斷橋를 경영하여 돌로 무지개다리를 놓고 있다가 내가 이곳으로 옮겨 왔다는 말을 듣고는, 노쇠한 다리로 걷지 못하고 나귀를 타고 와서 나에게 감사하며 말하였다.

"내가 이 암자를 세우고 10여 년 동안 스승을 봉양하였는데, 스승이 돌아가셔서 화욕火浴(茶毗)을 봉행하고는, 나도 연로하였으므로 여기에서 일생을 마치려 하였습니다. 그런데 우연히 업풍業風에 나부낀 나머지 스스로 가만히 있지 못하고서 이 암자를 비워 두었는데, 지금 대사가 채워 주셨으니, 이런 다행이 또 어디에 있겠습니까.

내가 이 암자를 경영한 것은 나의 스승이나 나의 몸을 위해서만이 아니요, 또한 백업白業(善業)을 닦는 분들도 편안히 해 드리려는 것이었는데, 지금 그대로 되었으니, 이는 나의 행운입니다.

만약 생계를 꾸리면서 아이들을 키우는 자가 여기에 산다면, 여기에서 술을 마시고 여기에서 매질을 하며 속문俗文을 읽거나 성내고 화내는 등 온갖 소음騷音이 내 암자를 오염시킬 뿐 선송禪頌의 소리는 들리지 않았을 터인데, 지금 그 일을 면하였으니, 이는 암자의 행운입니다.

이 암자를 만들면서 나는 나의 심사心思를 애태우고 나의 근골筋骨을 고단하게 하였습니다. 앞에 기둥을 세우지 않은 것은 드나들 적에 걸림이 없게 하려 함이요, 뒤에 온돌을 놓은 것은 앉고 누울 때 따뜻하게 하려 함입니다. 이쪽의 꽃은 누가 심고 풀은 누가 옮겼겠습니까. 저쪽의 대臺도 내가 쌓았고 나무도 내가 심었습니다.

바위 위의 외로운 솔을 내 몸처럼 보호하고 난간 앞의 삼연森然한 대나무를 상족上足(제자)처럼 아꼈으니, 이는 상설霜雪을 깔보면서 지조를 변하지 않는 것이 군자의 대절大節과 유사함을 취한 것입니다. 그리고 뒤에 복사꽃을 심고 앞에 오얏꽃을 심어 자르지도 말고 휘지도 말게 한 것(勿翦勿拜)290은, 말이 없어도 길이 이루어지는 것291이 마치 천지가 중도를 지키며 만물을 기르는 것과 같음을 중히 여겼기 때문이요, 왼쪽에 감나무를 심고 오른쪽에 배나무를 심어 흙을 쌓고 돌을 쌓은 것은, 목마름을 가시게 하고 배고픔을 면하게 하는 것이 마치 보살이 자기 살을 베어 굶주린 자를 구제한 것과 비슷함을 사랑했기 때문입니다.

그 밖에 날마다 쓰는 집물什物은 타인의 재화를 빌리기도 하고 나의 힘을 수고롭게 하기도 하였습니다만, 이와 같은 모든 것들은 죄다 우리 스님에게 속한 것이니, 남의 물건이라고 생각하지 마시고 나의 것으로 받아 주십시오. 그리하여 심은 것은 북돋워 주고 기울어지는 것은 붙들어 주며, 지붕이 새면 기와를 덮어 주고 벽의 흙이 떨어지면 흙손질을 해주십시오. 내 부처님에게 예배하고 내 단월檀越을 축원해 주며, 나의 방에 앉아서 나의 북을 치고, 나의 암자에 거하여 나의 뜻을 따라 주신다면, 나의 노고도 위로받을 수 있고 시주施主의 은혜도 갚을 수 있을 것입니다.

또 내 암자의 기문을 지어서 여기에 거하는 자를 깨우치고 지나가는 자에게 알려 주신다면, 이것도 하나의 멋진 일이 될 것이니, 정려靜慮를 어지럽히는 일이라고 사양하지 말아 주십시오. 이 암자를 경영하여 낙성한 것은 정묘년(1687, 숙종 13)이요, 부처님을 조각하고 그린 것은 기사년(1689, 숙종 15)입니다. 대략적인 내용이 이와 같습니다."

이에 내가 말하였다.

"잘 알았습니다. 내가 비록 재주는 없지만, 장로의 청이 간절하니, 어찌 글솜씨가 없다고 하여 군이 사양하겠습니까. 장로의 말을 가지고 장로의 암자에 기문으로 써도 충분하겠습니다."

그리고는 그대로 써서 기문으로 삼고, 사운四韻의 율시 한 수를 지어서 아래에 붙였다.

昇平府大光山隱峰庵記

予自靈泉庵散棄。搜蕭灑小庵。不高不卑。可以養吾眞者。而此庵入予眼。故下居之。明年楚安長老。方在樂浦口。營斷橋。虹以石。聞予移此。脚老不能行。騎驢而來。謝予曰。吾卓此庵。奉養師十餘年。師卒火浴。吾亦年老。欲於此終吾年。偶爲業風所飄。不自安。空此庵。今大師實焉。何幸如之。吾之營此。非獨爲吾之師。爲吾之身。亦欲安修白業者。而今得之。吾之幸也。若治産業。率群童者居之。則酒於斯。榽於斯。讀俗文。嗔怒雜音。撼吾庵。而不聞禪頌之聲。今免焉。庵之幸也。此庵之成。焦吾心思。勞吾筋骨。前無柱。欲其出入無梗。後有藏。欲其坐臥有溫。這邊花誰栽。草誰移。那邊臺。吾築。樹吾植。石上孤松。護之如吾身。檻前森竹。愛之如上足。取其傲霜雪而不變。類君子之大節。桃於後。李於前。而勿剪勿拜。多其無言成徑。若天地之守中養物。柿於左。梨於右。而築土築石。愛其止渴充飢。似菩薩之割肉濟餓。自餘日用什物。或假他財。或勞吾力。如斯凡百。盡屬吾師。毋想他物。括爲我有。栽者培之。傾者扶之。屋漏瓦焉。壁墜圬焉。禮吾佛而祝吾檀。坐吾室而擊吾鼓。居吾庵而順吾意。則吾勞可慰。施恩可報。又記吾庵。使居者警。過者知。此亦一勝事也。勿以亂靜慮爲解。庵之經之成之丁卯。佛之雕之畫之己巳。大略如斯。予曰諾。予雖不才。長老之請懇。豈可以少文牢讓。可以長老之言。記長老之庵足矣。書而爲記。又搆四韻一律。附于左。

곡성현 통명산 운흥사 원통암 창건 기문

원통圓通은 관음觀音의 또 다른 이름이다. 관음대사가 이문耳門(귀)을 통해 원통의 도를 얻었기 때문에 그렇게 칭하는 것이다. 관세음觀世音이라는 명호를 부르기만 하면 어느 곳에나 몸을 나투고 그 소리를 들을 때마다 고통을 구원해 주니, 이 암자가 원통의 편액을 내걸고 관음의 상像을 봉안한 것이 어찌 아무 뜻 없이 한 일이겠는가.

지난 계미년(1703, 숙종 29)에 도인道人 유신裕信이 무하無何[292]에서 와서 이 형승形勝을 보고는 자기의 소유를 모두 털어내어 도를 수련하는 이들이 머물러 쉴 장소를 만들었다. 그리고 석해釋海 상인上人이 그 뒤를 이어 모연募緣을 해서 관자재보살觀自在菩薩의 승상勝相을 각화刻畫하여 봉안하였으니, 이는 상인 두 사람의 마음이 하나로 합쳐진 것이다.

암자가 비록 이루어졌다 해도 그 주인이 없으면 원통의 뜻이 어디에 있겠으며, 상像을 비록 만들었다 해도 의거할 곳이 없다면 관자재의 몸이 어디에 의지하겠는가. 하나라도 없어서는 안 될 것이니, 두 사람의 마음이 합해져서 하나의 암자가 명실상부하게 된 것이다.

이 암자와 이 상이 비록 무너지더라도, 이 상인 두 사람의 공업功業은 하늘이 없어지도록 썩지 않고 전해질 것이니, 원통이란 이 이름도 앞으로 관음과 함께 영원할 것이다.

뒤에 여기에 거하는 자들이 두 상인의 마음을 체득하고, 한 보살의 도를 사모하여 귀 기울여 들을 적에 들리는 것만 듣지 않고 소리 나는 것만 소리로 여기지 않는다면, 원통이 저절로 출현하리니, 도가 어찌 사람을 가리겠는가. 그렇다면 두 상인의 소망도 이루어지고 한 보살도 얼굴에 미소를 지으리니, 아무쪼록 힘쓸지어다.

그 밖에 이 암자의 규모나 멋있는 경치에 대해서는 오는 자들이 눈으로 볼 것이니 생략하기로 하고, 절구絶句 한 수를 여기에 덧붙인다.

谷城縣通明山雲興寺圓通庵新剏記

圓通者。觀音之異號也。大士於耳門得圓通之道。觀世號音。利刹現身。聲聲救苦。而庵以圓通爲扁主。以觀音爲像者。豈徒然哉。去癸未。道人裕信。自無何來。觀此形勝。盡罄己所有。以爲鍊道者栖止之所。而釋海上人。從而募緣。刻畫自在勝相以安之。二上之心一也。庵雖成而無其主。則圓通之義安在。像雖設而無其據。則自在之身何寄。不可以闕一也。二人合心。一庵之名實得。此庵此像雖壞。此二上人之功業。後天不朽而獲。圓通之號。將與觀音等。後之居此者。體二上人之心。慕一菩薩之道。當聒耳之際。不聞於聞。不聲於聲。則圓通自現矣。道豈擇人也哉。然則二上人之望塞。一菩薩之顏解矣。勉之哉。自餘結搆之牢。境致之富。來者有眼可略也。又爲一絶。

조계산 송광선원 수석정의 기문

갑오년(1714, 숙종 40) 여름에 내가 목수로 하여금 선원禪院에서 가까운 동쪽 시냇가에 겨우 한 칸 되는 작은 정자를 짓게 하고는 수석水石이라는 편액을 내걸었다. 어째서 그 이름을 취한 것인가.

물(水)과 돌(石)은 내가 평생토록 사랑하는 것이다. 돌은 단단하면서 고요하니, 내가 이를 통해서 마음을 보존하고 흔들리지 않게 하려 함이요, 물은 흘러가면서 맑으니, 내가 이를 통해서 외물에 대응하며 걸림이 없게 하고자 함이다. 청풍과 명월도 내가 좋아하는 바이지만 항상 있지는 않다. 항상 있는 것은 바로 물과 돌인 것이다.

여름철 오뉴월에 날씨가 한창 가물어 금석金石이 녹아 흐르려 할 때, 내가 샘물에 목욕을 하고 정자에 올라앉아 수석을 굽어보노라면 청량한 기운이 사방에서 밀려오나니, 먼 곳에서는 무성한 나무숲의 짙은 그늘이요, 가까운 곳에서는 흰 돌과 찬 못이다. 내가 이에 비로소 가슴속이 시원해지면서 온갖 생각이 구름처럼 흩어지고 본심이 달처럼 환해지는 것이다.

부자夫子가 곡굉曲肱[293]을 한 것이 그냥 곡굉한 것이 아니요, 증점曾點이 영귀詠歸[294]를 한 것이 그냥 영귀한 것이 아님을 이제야 알겠노니, 나의 마음 위에 참다운 즐거움을 불러일으키는 것으로는 이 정자만 한 것이 없다고 하겠다. 그럼에도 불구하고 나를 잘 모르는 자는 자기 마음대로 하면서 세상을 우습게 본다고 비평하니, 슬픈 일이다.

그렇다면 나를 알 수 있고(知我) 나를 죄줄 수 있는 것(罪我)[295]이 바로 이 정자에 있다고 할 것이니, 정자여 정자여, 너는 나에게 공씨孔氏의 『춘추』와도 같구나. 옛말에 "나를 아는 자는 드물다.(知我者稀)"[296]라고 하였는데, 정말 드문 것이 당연하다고 하겠다. 사운四韻의 시를 지어서 이 뜻을 부치는 바이다.

曹溪山松廣禪院水石亭記

田午夏。余使工搆小亭于院近東溪上僅一間。扁之曰水石。奚取焉。水石。余之平生所愛者。石堅而靜。吾以欲存心而不動。水流而淸。吾以欲應物而無滯。淸風明月。亦我之所愛也。不常有。常有其水石乎。夏五六月。天亢旱。金石欲流。余浴乎泉。登亭而坐。臨水石也。淸凉四來。遠者茂樹濃陰。近者白石寒潭。余於是焉。胸中灑然。萬慮雲散。本心如月。始知夫子之曲肱。非徒曲肱。曾點之詠歸。非徒詠歸矣。起予心上眞樂。莫此亭若也。而昧者以爲肆志而輕世。悲夫。然則知我罪我。在乎亭。亭乎亭乎。汝如孔氏之春秋歟。古曰知我者稀。宜其稀矣。詩以繫之四韻也。

경상도 양산 통도사 성골 영탑 및 호남 구례 화엄사 장륙상을 중수하고 경찬한 소

사바계 승금주勝金洲 해동 조선국 경상도 양산군 취서산 통도사의 부처님을 받드는 제자 모는, 호남로 방장산 화엄사의 신축한 2층 보전寶殿에 세 분 여래와 네 분 보살의 초상을 만들어 봉안하는 한편, 또 이 산의 이 사원에 본사의 성골聖骨 영탑靈塔을 중수하고 조각과 회화의 일을 모두 끝낸 뒤에 이 달 모일에 경찬慶讚하는 수륙水陸 삼일재三日齋를 경건히 베풀고, 여러 공양할 도구를 엄숙히 갖추어 화엄회상華嚴會上의 무진삼보해無盡三寶海에 우러러 바치며, 애오라지 하정下情을 다음과 같이 진달합니다.

"주변周遍과 상락常樂과 원융을 설하는 법法은 비로毘盧의 많은 몸이 흩어진 것이고,297 불상과 사탑寺塔과 사원을 만든 공은 언우鱎䱩의 큰 입이 일갈을 하였습니다.298 그렇긴 하지만 몇 겹의 화장華藏299이 하나의 가람의 입 속에 모두 들어와 있습니다.

삼가 생각건대 제자는 귀목龜木 속에서 사람의 몸을 얻고, 침개針芥 위에서 부처님의 제자가 되었습니다.300 교의敎義의 물결이 바다를 뒤치지만, 난발亂髮과 산사散絲를 막을 수 없으니 어찌합니까. 현로玄路의 새가 공중을 날지만, 춘빙春氷과 설인雪刃을 밟을 수도 있나니, 운구雲衢에서 날개가 부러진 학이요, 용문龍門에서 아가미를 쪼이는 잉어라고도 하겠습니다. 그러므로 유상有相 유루有漏의 인因을 지었으니, 위인爲人 위기爲己의 업業이라고 말해도 좋을 것입니다. 나에게 베풀라(施我施我)라고 한 것은, 바로 포대布袋301의 청광淸狂이 아니겠습니까. 너에게 돌아간다(反而反而)302라고 한 것은, 또한 증씨曾氏의 격어格語입니다.

공수工倕303의 손을 빌리고 폐우蔽牛의 거목304을 베어서 2층의 보전寶殿을 방장산 남쪽 언덕에 세우니, 삼여래三如來와 사보살四菩薩의 묘상妙相이 찬연하고, 우禹의 도끼305를 얻고 진秦의 채찍306을 빌려 3급의 옥탑玉塔을 취서鷲棲의 동쪽 기슭에 닦으니, 팔금강八金剛과 제천신諸天神의 위용이 늠연합니다. 기특하기 그지없나니 9년에 세 번을 지나갔고,³⁰⁷ 이와 같이 노력해서 한 조각 땅에 당간幢竿 하나를 세우게 되었습니다.

이에 사흘 낮 사흘 밤의 일재一齋를 베풀어 삼가 시방 십처의 삼보를 청하니, 구름은 옥립玉粒을 찌고 안개는 향연香煙을 일으킵니다. 구슬이 창명滄溟에서 나오니 사람마다 보배를 손에 쥐고, 꽃비가 벽락碧落에서 쏟아지니 걸음마다 연꽃이 피어납니다. 웅장하게 진동하는 범음梵音은 어산魚山에서 막 내려오는 듯하고, 엄숙하게 장식한 보련寶輦은 옥경玉京에서 지금 강림하는가 싶습니다.

중건괘重乾卦(4월)가 임하매 꽃이 지기 시작하고 버들이 한창 푸르며, 단양절端陽節(단오절)이 가까우매 구름이 타는 듯하고 보리가 알을 뱁니다. 날씨가 따뜻하고 바람이 온화하여 꾀꼬리가 노래하고 제비가 춤을 추니, 색깔마다 공양하는 색깔이요 소리마다 찬패讚唄하는 소리입니다. 화장華藏이 사바세계의 밖이 아닌지라 고락을 서로 비추어 주고, 중생이 제성諸聖과 멀지 않은지라 염정染淨이 상호 통합니다. 공양하는 도구는 보잘 것이 없어도 법계에 주변周遍하기를 기원하나니, 물건은 비록 미세해도 정성은 지극하고, 사람은 비록 많아도 마음은 똑같기 때문입니다.

삼가 원하옵건대 십찰十刹에 전해지는 낙락한 원음圓音을 귀머거리가 듣고서 귀가 뚫리고, 시방에 사무치는 당당한 묘상妙相을 소경이 보고서 눈을 뜰 수 있도록, 저 조감藻鑑의 밝음을 돌이키시어 이 근훤芹暄³⁰⁸의 정성을 살펴 주소서.

또 원하옵건대 이 공덕을 굴려 여러 단나檀那에게 향하게 해주소서. 그리하여 용루龍樓에 요풍堯風이 불어 하늘이 무너지도록 살게 해주시고, 봉각鳳閣에 순일舜日이 걸려 땅이 재가 되도록 살게 해주시며, 옥엽玉葉과 금지金枝도 대춘大椿이 시들어 떨어질 때까지 더욱 무성하게 하고, 선원璇源과 선파璿派도 창해가 말라서 없어질 때까지 길이 흐르게 해주소서. 교야

郊野에서 나이를 잊은 늙은이나 강구康衢(번화한 길)에서 목마를 탄 어린이나, 친하든 친하지 않든 수명이 이미 같으니, 보시를 했거나 하지 않았거나 그 복록에 무슨 구분이 있겠습니까.

그리고 나서 위와 같은 중생들 모두 사람의 수명이 8만 년이 될 적에 이사理事와 사사事事의 장애障碍가 없는 법계를 속히 증득하고, 용화龍華의 첫 번째 법회에서 찰진刹塵과 진진塵塵의 헤아릴 수 없는 신운身雲[309]을 환히 보게 하소서. 팔릉八稜의 옥호玉毫를 우러러보며 한 장의 정소情疏를 삼가 올리나이다."

慶尙道梁山通度寺聖骨靈塔及湖南求禮華嚴寺丈六重修慶讚疏

娑婆界勝金洲海東朝鮮國慶尙道梁山郡鷲棲山通度寺。奉佛弟子。某。於湖南路方丈山華嚴寺。新建二層寶殿。造奉三如來四菩薩骨像。又於此山是寺。重修本師聖骨靈塔。及鐫石繪事訖。以今月某日。敬設慶讚水陸三日齋。嚴備諸供養具。仰獻華嚴會上無盡三寶海。聊陳下情者。伏以。說遍說常說融之法。散毘盧之多身。造佛造塔造寺之功。破髑髏之大口。然幾重之華藏。吞一枝之伽藍。伏念弟子。龜木裡得人身。針芥上爲佛子。敎義波翻海。奈亂髮散絲之難治。玄路鳥飛空。或春氷雪刃之可蹈。雲衢折翼之鶴。龍門曝腮之魚。故作有相有漏之因。可謂爲人爲己之業。施我施我。無乃布衱[1)]之淸狂。反而反而。亦是曾氏之格語。假傴手斫蔽牛。建二層寶殿於方丈南崖。三如來四菩薩之妙相燦爾。得禹斧借秦鞭。修三級玉塔於鷲棲東麓。八金剛諸天神之威容凜然。嘉之嘉之。九年三過。如是如是。片地一竿。肆設晝三夜三之一齋。敬請方十處十之三寶。雲蒸玉粒。霧起香烟。珠出滄溟。人人握寶。花雨碧落。步步生蓮。雄徹梵音。訝自魚山而始下。嚴飾寶輦。疑從玉京而初來。重乾卦臨。花始落而柳方綠。端陽節近。雲欲燃而麥初胎。日暖風和。鶯歌燕舞。色色供養色。聲聲讚唄聲。華藏不外於娑婆。苦樂交徹。衆生何遠於諸聖。染淨融通。則供具之零星。庶法界之周遍。

物雖微而誠大。人雖衆而心同。伏願。諺十刹落落圓音。聾者聞而得耳。極十方堂堂妙相。盲者見而開眸。廻彼藻鑑之明。照此芹暄之悃。抑願轉斯功德。向諸檀那。龍樓扇堯風。與天齊傾之壽。鳳閣掛舜日。同地共灰之年。玉葉金枝。大椿凋零而益茂。璇源璿派。滄海枯渴而長流。郊野忘之之老。康衢戴之之童。壽旣等於親不親。福何分於施非施。然後如上群品。人壽八萬年。速證理事事無障碍之法界。龍華初一會。頓見刹塵塵塵不思議之身雲。仰對八稜玉毫。謹宣一紙情䟽。

---

1) ㉠ '布帒'는 '布袋'의 잘못이다.

맹인경찬소

삼각三覺[310]의 본사本師는 항상 광명을 발하며 끝없이 혁혁赫赫한데, 두 눈이 소경인 제자는 긴 밤을 깨닫지 못한 채 침침沈沈하기만 합니다. 체성은 비록 같다고 해도 상용相用이 천지처럼 현격하니 이를 어찌합니까.

삼가 생각건대 제자는 어린 나이에 속세를 벗어나서 늘그막에 시력을 잃고 말았습니다. 인과는 마음에서 말미암는 것이니, 너에게서 나온 것은 반드시 너에게로 돌아간다고 하겠지만, 회린悔吝은 움직임에서 생기는 것이니,[311] 진眞을 등졌다가 진眞에 합할 수도 있는 것입니다. 그러나 장래의 일이야 좇을 수 있다고 해도, 기왕의 일이야 어떻게 할 수가 있겠습니까. 그저 마음속으로 혼자 회한悔恨에 젖기보다는, 부처님 앞에 참회하며 죄를 씻는 것이 훨씬 낫지 않겠습니까.

이에 길일을 가림에 때마침 천중절天中節(단오절)을 맞이하였고, 승지를 결계結界[312]함에 다행히 동리산桐裏山을 얻었습니다. 공양을 올리는 의식을 간략히 마련하고, 죄를 참회하는 자리를 아울러 베풀었는바, 제물은 변변찮아도 마음은 극진하니, 중생의 성의가 지극하면 성인께서도 조림照臨하시리라 믿습니다.

삼가 바라옵건대 저 영취산 섭삼귀일攝三歸一[313]의 모임에 참여하셨던 불보살의 성인聖人들과 오과사향五果四向[314]의 존자들께서는 이 간절한 마음을 살피시어 무거운 죄를 씻어 주시고, 눈알에 덮인 백태를 긁어내어 눈앞의 막힌 길이 열리게 해주소서. 그리고 현재 과거의 부모와 구족이 모든 속박을 벗어나 소요하게 해주시고, 상하의 귀옥鬼獄과 삼도三途가 모진 고통에서 벗어나 쾌락을 누리게 해주소서. 간절히 기도하는 지극한 심정을 가누지 못하며 삼가 글을 지어 올리나이다.

盲人慶讚疏

三覺本師。常光無斷而赫赫。雙盲弟子。長夜不曉而沉沉。雖體性之雷同。奈相用之天隔。伏念弟子。童年脫俗。老境損明。因果由心。必出爾而反爾。悔吝生動。或背眞而合眞。來者可追。徃矣何及。徒自悔恨於心上。曷若懺洗於佛前。肆以捐吉佳辰。適會天中之節。結界勝地。幸得桐裡之山。略伸進供之儀。兼設懺悔之席。物雖輕而心重。凡必誠而聖臨。伏望彼靈鷲山攝三歸一之會。佛菩薩聖果五向四之尊。照斯虔悃之心。洗此深重之罪。刮即在眼膜。開轉身路梗。現過父母九族。脫羈鑽而逍遙。上下鬼獄三途。罷酸辛而快樂。無任悃禱之至。謹疏以聞。

야소夜疏

제불이 시방세계에 편만하여 방편의 문을 크게 열었건만, 군생群生은 온갖 의혹을 품고 있어 혹업惑業의 길에 갈래가 많습니다. 자비를 앙망하는 물이 만약 맑으면, 사랑으로 조응照應하는 달이 즉시 비출 것입니다.

삼가 생각건대 제자는 지혜의 안목을 잃은 위에 육신의 시력마저 침침해졌습니다. 큰 길이 매우 평탄한데도 몇 번이나 첩경捷徑에 들어가서 걸음이 군색하였고, 흰 해가 무척 밝은데도 오직 흑암黑暗만 보이기에 슬픈 생각뿐입니다. 다생에 지은 인연이 필시 잘못된 것이라서 이생에 받는 업보가 이와 같을 것이고 보면, 울면서 후회해도 아무 소용이 없을 것이니, 참회하며 그 죄를 씻어야만 할 것입니다. 재장齋場을 일단 마련함에 기도하는 마음이 이와 함께 모두 깨끗해지고, 공구供具를 바야흐로 시설함에 지주持呪하고 관심觀心하는 일이 이로 인해 더욱 많아질 것입니다.

삼가 바라옵건대 시방 법계는 끝나는 데가 없고, 삼보 자존慈尊은 그 수를 헤아리기 어려우니, 마음은 소청召請의 성운聲韻을 들으시고, 몸은 청정한 재연齋筵으로 달려오시어 저로 하여금 육신이 재가 되기 전에 다시 청천靑天의 백일白日을 보게 해주시고, 비단 덮개가 뚫린(穿縠) 뒤에[315] 옥호玉毫의 금광金光을 볼 수 있게 해주소서. 그리고 부모 친척들과 사승寺僧 및 다른 이들도 모두 고취苦趣를 벗어나 일제히 낙방樂邦에 오르게 해주소서. 간절히 기도하는 지극한 심정을 가누지 못한 채 삼가 글을 지어 올리옵니다.

夜疏

諸佛遍十方。方便之門大啓。群生抱萬惑。惑業之路多分。悲仰之水若淸。慈應之月即印。伏念弟子。慧目旣失。肉眼又昏。大道甚夷。幾入捷徑而窘步。白日孔皎。惟見黑暗以悲懷。多生作因。必非。此世受報如是。悔泣何及。懺洗可爲。齋場旣開。虔心與之俱淨。供具方設。呪觀爲之轉多。伏望十方法界無邊。三寶慈尊難筭。心聞召請之韻。身赴清淨之筵。使我末灰之前。復見靑天白日。穿穀之後。得覩玉毫金光。父母諸親。師僧餘類。咸脫苦趣。齊登樂邦。無任懇禱之至。謹䟽以聞。

중소中疏

한 분의 보살과 열 분의 명왕冥王은 유취幽趣(저승) 중의 존귀한 분이시요, 고독한 몸에 두 눈이 안 보이는 자는 인세人世 위의 가련한 존재입니다. 부디 저 건인健人께서는 이 병물病物을 불쌍히 여겨 주소서.

삼가 생각건대 제자는 본디 비사毘舍(평민) 출신으로서 지금은 비구의 신분인데, 젊었을 적에는 기백이 씩씩해서 용부勇夫도 눈 아래 내려다보았습니다. 그런데 늘그막에 실명을 하자 삼척동자도 면전에서 나를 기롱하곤 하니, 이는 스스로 취한 것이요 하늘이 내린 것이 아닙니다.

이에 참회하는 자리를 베풀어 속마음을 토로하게 되었는데, 당대當代의 교주敎主와 시방에 편만한 제존諸尊이 이미 강림하여 공양을 받으셨으니, 이제는 고통을 구제하는 대사님과 죄를 다스리는 열성列聖께서 감응하여 향을 맡으실 차례입니다.

삼가 바라옵건대 과거의 잘못을 참회하여 씻음으로써 미래의 길이 열려 통하게 해주시고, 우로雨露의 은혜를 골고루 내려 메마른 생령生靈이 똑같이 적시게 해주소서. 간절히 기도하는 지극한 심정을 가누지 못하면서 삼가 글을 지어 아룁니다.

中疏

一菩薩十冥王。幽趣中爲尊爲貴。獨孤身雙盲者。人世上可矜可憐。嗟彼健人。哀此病物。伏念弟子。世本毘舍。身今比丘。少壯氣雄。勇夫入乎眼底。老大明失。尺奚欺其面前。是自取之。非天降矣。肆開懺席。乃展誠心。當代敎主。遍方諸尊。已降臨而受供。救苦大士。治罪列聖。次赴盆而聞香。伏望俾懺滌前非。使開通來路。雨露均被。枯槁同沾。無任懇禱之至。謹疏以聞。

혜공당 소상재의 야소

육취六趣³¹⁶의 고달픈 수레바퀴를 멎게 함은 제불의 능사能事요, 삼보의 자애로운 집을 우러러봄은 중생의 비심悲心입니다. 나무가 마르면 봄이 할 일이 없고, 강물이 맑으면 달이 인印을 칩니다.

삼가 생각건대 세상을 떠난 영혼은 부처님의 밝은 가르침을 전한 분으로 나에게는 계사戒師가 됩니다. 나이는 여든을 넘겼으니 단수短壽 중의 장수요, 몸은 사대와 오음이 흩어졌으니 전음前陰 밖의 후음後陰입니다.

현재의 마음에 잘못이 없다고 하더라도 과거의 업業은 헤아리기 어려운 법입니다. 그래서 천발薦拔(薦度)하는 의식을 준행하여 보새蒲塞³¹⁷의 공양을 간략히 설행하였습니다. 여러 사람들이 단심丹心을 바친 것에 대해서는 시방이 모두 알고 보셨으리라 믿습니다. 외로운 달이 오직 밝은 것은 다행히 밤새도록 비가 오지 않고 바람이 불지 않은 덕분입니다.

삼가 원하옵건대 시방 제성諸聖께서는 타인의 마음을 환히 살펴 본국을 잠시 잊으시고, 나의 간절한 정성을 비추어 나의 모해模楷(戒師)를 인도해 주소서. 그리하여 칠중항수七重行樹와 칠중나망七重羅網과 칠중난순七重欄楯이 사보四寶로 이루어진 가운데에서³¹⁸ 소요逍遙하고 쾌락하며 무량한 수명을 누리게 해주시고, 상품 금강과 중품 황금과 하품 연화의 삼대三臺가 솟아오른 가운데에서³¹⁹ 적정寂靜하고 안한安閒한 기쁨이 다함이 없게 해주소서. 간절히 기도하는 지극한 심정을 가누지 못한 채 삼가 소疏를 올려 아룁니다.

慧空堂小祥齋夜疏

極六趣之苦輪。諸佛能事。仰三寶之慈室。衆生悲心。樹枯春閑。江澄月印。伏念逝靈。傳佛明誨。在我戒師。年八十餘。短壽中長壽。身四五散。前陰外後陰。現在心雖無非。過去業則難測。故遵薦拔之式。略設蒲塞之供。群心盡丹。庶幾十方之悉知悉見。孤月惟白。幸賴一夜之不雨不風。伏願十方諸聖。洞鑑他心。暫捨本國。照我誠悃。引我楷模。七重行樹七重羅網七重欄楯四寶成。逍遙快樂以無量壽。上品金剛中品黃金下品蓮花三臺湧。寂靜安閑而不盡歡。無任懇禱之至。謹疏以聞。

주소書疏

모든 성인 위에 멀리 뛰어난 분은 십호十號[320]를 갖춘 대사大士이시고, 여러 경전 위에 높이 거하는 것은 오직 일승의 묘전妙典입니다. 자애의 마음으로 즐거움을 주면서도 집착을 하지 않고, 비원悲願을 세워 고해苦海에서 건져 주면서도 의식하는 일이 없습니다. 그러니 어찌 귀의하지 않겠습니까. 참으로 헤아리기가 어렵습니다.

삼가 생각건대 제자 등이 치의緇衣를 입고 백의白衣를 벗은 것은, 비록 본사本師의 깊은 은혜 덕분이라고 할지라도, 계단戒壇에 올라 계율을 받은 것은 바로 갈마아사리羯磨阿闍梨(戒師)의 두터운 은덕이라고 할 것입니다. 그런데 기이期頤(백 세)에서 10여 세를 채우지 못하고서 하루아침에 갑자기 명막冥漠(冥府)으로 돌아갔으니, 명복을 비는 것은 제자의 정성이요, 구제해 주는 것은 불법의 힘입니다.

삼가 생각건대 연화蓮花의 오묘한 경전은 때에 맞게 설하신 지극한 말씀이요, 석가 종족의 인자한 어르신은 세상에 희유한 위대한 성인이십니다. 부처는 상相이 아니지만 상相으로 나타내 보여 주고, 불법은 말이 아니지만 말로 드러내 알려 주니, 고해를 건네주는 선박이요 미몽迷夢을 깨뜨리는 경쇠입니다. 사람은 많아도 마음이 하나라서 일주기를 맞아 재齋를 또 베풀었습니다. 세상은 뜨거워도 불법은 시원하니 혼이 극락으로 돌아가리라 믿습니다.

삼가 원하옵건대 영산회상靈山會上의 삼대三大 존보尊寶께서는 우리들 후진後進이 삼삼품三三品[321] 가운데 있음을 불쌍히 여기시고, 우리 은사恩師의 앞길을 금금대金金臺 위로 인도해 주소서. 간절히 기도하는 지극한 심정을 가누지 못한 채 삼가 글을 올려 아룁니다.

畫疏

迥出諸聖上。具十號之大師。高居衆經尊。唯一乘之妙典。慈與樂而不着。悲拔苦而無爲。盍歸依乎。叵度量也。伏念弟子等。被緇脫白。雖本師之深恩。受戒登壇。乃羯磨之厚蔭。未及期頤十餘歲。奄歸冥漠一日朝。追薦弟子誠。拔救佛法力。恭惟蓮花妙典。時乃說之極談。釋迦慈尊。世斯稀之大聖。佛非相而相相。法無言而言言。濟苦海航。破迷夢磬。人多而心一。齋又設於周年。世熱而法涼。魂反歸於樂國。伏願靈山會上。三大尊寶。哀我徒之後進。三三品中。引我師之前途。金金臺上。無任悬禱之至。謹疏以聞。

개흥사 수륙재의 주소

 영취靈鷲의 금색상金色相은 하늘 위와 아래에 유일하여 짝이 없는 지존이시요, 묘법의 연화경蓮華經은 부처가 있든 없든 언제나 한결같이 변치 않는 경전이니, 귀의하는 자는 큰 이익이 있고, 우러르는 자는 보답을 받을 것입니다.

 삼가 생각건대 제자 등은 중 같으면서도 중이 아니요, 속俗이면서도 속이 아닙니다. 개흥사에서 머리를 깎았으니 다른 산에 회상會上이 있는 줄 어찌 알겠습니까. 환화幻化의 몸에 삿갓을 씌웠을 뿐, 자기 마음이 무슨 물건인지도 알지 못합니다.

 복을 비는 것이 유루有漏이긴 합니다만, 사람을 교화하는 공이 실로 없지 않기에 비에 목욕하고 바람에 빗질하면서 힘줄을 피곤하게 하고 뼈를 괴롭혔습니다. 산에서 들에서 누가 보시하고 누가 보시하지 않는지 어찌 헤아렸겠습니까. 곡식을 주거나 돈을 주거나 어느 것이 많고 어느 것이 적은지 가리지 않았습니다.

 이에 수륙水陸의 대회大會를 마련하고 경외敬畏의 작은 마음을 일으켰나니, 구름이 바다 위에 피어오르는 시절이요, 보리가 익어 가는 천중天中(단오)의 계절입니다. 나는 구름과 춤추는 제비는 번개幡蓋와 나란히 나부끼고, 우짖는 새와 노래하는 꾀꼬리는 각패角貝(소라)와 음향을 같이합니다.

 향화香花와 다과茶果가 초초楚楚하고 종경鍾磬과 어범魚梵이 융융融融한 가운데 날은 맑고 바람은 시원하며, 옷은 검고 마음은 붉습니다. 영산靈山의 삼보를 청하며 여러 가지 공양거리를 올렸으니, 오늘의 일심을 살피시어 연여輦轝를 타고 함께 강림하시리라 믿습니다.

 삼가 원하옵건대 여러 단나檀那는 생전에 복록을 더하고 수명을 늘이며, 사후에 지옥을 벗어나 천상에 오르게 해주시고, 남은 물결이 적시는 곳에 고류苦類 모두 즐겁게 해주소서.

開興寺水陸齋畫疏

靈鷲金色相。天上天下獨一無伴之尊。妙法蓮華經。佛有佛無常恒不易之典。歸之者有大益。仰之者不唐旃。伏念弟子等。似僧何僧。是俗非俗。落髮開興寺。豈知他山之有園。着笠幻化身。不識自心之何物。營福雖是有漏。化人實非無功。沐雨櫛風。勞筋苦骨。於山於野。豈料阿誰施阿誰不。或穀或錢。不擇何者多何者少。修設水陸之大會。興起敬畏之小心。雲蒸海上之時。麥熟天中之節。飛雲舞燕。與幡盖而齊飄。叫鳥歌鶯。共角貝而同響。香花茶果之楚楚。鍾磬魚梵之隆隆。日清風凉。衣黑心赤。請靈山之三寶。獻供具多般。鑑今日之一心。御輦輿同降。伏願諸檀那。生增福而益壽。死脫獄而登天。餘波所沾。苦類咸樂。

야소 夜疏

제불은 자비하여 구름이 혜일慧日을 덮어도 더욱 밝고, 중생은 탐애貪愛하여 물로 고화苦火를 뿌려도 더욱 타오릅니다. 그러니 어찌 귀의하지 않을 수 있겠습니까. 그 밖에 다른 방법은 있을 수가 없습니다.

삼가 생각건대 수륙재水陸齋는 양 무제梁武帝가 그 물결을 일으키고, 경희慶喜가 그 근원을 열었나니,[322] 이는 곧 삼도三途의 우물물을 긷는 두레박줄이요, 구천九天의 전당에 오르는 층계라고 할 것입니다.

이에 힘을 다해 경영하면서 다섯 번 꽃이 지는 것을 보았고, 애써 재물을 모아 재를 베풀었나니 사방에서 듣고 구름처럼 모였습니다. 절기는 천중天中(단오)을 열고, 동산은 해변을 차지한 가운데 달빛은 맑은 낮보다 밝고, 밤기운은 높은 가을보다 청량합니다.

향화香花와 다반茶飯 등 각종 공양거리가 등촉燈燭 속에 삼엄森嚴하고, 증병證秉(證義秉法)과 법선法禪(敎禪) 등 여러 사문들이 번개幡蓋 아래 제정齊整하였으니, 물건마다 부처님을 공양하는 도구요, 사람마다 부처님을 공경하는 마음입니다.

삼가 원하옵건대 시방의 제성諸聖은 이 도량에 강림하시어 이 성적誠赤(丹心)을 받아 주소서. 그리하여 여러 단나檀那는 생전에 복기福基가 견고하고 명위命位가 높아지며, 모든 사원은 지금 이후로 도념道念이 일어나고 진려塵慮는 사라지게 해주소서. 그리고 지옥에서는 연꽃이 피어나고 아귀餓鬼에서는 불이 꺼지며, 축생은 서로 죽이려는 생각을 잊고 수라修羅는 서로 싸우려는 생각을 쉬게 하소서.

夜疏

諸佛慈悲。雲蔭慧日而益明。衆生貪愛。水灑苦火而增燃。盍師盍歸。叵耐叵耐。恭惟水陸齋者。梁武皷浪。慶喜開源。汲三途之井索。登九天之堂階。

肆竭力而經營。五見花落。因聚財而修設。四聞雲臻。節啓天中。園占海上。月色明於淸晝。夜氣涼於高秋。香花茶飯諸供養。燈燭裡森嚴。證秉法禪衆沙門。幡盖下齊整。物物供佛之具。人人敬佛之心。伏願十方諸聖。降此道場。受此誠赤。諸檀生之前。福基固而命位屹。合院今以後。道念興而塵慮消。地獄蓮生。餓鬼火滅。畜生忘其互殺。脩羅息其相爭。

중소中疏

명천冥天의 시왕十王은 위에서 조감藻鑑의 밝은 지혜를 지니셨는데, 인계忍界(사바세계)의 군생群生은 밑에서 불나비와 같은 어리석은 마음을 일으킵니다. 만약 살아 있을 적에 복을 닦는다면, 몸이 죽은 뒤에 고통을 면할 수 있을 것입니다.

삼가 생각건대 사람이 이 세상에 태어날 때에는 어느 곳에서 오든지 간에 각각 금전의 채무가 있는데, 빈손인 우리가 무엇을 바치겠습니까. 다투어 옥부玉府에서 빌리다 보면 남은 빚을 갚지 못할 것인데, 지금 만약 팔짱만 끼고 있다면 뒤에 반드시 난처하게 될 것입니다.

그래서 힘을 다해 삼가 자리를 마련하고, 예수禮數에 맞게 향을 피워 올립니다. 안이 모나고 밖이 둥근 것은 천지의 형체를 본뜬 것이요, 여기에 모으고 저기에 쌓은 것은 산악이 우뚝 선 것과 비슷합니다. 이와 함께 정결한 옥립玉粒을 바치고, 또 아름다운 화과花果를 올리나니, 향불 연기가 골짜기에 가득하고 범패 음악이 공중을 뒤흔듭니다.

삼가 바라옵건대 지장자성존地藏慈聖尊께서는 도명道明과 무독無毒[323]의 이반二件을 데리고 함께 강림하시고, 염라 대황제閻羅大皇帝께서는 진광秦廣과 초강初江[324] 등 구왕九王과 함께 나란히 내려오시어 나의 정성을 살펴 주시고 나의 공양을 받아 주소서. 또 바라옵건대 제조諸曹의 판관과 그 밖의 여러 권속들도 각각 위열位列에 따라 똑같이 자비를 내려 주소서.

황공하게도 제물祭物이 정결하지 못하여 거룩한 행사에 맞지 않겠습니다만, 어리석고 서툴러서 미진한 점을 이해하시며 범부의 행위를 허물하지 않으시리라고 믿습니다. 이상 속마음을 토로하며 삼가 글을 올립니다.

中疏
冥天十王。尊抱藻鑑之明智。忍界群生。下起燈蛾之愚心。倘修福於生前。

庶免苦於身後。伏念人生斯世。自來何途。各責金錢。空我何獻。爭貸玉府。遺債未還。今若恝然。後必難矣。故竭力而敬造。乃如數而焚呈。內方外圓。象天地之形體。此堆彼積。似山岳之業峩。兼獻玉粒之精。又隨花果之美。香烟滿堃。梵樂掀空。伏願地藏慈聖尊。與道明無毒二伴以同降。閻羅大皇帝。共秦廣初江九王以齊臨。鑑我虔誠。受我供養。抑願諸曹判官餘諸眷屬等。各隨位列。等起慈悲。恐物儀之不精。雖未稱聖擧。恕愚踈之未盡。庶不罪凡爲。表宣謹䟽。

찬불소讚佛疏

정해년(1707, 숙종 33) 모월 모일에 부처님을 모시는 제자인 지택智擇과 여원조呂圓照 등은 단나檀那의 화연化緣을 널리 모아 석가여래 및 제화提花(然燈佛)와 미륵의 삼대 존상尊像을 삼가 조성하였기에 공구供具를 간략히 진설하고 속마음을 모두 토로하며, 일체 단월檀越과 망부모亡父母·제친諸親 및 육도六途 중생과 함께 지금 십사十事[325]의 가운데에 있더라도 뜻한 대로 몸을 돌려 구련九蓮(극락세계)에 왕생하게 해주시기를 발원하나이다.

불법의 경지가 높고 깊지만 뿌리에 나아가 싹을 볼 수 있으며, 범부의 식견이 낮고 얕지만 흐름을 거슬러 근원을 찾을 수 있습니다. 어찌 멀다고 하겠습니까. 여기가 바로 그곳입니다.

삼가 생각건대 제자 등으로서, 머리를 깎은 승려는 절간 안에서 세월을 보내고, 수염을 기른 거사는 속세에서 살아가는바, 비구의 이름이 외람되어 범 가죽에 양의 체질인 것이 스스로 부끄럽고, 바새波塞(優波塞)의 실상에 어긋나서 사나운 새가 봉황을 흉내 낸다고 사람들이 비웃습니다. 구만리 아래에서 음광飮光(迦葉)을 우러러 바라보고, 삼천계三千界 가까이에서 정명淨名(維摩)을 사모하나니, 그릇은 금옥이 아니어도 법은 바로 제호입니다. 조각爪刻과 보찬寶鑽의 희성戲誠이 이미 이루어졌는데, 이소泥塑와 목조木雕의 정박精朴이 어찌 지금 없겠습니까.

두 사람이 마음을 같이하여 삼존불三尊佛이 각기 자리를 달리하였으니, 권화勸化한 자는 노력을 이바지하고, 보시한 자는 재물을 베풀었습니다. 털을 모아 공을 만들었으니 저 사람의 생각으로 발을 폈다고 할 만하고, 사람을 인해 일을 이루었으니 다른 이의 술로 생색을 냈다고도 하겠습니다.

백옥의 산이 오묘하고 청련靑蓮의 바다가 향기로우니, 아련히 도리천忉利天에서 다시 내려온 듯하고, 방불하게 금강좌金剛座에 처음 오른 듯합니다. 진흙 뭉치와 흙덩어리가 모두 빛을 발하니 1천 집안이 하나의 화광火光임을 비로소 알겠고, 표주박과 동아박이 모두 법을 설하니 1만 구멍이 같은 바람임을 이제야 깨닫겠습니다.

금불金佛의 자태가 이미 임한 만큼 근훤芹暄의 정성을 바쳐야 할 것이니, 마음마다 대추처럼 붉고 물건마다 구름처럼 피어납니다. 사탕수수의 줄기도 맛있어 하는 것은, 비록 장주莊周가 나비로 변화한 것이라고 하더라도,[326] 눈동자의 영상이 이토록 질박한 것은 섭 공葉公이 용을 좋아하는 것[327]이 아닙니다.

삼가 원하옵건대 지금의 이 오묘한 인연을 바탕으로 나중에 수승한 과보를 받도록 해주소서. 보시를 했거나 권화勸化를 했거나 육친六親과 육도六途의 생령들이 각자 고통에서 벗어나 의신依身·법신法身·보신報身으로 쾌락을 향유하게 하고, 길이 진리를 증득하여 여리如理·도리道理·의리義理에 원만히 통달하게 하소서. 저 창궁蒼穹은 다함이 있어도 이 소원은 다함이 없습니다. 옥호玉毫를 응시하면서 변변찮은 글을 지어 잠시 아룁니다.

讚佛疏

丁亥某月某日。奉佛弟子。智擇呂圓照等。廣募檀緣。敬造釋迦如來及提花彌勒三大尊像畢。略陳供具。傾腸倒腹。願與一切檀越及亡父母諸親六途含生。即在十事。如意轉身。九蓮化徃者。佛道高且深。乃即根以示苗。凡識卑又淺。盖尋流以得源。其可遠乎。祇者是也。伏念弟子等。無髮內紹。存髥外生。名濫比丘。白[1)]慚虎皮之羊質。實乖波塞。人譏鶩翰之鳳鳴。望飲光九萬低。慕淨名三千近。器非金玉。法是醍醐。爪刻寶鑽之戲誠。既已成矣。泥塑木雕之精朴。胡今闕焉。二人同心。三尊異位。化者勞力。施者損財。會毛爲毬。可謂彼懷以伸足。因人成事。亦曰他酒以生顔。白玉妙山。青蓮香海。依俙忉利天還下。彷彿金剛座初昇。泥團土塊盡放光。始知千家一火。瓢子冬瓜皆說法。方覺萬竅同風。金容旣臨。芥²⁾誠可獻。心心如裹。物物同雲。蔗草莖亦佳。雖是莊周之化蝶。瞳子影何質。卽非葉公之好龍。伏願今將妙因緣。畢獲勝果報。若施若勸。六親六途。各脫苦。依身法身報身以快樂。永證眞。如理道理義理以圓通。彼蒼有窮。此願無盡。玉毫凝對。蕪辭暫陳。

---

1) ㉮ 판본에 의거하면 '白'은 '自'의 잘못이다.   2) ㉮ 판본에 의거하면 '芥'는 '芹'의 잘못이다.

일로一路의 승려 등을 대신하여 몇 년 동안 해마다 두 번씩 종이를 별무別貿하게 해준 것을 사례한 계문

　머리에 붙은 불을 꺼 주신 것이 진정 한두 번의 반락般樂이 아니요, 눈 안의 가시를 빼 주신 것이 실로 50여 년입니다. 누구를 원망하고 누구에게 감사하겠습니까. 나를 학대한 사람이요, 나를 가엾게 여긴 분입니다.
　삼가 생각건대 우리 중들은 마음을 헤아리면 미려彌戾³²⁸요, 정수리를 만지면 사문沙門입니다. 나래를 치고 목을 빼는 것이 꿩이 미련하게 화를 자초하는 일이긴 하지만, 마음속으로 기꺼이 활을 쏘게 한다면 그것이 어찌 대인大人의 인자한 마음이겠습니까. 설령 하나의 입(一口)이 구하는 것이라고 하더라도 열 손(十手)이 응해 줄 수 없을 터인데, 하물며 많은 발(多足)이 넘어지는 것을 어떻게 한 손(獨掌)으로 붙들어 주겠습니까.
　더구나 이 별무別貿로 말하면 병정丙丁의 해 이전에는 없었던 것이요, 무기戊己 이후에 와서는 면할 수 없게 되었으니, 더 말해 무엇 하겠습니까. 처음의 근원에서는 술잔 하나를 띄울 만하다가, 나중에는 물이 불어나 정수리까지 빠지게 되었으니, 이는 사나운 불길에 마른 장작을 가하고, 힘없는 종에게 무거운 짐을 더하는 것과 같다고 할 것입니다. 비록 높이 날아가고 싶어도 하늘과 땅에 하나의 큰 그물이 두루 깔렸고, 만약 그대로 머물러 있으려 하면 양쪽의 불이 동쪽과 서쪽에서 핍박을 합니다. 구천九天에 울부짖어도 무슨 말을 해주겠습니까. 십지十地를 두드려도 응답이 없습니다. 그래서 그저 애만 태울 뿐이니, 팔을 걷어붙인들 또 어찌 하겠습니까.
　그런데 절름발이가 길을 걸어갈 엄두를 내지 못하다가 두 다리가 갑자기 펴지고, 소경이 물건을 볼 희망이 끊어졌다가 두 눈이 홀연히 열릴 줄이야 어찌 생각하였겠습니까. 어두움이 끝나자 밝음이 찾아오고, 오래도록 굽힌 끝에 마침내 펴졌으니, 하늘에 귀가 있음을 비로소 알게 되었고,

땅도 신령스럽다는 것을 이제야 깨닫게 되었습니다.

이는 대개 순상巡相 합하께서 구중九重의 윤언綸言(왕명)을 받들어 일방의 민망民望을 들어주는 행운을 만났기 때문입니다. 합하께서는 고륜孤輪의 벽월璧月을 매달아 천 강의 맑은 물결에 인印을 치시고, 맹수의 각아角牙를 부러뜨려 넘어지려는 물그릇을 일으켜 세우셨습니다. 그리하여 찬 골짜기에 푸른 풀이 돋아나게 하고 마른나무에 붉은 꽃이 피게 하였으니, 어찌 머리 기른 세상 사람들만 진세塵世에서 자라처럼 손뼉을 치겠습니까.³²⁹ 또한 수염을 깎은 승려들도 연하煙霞 속에서 참새처럼 뛰고 있습니다. 이 덕을 칭송하자면, 말이 길어질 것입니다.

그러니 우리 중들이 어찌 감히 머리를 조아리고 감사를 드리며 은혜를 알고서 은혜에 보답하지 않겠습니까. 높은 산을 우러러보며 이보다 더 강할 수 없는 분을 법도로 삼을 것이요,³³⁰ 저 푸른 대나무를 바라보며 문채 빛나는 군자를 생각할 것입니다.³³¹

代一路髡首等謝積年歲二度別貿紙啓

荷救頭然。固非一二般樂。被拔眼刺。實是五十餘年。怨誰恩誰。虐我憐我。伏念僧等。揣心彌戾。摩頂沙門。鼓翼引頸。縱愚雉之禍的。甘心勸矢。豈大人之仁心。設一口之攸求。非十手之所應。況多足之顚蹶。何獨掌以奉承。矧此別貿。丙丁以前。未曾有者。戊己以後。不可離之。於源濫觴。及流沒頂。加燥薪於猛火。添重擔於弱奚。雖欲高飛。徧一網於天地。若將堅住。逼兩火於東西。叫九天而何言。叩十地而不應。腐心而已。扼腕奈何。豈意跛不期於行途。雙脚頓展。盲絕望於見物。兩眼忽開。暗極而明來。屈久而伸至。始知天乃有耳。方覺地亦含靈。此盖伏遇巡相閤下。奉九重之綸言。塞一方民望。掛孤輪之璧¹⁾月。印千江波澄。折猛獸之角牙。扶欹器之傾覆。寒谷草綠。枯樹花紅。豈獨有髮之徒。鱉抃於塵世。抑亦無鬚之類。雀躍於烟霞。德可稱焉。言之長也。僧等敢不頓首稽首。知恩報恩。仰止高山。無競維人之則。瞻彼淥²⁾竹。有斐君子之思。
---
1) ㉭ '璧'은 '壁'의 잘못이다. 2) ㉭ '淥'은 '綠'의 잘못이다.

곡성의 원에게 올린 글

 빈도 모는 아룁니다. 지난번에 왕림해 주시는 영광을 입고 아울러 시를 지어 주시는 은혜까지 받았는데, 처지가 혐의스러워 아직도 직접 찾아뵙지 못하고서 애오라지 하정下情을 진달 드립니다.
 병든 이 몸을 잊지 않고서 과분하게 자모慈母처럼 친히 찾아 주셨고, 가냘픈 풀줄기의 청을 거부하지 않고서 큰 종소리로 속히 응해 주셨으니,³³² 이 두 가지 일만으로도 이미 많다고 해야 하지 않겠습니까.
 삼가 생각건대 빈도는 덕이 노성老成하지도 않고 재주는 어린아이의 장난에 불과합니다. 초파리가 단지 안에서 살면서 그 천지가 크다고 하는 것과 같고, 메추라기가 쑥대 아래에서 노닐면서 그 일월이 밝다고 하는 것과 같습니다. 세상의 일은 꽃의 미소에 부치고, 숲 속의 흥은 새의 노랫소리에서 찾습니다. 여름 벌레가 삼동의 얼음을 알지는 못합니다마는, 아침 버섯은 또한 반일의 목숨에 절로 만족하고 있습니다.
 이는 대개 명부明府 합하께서 구문九門의 윤발綸綍(왕명)을 받아 일국의 변방의 근심을 나누어 맡고, 백 리의 고을을 다스리며 사민四民의 밖인 승려에게까지 은혜를 내리는 때를 만났기 때문입니다. 바람은 와운臥雲의 풀을 눕히고,³³³ 비碑는 행로行路의 입술에 새겨집니다.³³⁴ 합하께서는 사람에 맞게 사람을 가르치시고, 새에 맞게 새를 기르고 계십니다.³³⁵ 더군다나 천년 된 산목散木이 늘그막에 대장大匠의 돌봄을 받고, 한 곡조의 파가巴歌가 뜻밖에도 백설白雪의 화답을 얻었음이겠습니까.³³⁶ 빈궁한 사람이 갑자기 횡재를 하고, 마른나무에 다시 꽃이 피었습니다.
 원량元亮은 백련白蓮의 정사精舍를 찾아갔고,³³⁷ 동파東坡는 금산金山에 옥대玉帶를 두었습니다.³³⁸ 부석鳧舃의 그림자가 사라졌어도 좌석의 여향은 남아 있고,³³⁹ 보게寶偈(수령의 시)의 빛이 흘러넘치며 경패瓊珮로 영원한 우호를 다짐하니, 녹수綠水의 물소리는 더욱 청랑하고 청산의 빛은 갑절이나 새롭습니다.

그 덕德이야말로 푸른 하늘에 견줄 만하니, 그 은혜를 어느 날인들 감히 잊겠습니까. 그러니 빈도가 감히 새벽에 향을 피우고 저녁에 등을 켜면서 하늘과 수명이 같기를 축원하지 않겠으며, 요堯임금의 태양과 순舜임금의 바람 아래 백성과 함께 즐기기를 바라지 않겠습니까. 지극히 격동되는 심정을 금하지 못하면서 변변찮은 시를 함께 올립니다.

上谷城倅

貧道某言。頃奉辱臨。兼蒙報珮。而地嫌。猶未躬謝。聊陳下情者。難忘病息。過蒙慈母之親臨。不拒寸筳。深荷巨鍾之速應。此其兩也。不亦多乎。伏念貧道。德非老成。才是兒戲。醯鷄得其所。甕裡之乾坤大矣。斥鷃樂於斯。蓬底之日月明矣。世事寄花微笑。林興倩鳥高歌。夏虫雖未曉三冬之氷。朝菌亦自足半日之壽。此盖伏遇。明府閤下。九門承綍。憂分一國之邊。百里專城。波及四民之外。風偃臥雲之草。碑鐫行路之脣。以人敎人。以鳥養鳥。況復千年散木。晚被大匠之收。一曲巴歌。遽獲白雪之和。貧兒暴雷。[1] 枯樹還榮。元亮訪精舍白蓮。東坡留金山玉帶。鳬鳥滅影。遺坐席之餘香。寶偈流光。報瓊珮以永好。聲添綠水。色倍靑山。德可比之蒼蒼。恩敢忘乎日日。貧道敢不晨香夕火。祝共天齊年。堯日舜風。望與民同樂。無任激切之至。幷惡詩以聞。

---
1) ㉠ '雷'는 '富'의 잘못이다.

강남의 부백에게 올린 계문

아가위와 배와 귤과 유자는 맛이 서로 다르지만 모두 사람들의 입에 맞고,³⁴⁰ 공자와 석가와 양주楊朱와 묵적墨翟은 도道가 서로 다르지만 모두 하나의 마음에서 나온 것입니다. 그러니 어찌 이단이라고 해서 공격해서야 되겠습니까. 그렇게 하면 단지 해로울 뿐입니다.³⁴¹

삼가 생각건대 산승은 어느 날 저녁에 옷깃을 떨친 뒤로 구름 속에 누워서 10년의 세월을 보냈습니다. 아홉 마디 외로운 지팡이로 마노馬奴의 행색行色을 대신하고, 천 군데 터진 하나의 누더기로 한서寒暑의 생애를 함께하였습니다. 몇 마디 맑은 경쇠 소리요, 한 줄기 피어오르는 향연입니다. 호리병 속에 하늘과 땅이 있으니³⁴² 부귀는 뜬구름과 같고, 산중에 달력이 없으니 꽃과 잎사귀로 봄가을을 점칩니다.

하나의 성품을 기르는 것이 어찌 거문고이겠습니까. 1만 세상사를 깨부수는 것도 술이 아닙니다. 남곽南郭이 궤안几案에 기댄 것을 사모하고, 북산北山의 마음 옷 불사른 것을 비웃나니, 세간에서 내로라하는 사람이 되기보다는 임하林下에서 나를 잃는 것(喪我)이 낫지 않겠습니까.³⁴³

학이 푸른 하늘에서 세 번 소리하니 1만 가닥의 청풍이요, 용이 차가운 못에서 한 번 읊으니 둥근 바퀴의 명월입니다. 세상 걱정은 뜬구름과 함께 흩어지고, 선정의 마음은 흐르는 물과 함께 맑아지나니, 부생浮生인 이 삶은 일 없는 것(無事)이 좋은 일(好事)입니다. 자벌레(尺蠖)의 굽힘을 배운다면 뒷날 펴는 일이 어찌 없겠습니까. 용사龍蛇의 칩거蟄居를 본받으며 이 몸의 보존을 도모할 따름입니다.

삼가 듣건대 합하의 총명이 어떤 사람보다도 뛰어나고, 한번 보고 아는 것이 천부적이라고 하였습니다. 도道는 공자와 주공周公을 각곡刻鵠³⁴⁴하였으니 하늘에 오르는 것도 오히려 쉽고, 재주는 양웅楊雄과 사마상여司馬相如와 말고삐를 나란히 하였으니 조충雕蟲³⁴⁵ 따위를 어찌 일삼겠습니까.

월계月桂가 아무리 높다 해도 호수好手에게는 힘들지 않았습니다.[346]

그러므로 단정학丹頂鶴은 선폭仙瀑에서 이마가 더욱 붉어지고, 잉어는 용문龍門에서 꼬리를 태웠습니다.[347] 몇 년 동안이나 표범으로 오운五雲에 잠복했다가 오늘에 이르러 붕새로 만 리의 하늘을 날았습니다.[348] 남쪽 하늘 백 리에는 일마다 백성을 위한 걱정이요, 북쪽 대궐 구중九重에는 마음마다 나라를 위한 충성입니다.

인적이 고요하여 바람이 방에 들어오니, 아전의 그림자가 드문 때요, 거문고 소리가 청량하여 달이 창을 엿보니, 세상일을 잊은 밤입니다.[349] 이런 때에 도잠陶潛은 슬며시 혜원惠遠이 그리워지고, 한유韓愈는 태전太顚이 더욱 생각나게 마련입니다.[350]

도道는 갈림길에서 나뉘어 창과 방패처럼 서로 배치된다 할지라도, 생生은 일세一歲를 같이하였으니 나무와 돌이 똑같이 산의 기초가 되고 있다(木石同壇)[351]고 말할 만합니다. 유형과 무형이 각자 태극을 갖추었고,[352] 1족足과 백 족이 고루 천기天機를 발동합니다.[353] 그러므로 달사達士는 물결을 같이하고, 성인聖人은 모난 곳이 없는 것입니다.

내가 보건대 천지에도 시是와 비非가 있습니다. 혹은 검고 혹은 누르니 어찌하여 그 색이 각각 다른 것이며, 하나는 덮고 하나는 실으니 어찌하여 그 공이 완전하지 않은 것입니까. 어찌 천지만 그러하겠습니까. 모든 존재가 그러합니다. 다르다는 입장에서 보면 수거數車에 무거無車요,[354] 같다는 입장에서 보면 만물이 일물입니다.[355]

삼가 바라옵건대 합하께서는 나를 좋게 봐 주시고 나를 버리지 마소서. 그리하여 물고기처럼 강호 속에서 서로들 잊고[356] 형해形骸의 밖에서 단금斷金을 이룬다면,[357] 암혈에 살며 산골 물을 마셔도 굶주린 범의 재앙을 면할 수 있고, 발을 드리운 높은 대문 안에서도 속이 뜨거워지는 병이 없을 것입니다.[358] 이 어찌 귀천을 잊은 담담한 우정이라고만 하겠습니까. 또한 인덕을 도와주는 순수한 교제라고 말할 수 있을 것입니다. 시詩는 자신의 뜻을 읊는 것이라고 하였으니,[359] 어찌 이에 대해서 시가 없을 수 있겠습니까.

上江南府伯啓

柤梨橘柚之味不同。皆可衆口。孔釋楊墨之道相反。都是一心。何以攻爲。斯害也已。伏念山僧。衣拂一夕。雲臥十年。九節孤節。代馬奴之行色。千瘡一衲。并寒暑之生涯。數聲淸磬。一炷名香。壺裡有乾坤。等浮雲於富貴。山中無歷日。占花葉於春秋。養一性者豈琴。破萬事者非酒。慕南郭之隱几。笑北山之焚芝。與其世間成人。曷若林下喪我。鶴三聲於碧落。萬縷淸風。龍一吟於寒潭。一輪明月。世慮與浮雲俱散。禪心共流水齊淸。浮生此生。無事好事。屈學尺蠖。豈無他日之伸哉。蟄敎龍蛇。只圖此身之存也。伏聞閣下。聰明人出。當知天開。道刻鵠於孔周。登天反易。才連鑣於楊馬。雕虫胡爲。月桂雖高。好手不起。是用鶴添朱於仙瀑。魚燒尾於龍門。幾年豹潛五雲。今日鵬擧萬里。南天百里。事事憂民。北闕九重。心心報國。人寂風入室。吏影稀之時。琴淸月窺窓。世事忘之夜。於是陶潛潛懷惠遠。韓愈愈憶太顚。道分殊歧。雖云矛盾相背。生同一歲。可謂木石同壇。有形無形。各具太極。一足百足。均動天機。是以達士同波。聖人無角。吾觀天地。亦有是非。或玄或黃。何其色之各異。一覆一載。胡厥功之不全。豈獨此哉。物皆然矣。自其異者而視。數車無車。自其同者而觀。萬物一物。伏望閣下。惠我好矣。莫吾棄哉。魚忘江湖之中。金斷形骸之外。則巖居水飮。可免餓虎之災。懸簿高門。庶無內熱之病。豈獨曰忘貴忘賤之淡友。亦可云輔仁輔德之素交。詩言志哉。胡可已也。

부휴당의 제문
祭浮休堂文

덕이 있으면 외롭지 않다고	有德不孤
옛날 사람도 말씀하셨지요[360]	古人言之
오른쪽에 벌써 이웃을 얻었나니	旣得其右
바로 추월당 벗님이요	秋月是友
왼쪽에 또 이웃을 얻었나니	又得其左
백암 법손法孫이라오	栢庵其孫
몇 가지 변변찮은 제물이지만	數般薄奠
삼로가 함께 조림照臨해 주소서	三老共臨

백암당의 제문
栢庵堂

몸을 낳아 주신 분은 부모님이요	生身父母
마음 인도하신 분은 스승님과 벗	導心師友
여러 해 가까이 모시는 동안	執侍多年
듣지 못한 것을 들려주셨으니	聞所未聞
그 은혜가 바다보다 깊건마는	恩深巨海
그 보답은 티끌보다 못합니다	報未微塵
사람이 일흔까지 사는 것이	人生七十
예로부터 드물다고 말을 하지만[361]	古雖云稀
느닷없이 광언을 숨기셨으니	奄藏狂言
저는 어디로 돌아가야 하나요[362]	我安適歸
감히 석감을 조성하여	敢造石龕
삼가 유골을 모셨습니다만	敬奉遺骨
영이 어찌 여기에 오겠습니까	靈豈卽此
역시 벌써 여기를 떠났을 텐데	亦旣離此
오지도 떠나지도 않는	不卽不離
그것은 무슨 면목입니까	是何面目

추월당의 제문
秋月堂

염불 삼매에 드신	念佛三昧
그 자취 아직도 남아 있나니	其迹猶存
돌탑이 사층으로 포개어져서	石累以四
차례차례 점점 작아진다오	次第漸小
본래부터 그렇게 생겼으니	本自天然
쪼고 새길 필요나 있으리오	何假雕琢
바위 언덕에 홀로 서 계시다가	獨立巖崖
차츰 그 이웃을 얻으셨나니	漸得其隣
삼로께서 단란하게 어울리시며	三老團圝
함께 무생[363]을 얘기하신다면	共話無生
또한 즐겁지 않으리이까	不亦樂乎
아무쪼록 흠향하시옵소서	伏惟尙饗

행장
行狀

무용당 대선사의 행장

선사의 법휘法諱는 수연秀演이요, 자字는 무용無用이다. 원근의 치소緇素(僧俗)가 모두 무용으로 헌호軒號를 삼았기 때문에 그대로 호를 삼았다. 속성은 오씨吳氏요, 용안龍安 사람이다.

고려 태위太尉 문양공文襄公 연총延寵의 후예로, 세계世系가 끊이지 않고 내려왔다. 아조我朝에 이르러 증조 하몽下蒙은 관직이 통훈대부通訓大夫 행정의급무안등현감行旌義及務安等縣監에 이르렀으며, 조부 응정應鼎은 관직이 통정대부通政大夫 행순천부사行順天府使 증贈 가선대부嘉善大夫 한성좌윤漢城左尹에 이르렀다.

부친 섬무暹武는 절행節行으로 벽단첨사碧團僉使가 되었다. 누런 무늬의 대충大蟲 한 마리가 꿈틀거리며 공중에 올라가다가 조금 뒤에 다시 떨어져 방 주위를 몇 겹으로 에워싸는 꿈을 꾸고 선사를 배어 순치順治 8년(1651, 효종 2) 신묘년 3월 13일 경인일庚寅日에 선사를 낳았다. 선사는 태어날 적에 특이하게도 체구가 깔끔하고 두각頭角이 우뚝 솟았으며, 어려서부터 총명하고 말수가 적었다.

나이가 갓 여덟 살이 되었을 적에 처음으로 서사書史에 들어가서 한두 번 읽고는 곧바로 배송背誦하였으며, 그 뜻을 남김없이 알아내었다. 아, 나이 13세에 느닷없이 부모를 여의고 오직 형을 의지하게 되었다. 그러나 곤궁하고 외로운 처지에서도 삼분오전三墳五典과 제자백가諸子百家 등을 모두 수집하여 열람하면서 글귀를 뽑아 글이나 짓는 작태는 조금도 없었으므로 이로 인해 이름이 원근에 널리 퍼졌다.

 나이 19세가 되자 덧없는 인생이 순식간임을 살피고서 출가할 큰 뜻을 내었다. 그리하여 하루아침에 형에게 알리지도 않고 빠져나와 남쪽 길을 향하다가 우연히 조계산 송광사에 들어가서 혜관 노사惠寬老師에게 출가하였으며, 그 산의 혜공慧空 대사에게 구족계를 받았다.

 선사는 체격이 장대하고 얼굴이 방정하였으며, 가슴속이 쇄락灑落하고 남의 장단을 말하지 않았다. 그리고 오직 도道만을 따르고 명리를 좋아하지 않으면서 문을 닫고 조용히 지내었다.

 나이 22세가 되었을 적에 양사養師가 "예로부터 대도大道를 통하고 심원心源을 깨닫는 자는 선禪과 교敎를 병행함에 지나지 않았다. 그러니 선문에만 전념한다면 그것이 이치상 옳겠는가?"라고 하는 말을 듣고는 번연翻然히 태도를 고쳤다. 처음에 침굉枕肱의 문하에 나아가서 한번 현음玄音을 듣고는 다시 일러 주지 않아도 통달하였으므로, 침굉이 "원돈圓頓의 법계가 온전히 너에게 있다."라고 찬탄하였다. 다시 옷을 떨치고 백운산의 백운암에 들어가서 1년 동안 정혜定慧를 닦았다.

 26세에 침굉의 부탁을 받고 조계의 은적암으로 백암栢庵을 찾아갔는데, 백암이 한번 보고는 크게 기특하게 여겨 문도에게 "이 사람은 고현古賢의 자리를 빼앗고 금선金仙의 문을 활짝 열 것이다."라고 말하니, 문도가 모두 경외하였다. 선사가 이로 인해 여기에 주석하였는데, 경經을 가지고 토론할 때마다 의견이 합치되지 않은 적이 없었으며, 새로 깨닫게 되는 점도 더욱 많았다. 그래서 몇 년 사이에 장경藏經을 모두 섭렵하고는 용문산으로 이주하여 다시 내관內關을 수련하였다.

 경신년(1680, 숙종 6) 가을에 금화동金華洞 신불암新佛庵에 먼저 거하고 있던 선교의 참학들이 매우 간절히 요청하자 선사가 그 인연에 응하였는데, 새로 참여한 자들이 또 많아서 그 장소가 비좁았으므로 본사本寺의 미타전彌陀殿으로 이주하였다.

또 임술년(1682, 숙종 8) 가을에는 선암사의 요청에 응하고, 계해년(1683, 숙종 9) 여름에는 또 송광사의 요청에 응하였다. 정筵을 쥔 자[364]들이 많아질수록 자신의 일에 방해가 되자, 밤중에 희양산의 옛 거처인 백운암으로 몸을 피해 정혜의 수행에 더욱 힘썼다.

또 이듬해 봄에는 팔영산 제칠봉 아래로 석장을 옮긴 뒤에 하나의 빈터를 얻어 띠 풀을 베어서 지붕을 얹고는 선관禪關을 정밀히 닦아 혜해慧解가 더욱 빛났다. 병인년(1686, 숙종 12)에는 또 대중의 청을 어기기 어려워서 본사의 능인전으로 옮겨 거하였다.

무진년(1688, 숙종 14)에 조계로 가서 백암을 재차 참알參謁하고는 『화엄소초華嚴疏鈔』를 받아 자세히 탐구하고 은미한 뜻을 찾아내어 그 정수를 모두 터득하였다. 기사년(1689, 숙종 15) 봄에 백암이 징광사로 가서 『화엄연의華嚴演義』 및 『대명법수大明法數』·『간정기刊定記』·정토서淨土書 등을 간행하여 인천人天의 안목眼目을 열어 주려고 할 때 선사도 함께 그 일을 도왔다.

또 임신년(1692, 숙종 18) 봄에 선암사의 선오禪伍가 백암을 청하여 화엄회를 크게 베풀자 사부대중이 노루를 쫓듯 몰려갔는데 선사도 따라갔다. 그해 늦겨울에 백암이 방호方壺(지리산)로 거처를 옮기자 선사도 본사의 창파각滄波閣으로 거처를 옮겼는데, 그때 대중의 숫자가 1백 인을 채웠다. 갑술년(1694, 숙종 20) 봄에 요청에 응해 송광사 은적암에 머물렀다. 기묘년(1699, 숙종 25)에 요청을 받고 동리산으로 갔다.

경진년(1700, 숙종 26) 7월에 백암이 지리산 신흥사에 머물다가 입적하자, 선사가 부음을 듣고 달려가 곡哭하였다. 초칠일에 화욕火浴을 거행하고 나서 대중이 강석講席을 이어받기를 청했으나 선사가 겸양하며 거절하였는데, 대중이 더욱 간절히 청하자 비로소 개당開堂을 허락하였다.

이듬해 봄에 칠불암으로 전입하였는데 선려禪侶와 의학義學들이 더욱 많이 몰려왔다. 그래서 낮에는 강의하고 밤에는 참선하면서 남을 지도하고 자기를 다스리는 일을 밤낮으로 게을리 하지 않았다.

갑신년(1704, 숙종 30) 봄에 갑자기 대중을 물리치며 말하기를, "부질없이 혀를 놀리기보다는 전심專心으로 염불을 하는 것이 낫지 않겠는가?"라고 하고는, 옷자락을 떨치고서 용문龍門의 은봉암에 거하였다. 이로부터 가르치기도 하고 그만두기도 하는 등 일정하게 따르는 기준이 전혀 없었는데, 학도가 추종하는 것이 마치 새들이 난새가 날아가는 대로 따라다니는 것과 같았다.

경인년(1710, 숙종 36) 봄에 산양山陽의 개흥사에서 조계의 옛 절로 돌아왔다. 그리고 날마다 강송講誦하는 여가에 사원의 동쪽 시냇가에 손수 대臺를 쌓고 수석정水石亭이라는 정자를 세우고는 서문을 지어 그 이름을 해석하였는데, 간략하게 말하면, "돌은 단단하면서 고요하니, 내가 이를 통해서 마음을 보존하고 흔들리지 않게 하려 함이요, 물은 흘러가면서 맑으니, 내가 이를 통해서 외물에 대응하며 걸림이 없게 하고자 함이다.(石堅而靜。吾以欲存心而不動。水流而淸。吾以欲應物而無滯。)"라고 하는 것이었다. 이는 바로 어떤 상황을 당하든 간에 잡았다 놓았다 하며 무애자재하게 외물에 응하는 도리로서, 전현前賢의 광채를 배태胚胎하고 후세의 사람들에게 모범이 될 만한 것이었다.

기해년(1719, 숙종 45) 봄에 호남과 영남의 여러 사찰에서 거의 3백여 명에 이르는, 남의 사범師範이 되고 이름을 내걸 만한 자들이 대거 이곳에 모여 화엄과 선문에 대해서 강의해 주기를 청하니, 사양하기를, "나 자신이 바르지 못한데 어떻게 남을 바르게 하겠는가?"라고 하였다. 그러나 사양을 하면 할수록 더욱 독실하게 청하였으므로 법좌에 올라 불자拂子를 휘두르며 심오한 뜻을 설파함에 낙락한 원음圓音이 중중무진하게 서로 비치자 강회講會에 참석한 사람들이 모두 습복慴伏하였으니, 이 어찌 비인祕印을 전해 받아 허리에 차고 임제臨濟의 종풍을 크게 드날린 것이 아니겠는가.

아, 여름이 끝날 무렵에 미질微疾을 보이더니 앉아 있기도 하고 누워 있기도 하였다. 겨울철 10월에 양공良工을 불러 미타彌陀 삼존상三尊像을 개금改金하게 하고는, 17일 병진일 우중禺中(오전 10시경)에 전심으로 염불을 하다가 왼발을 오른쪽 무릎에 얹고 서거하니, 보령報齡이 69세요, 좌하坐夏가 51세였다.

초칠일 임술일에 절의 백호白虎(우측 산) 밖 오도치悟道峙 아래에서 다비를 행하였다. 장례식에 치소緇素(僧俗)가 모두 모였으며, 상감喪龕(장례)의 의식에 번여幡旟와 모정旄旌의 깃발이 이처럼 성대한 것은 일찍이 없던 일이었다. 불길이 바야흐로 일어날 때에 상운祥雲이 홀연히 피어나며 임만林巒의 색깔이 변하였으므로 보는 자들이 기이하게 여겼다.

이듬해 경자년(1720, 숙종 46) 봄에 문인 낭형朗炯 등이 돌을 쪼아 절의 백호 밖 고봉원高峰原 위에 탑을 세웠으니, 이곳은 바로 선사의 옆이었다.

그 당시 진신搢紳의 인사로서 교유하지 않은 자가 드물었는데, 그중에서도 영상 이 공李公 광좌光佐, 대사성大司成 최 공崔公 창대昌大, 참판 이 공李公 진유眞儒, 교리校理 임 공林公 상덕象德, 최 양양崔襄陽 계옹季翁, 김삼연金三淵 창흡昌翕, 황 순천黃順天 익재益再 등과 가장 친하게 지내었다.

참선하는 여가에 또 곧잘 게송을 읊고 글을 지은 것들이 허다한데, 그중에서 정요精要한 것만을 약간 간추려서 판각하였다. 선사에게 수업을 받고서 각각 가죽(皮)과 살(肉)과 정수(髓)를 얻어 남의 사범師範이 되거나 암혈에 깊이 숨어 자기 한 몸을 선하게 하는 제자들이 또한 많은데, 그 이름은 여기에 번거롭게 나열하지 않는다.

소승 약탄若坦(影海, 1668~1754)은 일찍부터 선사의 문지방을 드나들며 자주 귀한 말씀을 듣고 이 도道에 들어올 줄을 안 자이니, 어느 것 하나도 선사께서 귀를 끌어당겨 일러 주시고 손바닥을 가리켜 보여 주신 가르침 아닌 것이 없다. 그러고 보면 그 은혜는 천지와 같았고, 그 정은 골육보다도 더하였으니, 은정恩情이 그러하다면 비록 금수라도 목숨을 바쳐서 그

덕에 보답하려 하지 않는 경우가 없을 것이다. 그래서 눈물을 훔치고는 세상 사람들이 모두 보고 들은 자료를 모아 간행하려 하면서 삼가 이 행장을 쓰는 바이다.

옹정雍正 2년(1724, 영조 원년) 갑진 납월臘月 일
전라도 순천부 조계산 송광사에서 소장한 목판본

無用堂大禪師行狀

師法諱秀演。字無用。逎邇緇素。咸稱以無用爲軒號。故仍以爲號。俗姓吳氏。龍安人也。高麗太尉文襄公延寵之裔。係世不絶。逮至我朝。曾祖下蒙。官至通訓大夫。行旋義及務安等縣監。祖應鼎。官至通政大夫。行順天府使。贈嘉善大夫漢城左尹。父遲武。節行碧團僉使。夢一黃章大虫。蜿蜒上空。少選還墜。繞室數匝。因以有娠。以順治八年辛卯三月十三日庚寅。誕生而有異。軀體鮮潔。頭角崒然。幻[1]而聰慧。少言語也。年甫初八。始入書史。一二讀輒背誦。究其旨無蘊餘。噫。年至十三。奄違考妣。唯兄是依。窮困無賴之中。三墳五典。諸子百家。遍閱蒐盡。而稍無尋章摘句之態。以此名播遠邇。年及十九。相浮生之須臾。發出家之大意。一朝不告兄而躱。展向南邁。偶入曹溪之松社。依惠寬老師出家。受具于山之釋慧空大師。爲人體長大面方正。胷次灑落。不說人長短。唯道是從。不嗜名利。掩關宴默。年及二十二。養師曰。自古通大道。悟心源者。不過禪敎雙行。獨顯禪門。於理可乎。於是翻然改操。初謁枕肱之門。一聽玄音。不再周能演。枕肱曰。圓頓法界。全在汝矣。拂衣入白雲山上白雲。習定均慧者。有一年矣。二十六承枕肱之囑。謁栢庵于曹溪之隱寂蘭若。一見而大奇之。語門徒曰。此奪古賢席敵金仙門。徒皆敬顗。師因以駐錫。執經問難。無不吻合者。新悟尤多故。數年之間。涉盡藏經。移駐於龍門山。更硏內關。庚申之秋。禪敎衆學。先住金華洞新佛菴者。請邀至懇。赴緣從之。新衆輩亦衆。嫌其窄。移住本寺彌陁殿。又壬戌秋。赴仙寺之請。癸亥夏。又赴松寺之請。執筵者愈多。煩於已事。宵遁曦陽之白雲舊蘭若。益增均慧。又明年春。移錫于八影山第七峰下。得一墟。斬茅置屋。精修禪關。慧解重曜。丙寅亦難違衆。移止本寺能仁殿。戊辰詣曹溪。再粂栢庵。受華嚴疏鈔。搜抉而索隱。盡得其髓。巳春。栢庵赴澄寺。剖剔華嚴演義。及大明數刊之記淨土書等。欲開人天眼目。師亦相之。又壬中春。仙寺禪伍。邀栢庵。大設華嚴會。四部之衆。逐磨相至。師亦隨之。其季冬栢庵。移入方壺。師移住本寺之滄波閣。衆滿百指。甲戌春。酬請于松寺之隱寂。己卯赴桐山之請。庚辰秋七月。栢庵住智異山神興寺入寂。聞訃奔哭。初七火浴之後。衆請繼席。撝謙不居。衆請益堅。乃許開堂。明年春。轉入七佛庵。禪侶義學之並臻者尤多。晝設講。夜入禪。接人治己。吻昕匪解。甲申春。遽爾退衆曰。徒自饒舌。豈若是專心念佛乎。拂袖而居龍門之隱峰庵。自此或作或輟。終無常准。學徒之追從。如衆鳥之隨翔鷺焉。庚寅春。自山陽之開興。廻曹溪之古社。日用講誦之餘。院之東溪上手築臺。置亭曰水石。序以釋其名。略曰石堅而靜。吾以欲存心而不動。水流而淸。吾以欲應物而無滯。此是臨機縱奪自在應物之道。胚胎前光。彝範後來者也。已亥春。湖嶺諸刹。爲人師範者及名可名者。僅三百餘。大會于此。請講華嚴及禪門。辭曰。以吾非正。烏能正人。讓益堅。請益篤。昇座揮麈。[2] 說破粤旨。落落圓音。重重交映。一會莫不慴伏。此豈非傳佩秘印。大闡臨濟宗風者乎。嗚呼。夏末示微疾。或坐或臥。冬十月召良工。重煥彌陁三金像。十七日丙辰日。至禺中。專心念佛。以左足加右膝而逝。報齡六十九。坐夏五十一也。初七日壬戌。茶毘于寺之白虎外悟道峙下。會葬者。緇素畢至。而喪龕之儀幡旒旌旌之盛。未甞有也。火方發。祥雲倏起。林巒變色。見者異之。越明年庚子春。門人朗炯等。琢石堅塔于寺之白虎外高峰原上。即先師之側也。當世搢紳之士。鮮不與善。唯領相李公【光佐】。大司成崔公【昌大】。叅判李公【眞儒】。校理林公【象德】。崔襄陽【季翁】。金三淵【昌翕】[3]。黃順天【益再】。最爲相厚。禪餘又善偈頌若綴文者許多。而止撮精要者如干。附諸板上。受業弟子各得皮肉髓。爲人師範者。及深藏岩穴獨善其身者亦多。而煩不列。若坦早遊先師之闑域。亟承謦咳。知入此道者。莫非提耳指掌之誨也。然則恩同天地。情逾骨肉。恩情所至。雖禽獸。不以死圖報德者。鮮矣。故抆涕之餘。撫其世人之所共見聞者。仍之繡梓焉。謹狀。雍正二年甲辰。臘月。日。全羅道順天府曹溪山松廣寺留板。

1) ㉠ '幻'은 '幼'의 오자이다. 2) ㉡ '犖'는 '塵'의 잘못인 듯하다. 3) ㉢ '洽'은 '翕'의 잘못이다.

주

1 구두초약狗竇抄藥 : 개구멍으로 음식을 들여오고 방 안에 틀어박혀 약방문藥方文이나 정리한다는 뜻으로, 남의 비방을 피하기 위하여 사람들과의 접촉이나 외출을 피하는 등 철저히 몸단속을 하면서 자숙自肅하는 것을 말한다. 당 덕종德宗 때 육지陸贄가 모함을 받아 충주별가忠州別駕로 폄직貶職된 뒤에 비방을 피하기 위하여 문을 흙으로 봉쇄하고(土塞其門), 김치와 같은 음식물도 모두 개구멍으로 들여오게 하는가 하면(鹽菜之類, 皆由狗竇而入,), 오직 방에 단정히 들어앉아서 고금의 약방문을 정리하여(端坐一室抄藥方) 50권으로 만들었다는 '합호피방闔戶避謗'의 고사가 있다.(『山堂肆考』 권81 「抄古方」)
2 혜가慧可가 정수精髓를~있는 일이다 : 혜가가 달마達磨의 정수를 얻은 것처럼, 무용도 백암의 정수를 얻어서 의발을 전해 받은 것이 분명하다는 말이다. 중국 선종禪宗의 초조初祖인 보리달마菩提達磨가 제자 4인의 경지를 점검하면서, 3인에게는 각각 나의 가죽(皮)과 살(肉)과 뼈(骨)를 얻었다고 한 뒤에, 마지막 혜가에 대해서는 나의 정수(髓)를 얻었다고 하며 의발衣鉢을 전수한 고사가 전한다.(『景德傳燈錄』 권3 「菩提達磨」)
3 저화비영咀華蜚英의 풍조 : 알찬 내용보다는 겉치레 위주로 꾸며서 명성을 드날려 보고자 하는 경박한 세태를 말한다. '저화咀華'는 한퇴지韓退之가 지은 「進學解」의 "향기 물씬한 미문美文에 흠뻑 젖고 그 꽃술을 입에 머금고 씹어서 문장을 짓는다.(沈浸醲郁. 含英咀華. 作爲文章.)"라는 구절에서 발췌한 것이고, '비영蜚英'은 『史記』 「司馬相如列傳」의 "꽃다운 명성을 드날리고 무성한 내용을 치달린다.(蜚英聲. 騰茂實.)"라는 말에서 발췌한 것이다.
4 법진法塵 : 불교 용어인 육진六塵의 하나로, 의식意識에 의해 생겨나는 제법諸法을 가리키는데, 이러한 제법이 정식情識을 오염시키는 까닭에 번뇌의 의미를 지닌 진塵이라는 말을 써서 법진이라고 한 것이다.
5 금구목설金口木舌 : 금 입에 나무 혀라는 뜻으로, 목탁木鐸을 가리키는데, 목탁을 쳐서 경계시키는 것처럼 성인의 가르침을 선양하여 대중을 계도하는 것을 비유하는 말로 쓰인다. 한나라 양웅揚雄의 『法言』 「學行」의, 공자의 도를 세상에 알리려면, "제유諸儒의 입을 금으로 하고 혀를 목으로 만드는 것보다 더 좋은 방법은 없다.(莫若使諸儒金口而木舌)"라는 말에서 유래한 것이다.
6 나의 자취만을~지니고 있다 : 본서 하권 「백암 화상 문집 서문(栢庵和尙文序)」 말미에 나온다.
7 저산杼山의 「방기필연문放棄筆硏文」에~하고자 한다 : 저산杼山은 당대唐代의 저명

한 시승詩僧인 교연皎然을 가리킨다. 장성長城 사씨謝氏의 아들로, 이름은 주晝이며, 사영운謝靈運의 10세손이라고 하는데, 호주湖州의 저산에 거하였으므로 저산이 그의 별칭이 되었다. 저서로『내전유취內典類聚』·『저산집杼山集』·『유석교유전儒釋交遊傳』등이 전한다.『송고승전宋高僧傳』권29「저산교연전杼山皎然傳」에, "그가 서울에 유력하면 공경公卿이 존중하고, 지방에 가면 방백方伯의 흠모를 받았다. 그리하여 처음에 시구詩句를 가지고 인도하여 불타佛陀의 지혜에 들어오게 하지 않은 적이 없었으니, 그의 행화行化하는 뜻이 본래 여기에 있었다.(凡所遊歷京師則公相敦重. 諸郡則邦伯所欽. 莫非始以詩句牽勸令入佛智. 行化之意. 本在乎玆.)"라는 말이 나오고, 또 붓과 벼루(筆硯)를 돌아보면서, "나는 그대를 부리느라 피곤하고, 그대는 나의 무지가 곤혹스러울 것이니, 수십 년 동안 서로 얻은 것이 하나도 없다. 더군다나 그대는 외물이니 사람에게 어찌 얽매이겠는가. 여기에 있어도 그만이요 여기를 떠나도 그만일 것이니, 이제 그대를 놓아주어 각기 본성에 돌아가게 하고자 한다.(我疲爾役. 爾困我愚. 數十年間. 了無所得. 況汝是外物. 何累於人哉. 住旣無心. 去亦無我. 將放汝. 各歸本性.)"라고 말하고는 마침내 제자에게 출송黜送하도록 명했다는 이야기가 실려 있다. 본문의 "放棄筆硏文"의 '筆硏'은 '筆硯'과 같다.

8 그대는 나랏일~누운 중이로세 : 본서 상권 〈방백에게 올리다(上方伯)〉에 나온다.

9 선월禪月이 월越과~마음먹고 건너왔소 : 선월은 당말唐末 오대五代의 승려로, 저명한 시인이요 화가인 관휴貫休를 가리킨다. 당나라 소종昭宗 건녕建寧 초에 오월吳越 지역에 갔을 때 오월왕吳越王을 자처하며 위세를 부린 진동군절도사鎭東軍節度使 전류錢鏐에게 올린 시 중에 "마루 가득 꽃에 취한 3천 명의 식객이요, 칼 하나 서릿발 위엄이 열네 고을에 떨치네.(滿堂花醉三千客. 一劍霜寒十四州)"라는 구절이 있었는데, 전류가 '十四州'를 '四十州'로 고쳐 주면 만나겠다고 하자, "고을도 고치기 어렵고, 시도 고치기 어렵다. 한가한 구름과 외로운 학이 어느 하늘인들 날아갈 수 없겠는가.(州亦難改. 詩亦難改. 閒雲孤鶴. 何天不可飛耶)"라고 하고는 즉시 행장을 꾸려 소매를 떨치고 떠났다는 고사가 전한다.(『山堂肆考』권146「善月投詩」) 그리고 소종昭宗 천복天復 연간에 촉蜀에 들어가자 전촉前蜀의 군주인 왕건王建이 예우하여 자의紫衣를 내리며 선월 대사禪月大師라고 칭하였는데, 그에게 지어 준 시에 "물병 하나 발우 하나 점점 늙어 가기에 1만 물 1천 산 마음먹고 건너왔소.(一甁一鉢垂垂老. 萬水千山得得來)"라는 구절이 있었으므로 득득래 화상得得來和尙이라고 불렸다는 고사가 전한다.(『宋高僧傳』권30,『釋氏稽古略』권3) 저서에『西嶽集』이 있는데, 제자 담역曇域이 그 이름을『禪月集』으로 고쳤다.『古文眞寶』전집前集 7권에 〈古意〉라는 제목의 시가 수록되어 있다.

10 옹翁이 바야흐로~몸에서 사라졌다 : 찬국 옹이 무용당의 진면목을 파악하지 못해 그동안 깊은 의혹에 잠겨 있었는데, 옛날 문병을 온 문수보살文殊菩薩에게 불이법문不二法門을 설했던 유마 거사維摩居士처럼, 어떤 객의 질문에 찬국 옹 자신이 대답

하다 보니, 그 과정에서 자기도 모르는 사이에 정답을 찾아 의혹을 해소하게 되었다는 말이다. '배사하어盃蛇河魚'는 공연히 의심하여 생긴 속병을 말한다. 배사는 술잔 속의 뱀이라는 뜻으로, 근거 없이 의심하는 것을 말한다. 진晉나라 악광樂廣이 친구와 술을 마실 적에 그 친구가 술잔 속에 비친 활 그림자를 뱀으로 오인하여 마음속으로 의심한 나머지 병이 들었다가 나중에 그 사실을 알고는 병이 절로 나았다는 고사에서 유래한 것이다.(『晉書』 권43 「樂廣傳」) 하어河魚는, 물고기는 뱃속 깊은 곳에서부터 먼저 썩는다는 '하어복질河魚腹疾'의 준말로, 복통 혹은 고질적인 속병을 비유하는 말로 쓰인다. 또 인도 비야리성의 방장실方丈室에 거주하는 유마 거사가 중생의 병이 다 낫기 전에는 자신의 병도 나을 수 없다면서 드러눕자, 석가모니가 문수보살文殊菩薩 등을 보내 문병하게 하였는데, 여러 문답이 오가던 끝에 문수가 불이법문不二法門에 대해서 물었을 때 유마가 말없이 아무런 대답도 하지 않자, 문수가 탄식하며 "이것이 바로 불이법문으로 들어간 것이다.(是眞入不二法門也)"라고 했다는 이야기가 『維摩經』 「入不二法門品」에 나온다.

11 기器를 보여~알아야 하고 : 무용당이 남긴 시문을 통해서 그의 실체를 파악하는 것이 그래도 가능하다는 말이다. 도道는 무형無形의 추상적인 도리를 뜻하고, 기器는 유형有形의 구체적인 사물을 뜻하는 중국 철학 용어인데, 『周易』 「繫辭傳」 상의 "형이상의 것을 도라고 하고, 형이하의 것을 기라고 한다.(形而上者謂之道。形而下者謂之器。)"라는 말에서 연유한 것이다.

12 경지를 내어~할 것인데 : 중국 선종의 2조 혜가慧可가 초조初祖인 달마達磨에게 "내 마음이 편안하지 못하니 스승께서 마음을 편안하게 해주셨으면 합니다.(我心未安。請師安心。)"라고 하자, 달마가 "그 마음을 가지고 와라. 너에게 편안함을 주겠다.(將心來。與汝安。)"라고 하였는데, 혜가가 한참 뒤에 "그 마음을 찾아보았으나 찾을 수가 없었습니다.(覓心了不可得)"라고 하니, 달마가 "내가 너에게 이미 안심의 경지를 주었다.(吾與汝安心竟)"라고 한 안심법문安心法門의 고사가 전한다.(『景德傳燈錄』 권3)

13 목재牧齋 몽수蒙叟가~구할 것인가 : 목재 몽수는 전겸익錢謙益(1582~1664)의 호이다. 자字는 수지受之이고, 동간유로東澗遺老·강운 노인絳雲老人 등의 별호가 있다. 명나라 만력萬曆 38년(1610)에 진사進士에 오른 뒤 한림원편수翰林院編修에 제수되었고, 『神宗實錄』 편찬에 참여하였으며, 예부상서禮部尙書로 있다가 청나라에 들어와 예부시랑禮部侍郎으로 『明史』를 편찬하는 부총재가 되었다. 순치順治 3년(1646)에 병을 핑계대고 귀향하였으며, 동 5년에 반청운동反淸運動에 연루되어 구속되었다가 출옥한 뒤에 반청복명反淸復明의 비밀결사에 참여하여 황종희黃宗羲·이정국李定國·정성공鄭成功 등과 연대하였다. 시문에 능하여 문종文宗의 칭호를 받고 우산시파虞山詩派의 영수領袖가 되었으며, 오위업吳偉業·공정자龔鼎孶와 함께 강좌삼대가江左三大家의 한 사람으로 칭해졌다. 『初學集』·『有學集』·『牧齋集』 등 저작이 매우 많은

데, 본문에 인용된 말이 그가 편찬한 『列朝詩集』 중에 나올 가능성이 있으나, 확실하지 않다. 소순蔬筍의 기미氣味는 승려의 티가 보이는 것을 말한다. 소순은 채소와 죽순이라는 뜻으로, 승려처럼 채식을 하는 방외인方外人을 비유하는 말이다.

14 사공 표성司空表聖은~승려도 속되다 : 표성은 사공도司空圖의 자字이다. 당나라 시인 사공도가 지은 〈僧舍貽友〉라는 제목의 오언율시 3구와 4구에 "시 읊을 줄 아는 승려도 속되고, 춤추기 좋아하는 학도 끝내 낮아라.(解吟僧亦俗。愛舞鶴終卑。)"라는 구절이 나온다.(『全唐詩』 권632)

15 거미는 구물구물~요란하게 지저귀네 : 옛날 사람들은 거미집과 까치 소리를 좋은 일이 생길 길조吉兆로 여겼다. 진晉나라 갈홍葛洪이 지은 『西京雜記』 권3에 "눈을 자꾸 깜짝거리면 술을 얻어먹고, 등불에 불똥이 맺히면 돈이 생기고, 까치가 지저귀면 길 떠난 사람이 돌아오고, 거미가 집을 지으면 모든 일이 잘 된다.(目瞬得酒食。燈火華得錢財。乾鵲噪而行人至。蜘蛛集而百事喜。)"라는 말이 나온다.

16 공음跫音 : 저벅저벅 걸어오는 사람의 발자국 소리라는 말이다. 『莊子』「徐无鬼」에, 텅 빈 골짜기에 도망쳐 숨어 사는 사람을 가정한 뒤에, "그런 사람은 저벅저벅 걸어오는 사람의 발자국 소리만 들어도 기뻐하는 법이다. 그런데 하물며 형제나 친척의 기침 소리가 바로 옆에서 들린다면 얼마나 더 기쁘겠는가.(聞人足音跫然而喜矣。又況乎昆弟親戚之謦欬其側者乎。)"라고 말한 내용이 나온다.

17 깜짝 놀라~거꾸로 신었다오 : 너무 반가워서 정신없이 달려가 맞았다는 말이다. 후한後漢 말에 청년 왕찬王粲이 장안長安에 와서 채옹蔡邕을 방문하자, 채옹이 너무도 반가운 나머지 신발을 거꾸로 신고 나가서 맞았는데(倒屣迎之), 왕찬의 나이가 어린 데다 용모도 작달막하였으므로, 거기에 모인 빈객들이 모두 놀랐다는 고사가 전한다.(『三國志』「魏志」〈王粲傳〉)

18 노련魯連만이 천하의 선비가 아니로세 : 이 어사 역시 분란을 해결해 주면서 자기의 공을 내세우지 않는 멋있는 인물이라는 말이다. 노련은 전국시대 제齊나라의 노중련魯仲連을 말한다. 그는 뛰어난 변론으로 각 제후국의 분란을 수습해 주고는 말없이 초야에 자취를 감춘 호걸풍의 은사隱士였다. 조趙나라 평원군平原君이 수도 한단邯鄲을 진秦나라의 포위에서 구원해 준 것을 감사하게 여겨 노중련에게 관작을 봉해 주려고 하였으나, 노중련이 극구 사양하자 대신 술자리를 마련하고 천금千金을 바치며 축수祝壽하였는데, 노중련이 "천하의 선비를 귀하게 여기는 것은 남을 위해 환란을 제거해 주고 분란을 해결해 주면서도 이에 대한 보수를 받지 않기 때문이다. 가령 보수를 받는다면 이는 장사꾼의 일이니, 나는 차마 그렇게는 하지 못하겠소.(所貴於天下之士者。爲人排患釋難解紛亂而無所取也。卽有取者。是商賈之事也。而連不忍爲也。)"라고 하고는 마침내 그 자리를 떠나 종신토록 모습을 드러내지 않았던 고사가 전한다.(『史記』 권83「魯仲連鄒陽列傳」)

19 삼백 년 뒤의 배공미裵公美요 : 현도玄度는 동진東晉 허순許詢의 자字이다. 그가 승려 지도림支道林과 교유하면서 청담淸談으로 일세를 풍미風靡하였는데, 유윤劉尹이 그에 대해서 "맑은 바람과 밝은 달을 대하노라면, 문득 현도가 생각난다.(淸風朗月。輒思玄度。)"라고 평한 말이 유명하다.(『世說新語』 「言語」) 공미公美는 당나라 재상 배휴裵休의 자字이다. 풍도風度가 한아閒雅하고 조수操守가 엄정嚴正하여 선종宣宗이 진유자眞儒者라고 칭하기도 하였다. 불교를 독실하게 믿어 규봉 종밀圭峯宗密에게 화엄華嚴을 배우고, 황벽 희운黃檗希運에게 선법禪法을 전수받았다. 무종武宗과 선종宣宗 때 불교가 환난을 당했을 적에도 그가 외호해 준 덕분에 수년 안에 복구할 수 있었으며, 중년 이후 육식을 끊고 분향하며 송경誦經하였으므로 세상에서 하동 대사河東大士라고 일컬었다.(『宋高僧傳』 권6, 권11, 권20, 권25. 『景德傳燈錄』 권6, 권8, 권9, 권12, 권13) 또 "배공미는 현도의 후손이다.(裵公美爲玄度之後身)"라는 말은 송나라 석각범釋覺範이 지은 『石門文字禪』 권21 「信州天寧寺記」에 보인다.

20 청련靑蓮이 유배되어 내려오고 : 이백李白이 하늘 위에 신선으로 있다가 하계下界로 귀양 왔다는 말이다. 청련은 이백의 별호이다. 당 현종玄宗 때 태자 빈객 하지장賀知章이 장안長安 자극궁紫極宮에서 이백을 처음 만났을 때 이백을 적선인謫仙人, 즉 귀양 온 신선이라고 부르면서 허리에 찬 금 거북을 풀어 둘이서 함께 실컷 술을 마신 고사가 유명하다.(『李太白集』 권22 〈對酒憶賀監〉)

21 재생한 양호는 전생에 이씨였음이리오 : 서진西晉의 정남장군征南將軍 양호羊祜가 다섯 살 되었을 적에, 이웃에 사는 이씨李氏의 동쪽 담 뽕나무 밑으로 곧장 가서 금환金環을 찾아내어 가지고 놀았는데, 이씨 집에서 이것을 보고는, "어려서 죽은 내 아들이 가지고 놀다가 잃어버렸던 물건이다."라고 하면서 경악해 마지않았으며, 당시 사림들도 이씨의 아들이 양호로 환생했다고 믿었다는 이야기가 전한다.(『晉書』 「羊祜傳」)

22 응당 옥황상제의 향안리香案吏였으리 : 전생에 하늘에서 상제의 시종신侍從臣으로 근무했으리라는 말이다. 향안은 조회朝會하는 날 전상殿上에 설치해 놓는 기구의 일종이다. 당나라 원진元稹의 시에 "나는 원래 옥황상제의 향안리라서 귀양 와서도 봉래에 머물 수 있었다네.(我是玉皇香案吏。謫居猶得住蓬萊。)"라는 구절이 있다.(『元氏長慶集』 권22 〈以州宅夸于樂天〉)

23 문장이 금수의~만 길뿐이리오 : 이 어사의 글솜씨를 칭찬한 것이다. 이백의 글 중에 "자운선 아우가……항상 취하면 나를 가리키며 '형의 심장과 간장 등 오장의 뱃속이 모두 금수로 채워졌는가 보오. 그렇지 않다면야 어떻게 입만 열면 문장을 이루고 붓을 휘두르면 안개처럼 퍼진단 말이오'라고 하였다.(紫雲仙季……常醉目吾曰。兄心肝五藏。皆錦繡耶。不然。何開口成文。揮翰霧散。)"라는 말이 나온다.(『李太白文集』 권26 「冬日於龍門送從弟京兆參軍令問之淮南觀省序」) 또 한유韓愈의 시에 "이백과 두보의 문장이

지금도 남아 있어 세찬 불꽃을 만 길이나 내뿜는다오.(李杜文章在。光焰萬丈長。)"라는 말이 나온다.(『韓昌黎集』 권5 〈調張籍〉)

24 **나는 미천彌天의~습착치習鑿齒이신 분** : 자신은 변변치 못한 승려이지만, 이 어사는 뛰어난 문학가라는 말이다. 미천彌天과 사해四海는 보통 유자儒者와 불승佛僧의 교분을 비유할 때 쓰는 말이다. 진晉나라 고승高僧 도안道安이 형주荊州에 와서 저명한 문학가인 습착치를 만나, "나는 미천彌天 석도안釋道安이오."라고 자신을 소개하자, 습착치 역시 "나는 사해四海 습착치習鑿齒이오."라고 재치 있게 답변하며 서로 친해진 고사가 전한다.(『晉書』 권82 「習鑿齒傳」) 미천은 하늘에까지 잇닿았다는 말로, 지기志氣가 고원高遠함을 비유한 말이다.

25 **곤륜자崑崙子** : 호가 곤륜崑崙인 최창대崔昌大(1669~1720)를 말하는 듯하다. 그는 최석정崔錫鼎의 아들로, 숙종 20년(1694)에 문과에 급제한 뒤 부수찬副修撰을 거쳐 암행어사가 되었으며, 대사성大司成과 부제학副提學 등을 역임하였다. 저서에 『昆侖集』이 있다.

26 **왕장王張 음하陰何** : 왕장은 당나라의 저명한 시인인 왕건王建과 장적張籍의 병칭이고, 음하는 남조南朝의 저명한 시인인 음갱陰鏗과 하손何遜의 병칭이다.

27 **이백처럼 금수장에서 천연으로 꺼냈으리니** : 뛰어난 문재文才를 비유한 말이다. 앞의 각주 23 참조.

28 **당 산인이 흘려보낸 표주박** : 방외인方外人이 고심하며 지은 시고詩稿라는 말로, 무용당 자신의 시를 비유한 말이다. 방외지사方外之士인 당나라 당구唐球가 촉蜀 땅 미강산味江山에서 시를 지을 때마다 그 원고를 돌돌 말아 큰 표주박(大瓢) 속에 집어넣었다가 병들어 눕게 되자 그 표주박을 물 위에 흘려보내면서, "이 글이 물속에 가라앉지 않고 사람의 손에 들어간다면, 내가 얼마나 고심했는지를 알 수 있을 것이다.(斯文苟不沈沒。得者方知吾苦心爾。)"라고 하였는데, 그 표주박이 신거新渠에 이르렀을 때 이를 알아본 사람이 "당 산인의 표주박이다.(唐山人瓢也)"라고 했다는 고사가 전한다.(『唐詩紀事』 「唐球」)

29 **화운한 내~하지 마오** : 졸작이긴 하지만 그래도 고심하며 애써서 지은 시인데, 상대방의 시와 비교해 보건대 너무도 형편없게 생각되어 속에서 불이 타올라 금방이라도 태워 버릴 것 같다는 뜻의 해학적인 표현이다. 내열內熱은 속에서 달아 오르는 열기라는 뜻으로, 『莊子』 「人間世」의 "내가 아침에 명령을 받고 나서 저녁에 얼음물을 마셨으니, 이는 나의 몸속이 달아 올랐기 때문이다.(吾朝受命而夕飮冰。我其內熱與。)"라는 말에서 비롯된 것이다.

30 **승평昇平은 또한~일컫는 곳** : 순천의 산수山水가 기려奇麗해서 세상에서 소강남小江南이라고 일컬었다는 기록이 『新增東國輿地勝覽』 40권 「順天都護府」편에 나온다. 소강남은 경치 좋기로 유명한 중국의 강남 지방을 압축해서 옮겨 놓은 것 같다는 말

이다. 승평은 순천의 옛 이름이다.
31 조도鳥道 : 새들만 겨우 지나다닐 정도의 험준한 산길이라는 말이다.
32 목우자牧牛子 : 보조 국사普照國師 지눌知訥(1158~1210)의 호이다. 신라 말기에 체징體澄이 순천 송광산松廣山에 길상사吉祥寺라는 소규모의 사찰을 세웠는데, 희종熙宗 원년(1205)에 지눌이 이곳에 정혜사定慧社를 옮겨 와 대찰大刹로 중건하고 이름을 조계산曹溪山 수선사修禪寺로 고쳤다. 송광사는 우리나라 삼보사찰三寶寺刹 중 승보사찰僧寶寺刹로서 고려부터 조선 초까지 16명의 국사를 배출하였다.
33 아전鵝殿 : 불전佛殿을 뜻한다. 인도에서 수행자들이 머무는 숲에 뱀을 물리치기 위해 거위를 키웠는데, 이에 법당을 아전이라 칭하였다는 설이 있다.
34 탁족濯足과 탁영濯纓도 스스로 불러들이는걸 : 우대를 받고 천대를 받는 것도 모두 자기 탓이라는 말이다. 탁족은 발을 씻는다는 말이고, 탁영은 갓끈을 씻는다는 말인데, 『楚辭』「漁父」의 "창랑의 물이 맑으면 나의 갓끈을 씻고, 창랑의 물이 흐리면 나의 발을 씻으리라.(滄浪之水淸兮. 可以濯我纓. 滄浪之水濁兮. 可以濯我足.)"라는 말에서 나온 것이다.
35 비의非衣 : 배裵라는 성씨를 말하는 듯하다.
36 묘채妙采는 모름지기 일검一劍을 구함으로부터요 : 단청 불사丹靑佛事를 이루려면 신심 깊은 신도의 보시가 필수적이라는 말이다. 묘채는 화려한 채색이라는 뜻으로, 단청을 가리킨다. 일검은 마음속에서 우러나는 정성어린 선물을 뜻한다. 춘추시대 오吳나라 계찰季札이 사행使行 중에 서徐나라 임금을 방문하였을 때, 그 나라 임금(徐君)이 계찰이 허리에 찬 보검을 부러워하면서도 감히 말을 꺼내지 못하였는데, 계찰이 그 마음을 헤아리고는 사신의 임무를 끝내고 돌아올 때 그에게 칼을 주리라 속으로 다짐하였다. 그런데 돌아오고 보니 서군이 이미 죽어서 땅속에 묻혔으므로 그 칼을 서군의 무덤 가 나무 위에 걸어 놓고 떠나가니, 서나라 사람들이 이를 찬미하여 "연릉계자가 옛 다짐을 잊지 않고서 천금의 칼을 풀어 묘지에 걸어 놓았네.(延陵季子兮不忘故. 脫千金之劍兮帶丘墓.)"라고 노래한 고사가 전한다.(『史記』「吳太伯世家」) 계찰은 오왕吳王 수몽壽夢의 넷째 아들로서 연릉에 봉해졌기 때문에 연릉계자 혹은 줄여서 계자라고 칭해지기도 한다.
37 겸금兼金을 얻어~싶어 하였다네 : 멋진 모연문募緣文을 얻어서 신도의 귀한 후원을 받고자 했다는 말이다. 겸금은 일자겸금一字兼金의 준말로, 진귀한 문자를 가리킨다. 겸금은 보통 금보다 갑절의 가치가 나가는 금이라는 말이다. 쌍남雙南 역시 쌍남금雙南金의 준말로, 남금南金보다 두 배의 가치를 지닌 황금이라는 뜻이다. 남금은 남방에서 생산되는 양질의 황금을 말하는데, 『詩經』「魯頌」〈泮水〉의 "은혜를 깨달은 오랑캐들이 남방의 좋은 황금을 많이 조공으로 바쳤다.(大賂南金)"라는 말에서 유래한 것이다.

38 금색두타金色頭陀 : 불타의 제자 중 두타제일頭陀第一로, 몸에서 금색의 광채가 발했다는 마하가섭摩訶迦葉을 가리킨다. 불타의 법을 이어받은 제1조로서, 염화미소拈花微笑의 고사가 유명하다.

39 정명淨名 : 인도 비야리국의 장자長者로서 석존釋尊의 속제자俗弟子였다는 유마 거사維摩居士를 가리킨다.

40 금강을 삼키면~나오듯 하리 : 조금이라도 불법佛法의 인연을 맺어 놓으면, 금강석이 뱃속을 통과하여 그대로 나오는 것처럼, 언젠가는 무명無明의 업장業障을 뚫고 금강석처럼 빛나는 열반涅槃의 경지에 이르게 된다는 말이다.(『화엄경』「如來出現品」)

41 서자西子 : 춘추시대 월越나라의 미녀인 서시西施로, 전설에 의하면 범려范蠡가 오왕吳王 부차夫差에게 그녀를 보내 오나라를 망하게 했다 한다.(『吳越春秋』 권9「勾踐陰謀外傳」)

42 용龍 : 조룡祖龍의 준말로, 원래는 진시황秦始皇의 별호로 쓰이는데, 여기서는 백제의 마지막 왕인 의자왕義慈王을 가리킨다. 참고로 『史記』「秦始皇本紀」에 "금년에 조룡이 죽을 것이다.(今年祖龍死)"라는 예언의 말이 나온다.

43 구고九皐 : 고皐는 물로 인해 팬 구덩이이다. 구고는 아래의 고에서부터 세어 올라가 아홉 번째의 구덩이란 말로, 깊은 산골을 뜻한다. 『詩經』「小雅」〈鶴鳴〉에 "학이 구고에서 우니, 그 소리가 위로 하늘에까지 들린다.(鶴鳴于九皐。聲聞于天)"라는 말이 나온다.

44 고운孤雲 : 최치원崔致遠(857~미상)의 호이다.

45 형주荊州 : 한 형주韓荊州의 준말로, 한번 만나보고 싶은 존경하는 인물을 가리킨다. 형주荊州의 장사長史로 있던 한조종韓朝宗에게 보낸 이백李白의 글(『與韓荊州書』)가운데 "태어나서 만호후에 봉해지기보다도, 한 형주를 한번 아는 것이 소원이다.(生不用萬戶侯。但願一識韓荊州)"라는 말이 나오는 데에서 유래한 것이다.

46 정전백수정전백수정전백수정전백수庭前栢樹子의 그늘 : 정전백수자庭前栢樹子의 화두로 유명한 조주 선사趙州禪師의 그늘이라는 뜻으로, 백암栢巖의 문하를 가리킨다. 백암의 백 자에 착안하여 이러한 시구를 고안한 것이다.

47 조주趙州는 무슨~비린내를 풍겼는고 : 조주의 이른바 정전백수자라는 화두도 쓸데없이 평지풍파를 일으킨 것이라는 뜻의 해학적인 표현이다. 정전백수자는 뜰 앞의 잣나무라는 뜻으로, 선종의 유명한 공안 중 하나이다. 어떤 승려가 당나라의 조주 종심趙州從諗 선사에게 조사서래의祖師西來意의 화두를 거론하여 묻자, "뜰 앞의 잣나무.(庭前栢樹子)"라고 대답했던 일화에서 유래한 것이다.(『聯燈會要』 권6「趙州從諗」) 조사서래의는 달마가 서쪽 인도에서 중국에 건너와 불법을 전한 진의가 무엇인지를 묻는 선종의 화두이다.

48 동서남북 떠도는 사람 : 참고로 『禮記』「檀弓」 상에 "지금 나는 동서남북으로 정처 없

이 떠돌아다니는 사람이다.(今。丘也。東西南北之人也。)"라는 공자의 말이 나온다.

49 삼연三淵 : 김창흡金昌翕(1653~1722)의 호이다. 김상헌金尙憲의 증손이고, 김수항金壽恒의 아들이며, 김창집金昌集·김창협金昌協의 아우이다.

50 황 부사黃府使 : 순천 부사順天府使 황익재黃翼再가 아닌가 한다. 무용당과 가장 친하게 지낸 사람의 명단이 문집 맨 마지막의 행장行狀에 나오는데, 그중에 황 순천 익재益再가 들어 있다.

51 높고 곧은 기둥들 : 참고로 『시경』「小雅」〈斯干〉에 "평평하고 반듯한 그 뜰이며, 높고 곧은 그 기둥이며, 툭 트인 그 정면이며, 깊고 넓은 그 속이여, 군자가 편안히 거할 곳이로다.(殖殖其庭。有覺其楹。噲噲其正。噦噦其冥。君子攸寧。)"라는 말이 나온다.

52 옥천玉泉이 남긴~소리와 방불하다오 : 해 어산海魚山의 범패梵唄 소리가 진감 선사眞鑑禪師의 그것과 비슷하다는 말이다. 옥천은 신라 문성왕文聖王 2년(840)에 지리산 옥천사玉泉寺를 중창하고 수도하며 『어산구감魚山九鑑』을 지은 진감 선사 혜조慧照를 말한다. 어산은 범패의 별칭이다. 코 막은 소리는 굵고 탁한 목소리를 말한다. 진晉나라 사안謝安이 젊었을 적에 콧병을 앓아서 마치 낙양洛陽 서생書生의 성조聲調처럼 굵고 탁한 코 먹은 소리를 잘 내었는데, 당시의 명류名流들이 이 음성을 좋아하여 모방하려고 해도 잘 안 되자 "손으로 코를 막고 읊조렸다.(手掩鼻而吟)"라는 고사에서 나온 것이다.(『世說新語』「雅量」) 최치원崔致遠의 『孤雲集』제2권 진감 화상眞鑑和尙 비명碑銘에 "선사는 본디 범패를 잘하였다. 그 음성은 마치 금옥金玉이 울리는 것 같았는데, 측조側調의 가락으로 날리는 소리가 상쾌하고도 애잔하여 제천諸天의 신神들을 환희하게 할 정도여서 길이 먼 곳까지 유전流傳될 만한 것이었다. 이를 배우는 자들이 당우堂宇에 가득하였는데, 선사는 싫증을 내지 않고 이들을 정성껏 가르쳤다. 그래서 지금까지 동국東國에서 어산의 묘음을 익히는 자들이 다투어 코를 막고 내는 것(掩鼻)처럼 하면서 옥천의 여향餘響을 본받고 있으니, 이 어찌 성문聲聞으로 제도濟度하는 교화가 아니겠는가."라는 말이 나온다.

53 진제秦帝가 태산에서 한 일 : 진시황이 태산에 올라가 봉선封禪의 제사를 올리고 나서 하산할 적에 홀연히 폭풍우를 만나자 소나무 아래로 피했는데, 그 소나무가 공을 세웠다고 하여 오대부五大夫의 작위를 내려 봉했다는 대부송大夫松의 고사를 말한다.(『史記』「秦始皇本紀」)

54 여산廬山 폭포 : 중국 여산에 있는 폭포를 말한다. 이백의 〈여산 폭포를 바라보며(望廬山瀑布)〉라는 시가 유명한데, 그 둘째 수에 "날리며 곧장 내려오는 삼천 척의 물줄기여, 어쩌면 공중의 은하수가 떨어지는 건 아닐는지.(飛流直下三千尺。疑是銀河落九天。)"라는 장쾌한 표현이 나온다.(『李太白集』권20)

55 팔절뢰八節瀨 : 당나라 백거이白居易의 팔절탄八節灘을 본따서 명명한 여울의 이름이다. 백거이가 치사致仕한 뒤에 동도東都, 즉 낙양洛陽에 있는 향산香山의 석루石樓

에 용문팔절탄龍門八節灘을 파고 노닐며 감상한 고사가 유명한데, 『白樂天詩後集』 권 17 〈開龍門八節石灘詩〉 서序에 그 내용이 상세히 나온다.

56 노능盧能은 무슨~감히 말했는고 : 노능은 속성이 노씨盧氏인 혜능慧能을 말한다. 중국 불교 선종禪宗의 오조五祖인 홍인 선사弘忍禪師가 의발衣鉢을 전수하겠다면서 대중에게 각자 게송을 하나씩 짓도록 하였을 때, 상좌上佐인 신수神秀가 먼저 "몸은 바로 보리수요, 마음은 명경대와 같다. 때때로 부지런히 떨고 닦아서 먼지가 일지 않게 해야 한다.(身是菩提樹。心如明鏡臺。時時拂拭勤。勿使惹塵埃。)"라고 지으니, 행자行者인 혜능이 이를 반박하여 "보리는 본디 나무가 아니요, 명경은 또한 대가 아니다. 본래 한 물건도 없거늘, 먼지가 어디에서 일어난단 말인가.(菩提本非樹。明鏡亦非臺。本來無一物。何處惹塵埃。)"라고 지었는데, 이에 홍인이 밤중에 몰래 혜능에게 의발을 전수하고는 빨리 피해서 다른 곳으로 떠나게 했다는 고사가 전한다.(『法寶壇經』「行由品」, 『佛祖統紀』 권29, 『宋高僧傳』 권8, 『景德傳燈錄』 권5)

57 유주柳州는 연로하여~것이 아니로세 : 당나라 유종원柳宗元도 나이 들어 변방에 귀양 간 뒤로부터 문명文名을 떨쳤는데, 유 수재는 젊어서부터 벌써 두각을 나타내고 있다는 말이다. 유종원은 당송팔대가唐宋八大家의 한 사람인데, 소주邵州와 영주永州로 좌천된 뒤에 헌종憲宗 원화元和 10년(815)에 유주 자사柳州刺史로 옮겨졌으므로 유 유주柳州라고 칭해졌다. 호랑이나 표범 새끼는 아직 털 무늬가 이루어지기 전에도 소를 잡아먹는 기상을 지니고 있다(虎豹之駒。未成文而有食牛之氣。)는 말이 전한다.(『尸子』 권하) 또 송나라 육유陸游의 시에 "천년 동안 동해 바다 메우려는 정위 새요, 소를 잡아먹으려는 사흘 된 범이로다.(千年精衛心平海。三日於菟氣食牛。)"라는 표현이 나온다.(『放翁詩選別集』「後寓嘆」)

58 일성一星 : 조정에서 파견된 사신이라는 뜻으로, 여기서는 방백方伯을 가리킨다. 사성使星이라고도 한다. 옛사람은 하늘 위에 이 사성使星이 있어서 임금이 파견하는 사신을 주관한다고 믿었다.

59 오마五馬 : 한漢나라 때 태수太守가 다섯 필의 말이 끄는 수레를 타고 다녔던 데에서 유래한 것으로, 지방 수령이나 외직外職의 높은 관원을 가리킨다.

60 덕을 드날림은~풀이 눕듯 : 방백의 어진 정사에 백성들이 모두 교화되었다는 말이다. 『논어』「顔淵」의 "다스리는 자의 행동은 바람과 같고, 다스림을 받는 자의 행동은 풀과 같다. 풀 위에 바람이 불어오면 풀은 한쪽으로 눕게 마련이다.(君子之德風。小人之德草。草上之風 必偃。)"라는 공자의 말에서 유래한 것이다.

61 송사訟事가 한가로워 새들이 찾아오고 : 송사를 처리할 일도 없이 관소가 마냥 한가하기 때문에 새들도 찾아와서 마음대로 노닌다는 말이다. 참고로 이백의 시에 "처리할 송사도 없이 조용하여 새가 섬돌에 내려앉나니, 높이 누워서 도서道書를 펼쳐 읽는다.(訟息鳥下階。高臥披道帙。)"라는 말이 나온다.(『李太白集』 권8 〈贈淸漳明府姪聿〉)

62 거문고 타고는 또 청담을 잇는다오 : 고을 수령의 선정을 비유하는 말이다. 수령의 정사당政事堂을 보통 금당琴堂이라고 하는데, 이는 공자의 제자 복자천宓子賤이 선보單父 고을의 수령이 되었을 적에, "거문고만 연주할 뿐 마루 아래로 내려오는 일이 없었는데도 잘 다스려졌다.(彈鳴琴, 身不下堂而單父治)"라는 고사에서 유래한 것이다.(『呂氏春秋』「察賢」)

63 구비口碑 : 굳이 글을 새겨 비석을 세우지 않아도 사람들의 입에서 입으로 전해져 칭송되는 송덕비頌德碑라는 말이다.

64 방백이 선정善政을 베푼 덕분에 재앙도 없어지고 풍년이 드는 상서가 찾아올 것이라는 말이다. 기맥歧麥은 보리에 두 개의 이삭이 달리는 것으로, 풍년이 들 상서로운 조짐으로 여겨졌다. 후한後漢의 장감張堪이 호노호노狐奴에서 전답을 개간하여 백성들의 생활을 풍요롭게 해주자 백성들이 "보리에 이삭이 두 개씩 달렸다.(麥穗兩歧)"라고 좋아하면서 노래를 불렀던 고사가 전한다.(『後漢書』「張堪傳」) 또 후한의 노공魯恭이 중모中牟의 수령으로 부임하여 선정을 베풀자, 군국郡國에 막대하게 피해를 끼치던 메뚜기 떼가 그 지역에만 들어가지 않고 다른 곳으로 옮겨 가는 이적이 나타났다는 기록이 전한다.(『後漢書』「魯恭傳」)

65 계원鷄園과 복사鵩舍가~참료參寥가 만났다네 : 무용당이 있는 절간과 박 찰방의 배소配所가 가까워서, 유자儒者와 불승佛僧이라는 신분의 차이에도 불구하고 서로 친하게 지낼 수 있게 되었다는 말이다. 계원은 중인도 마갈다국 아육왕阿育王이 파다리자성波吒釐子城에 세운 계원사鷄園寺로, 보통 사원의 별칭으로 쓰인다.(『雜阿含經』 권25, 『大唐西域記』 권8) 복사는 올빼미가 깃든 집이라는 뜻으로, 배소配所를 말한다. 한나라 가의賈誼가 장사長沙에 귀양 갔을 때 불길한 새로 여겨지는 올빼미 한 마리가 집으로 날아든 것을 보고는 자신의 수명이 길지 않을 것이라는 예감을 느껴 「鵩鳥賦」를 지은 고사에서 유래한 것이다.(『文選』 권13 「鵩鳥賦序」) 소자蘇子, 즉 소동파蘇東坡는 찰방을, 참료參寥는 참료자參寥子의 준말로 무용당을 가리킨다. 참료자는 송나라의 저명한 시승詩僧인 도잠道潛의 호인데, 소동파와 절친하게 지내면서 시를 많이 주고받았다. 『參寥子詩集』이 세상에 전한다.

66 삼공三空 : 아공我空·법공法空·구공俱空을 말하는 것으로 보인다. 아공은 오온五蘊에 모두 자성自性이 없다는 논리에 입각하여 나에게 실체가 있다는 아집을 타파하는 것이고, 법공은 오온의 법이 환화幻化처럼 인연을 따른다는 논리에 입각하여 오온의 법이 실유實有한다는 법집을 타파하는 것이고, 구공은 집執과 공空 양자를 모두 버리고 본성에 계합하는 것을 말한다.

67 헤어질 때의~서글피 우네 : 진나라 도잠陶潛과 육수정陸修靜이 여산廬山 동림사東林寺로 고승 혜원慧遠을 찾아가서 환담을 나누고 헤어질 때, 사원 앞에 흐르는 호계虎溪의 다리를 건너다가 세 사람이 의기투합하여 큰 소리로 웃었다는 호계삼소虎溪

三笑의 고사를 전용轉用한 것이다.(『蓮社高賢傳』)

68 산을 아무리~이를 어쩌지 : 남제南齊의 문인文人 공치규孔稚圭가 일찍이 종산鍾山에서 은거하다가 변절하고 세상에 나가 벼슬길에 오른 주옹周顒을 나무라는 뜻에서 「北山移文」을 지었는데, 은거하던 그가 떠나고 난 뒤의 산의 정경을 묘사하면서 "향기로운 장막이 텅 비자 밤에 학이 원망하고, 산 사람이 떠나가자 새벽에 납이 놀라서 우네.(蕙帳空兮夜鶴怨。山人去兮曉猿驚。)"라고 말한 대목이 나온다.

69 조배鳥背 : 새의 등이라는 뜻으로, 높은 곳을 가리키는 시어이다. 참고로 송나라 증공曾鞏의 〈漢廣亭〉시에 "구름결 피어나는 실오리도 알겠노니, 새의 등에서 산들을 아래로 굽어보노라.(雲根辨毫芒。鳥背臨崒崒。)"라는 표현이 나온다.(『元豊類藁』권5)

70 삼연三淵 : 김창흡金昌翕의 호. 앞의 각주 49 참조.

71 방 공龐公 : 후한 말엽의 은사隱士 방덕 공龐德公으로, 김창흡金昌翕을 비유한 말이다. 그는 일찍이 제갈공명諸葛孔明이 존경하여 배알을 하기도 했던 고사高士로서, 형주 자사荊州刺史 유표劉表의 간곡한 요청도 뿌리친 채 가족과 함께 양양襄陽의 녹문산鹿門山에 들어가서 약초를 캐며 살다가 생을 마쳤다고 한다.(『高士傳』하, 『後漢書』「逸民傳」〈龐公〉)

72 성성惺惺 : 마음을 항상 깨어 있게 한다는 뜻의 상성성常惺惺의 준말이다. 원래 성성하면서도 적적하고(惺惺寂寂) 적적하면서도 성성해야 한다(寂寂惺惺)는 선종의 용어에서 나온 것인데, 송유宋儒 사량좌謝良佐가 "경은 항상 깨어 있게 하는 방법이다.(敬是常惺惺法)"라고 말한 뒤로부터 유가儒家에서 경敬을 해석하는 하나의 유력한 용어가 되기도 하였다. 『上蔡先生語錄』권중에 이 말이 나오는데, 『心經附註』「敬以直內章」에서도 이를 인용하여 소개하고 있다.

73 부록 원운元韻 : 이 시는 『三淵集』권14에 〈自吟要和〉라는 제목으로 실려 있다.

74 자금紫金 : 적동赤銅과 황금을 배합한 것과 같은 진귀한 광물이라고 한다.

75 갓난아인 삼~엄마의 품속인데 : 수령이 백성을 갓난아이로 여기면서 선정을 베풀고 있다는 말이다. 『書經』「康誥」에 "백성을 갓난아기 보호하듯 하면, 백성들이 안정되어 잘 다스려지리라.(若保赤子。惟民其康乂)"라는 말이 나오고, 『논어』「陽貨」에 "자식은 태어나서 3년이 지난 뒤에야 부모의 품을 벗어나게 되니, 삼년상은 천하의 공통된 상례법이다.(子生三年然後免於父母之懷。三年之喪。天下之通喪也。)"라는 공자의 말이 나온다. 수령의 임기도 대부분 3년이었다.

76 번개 속에서 바늘을 꿸까 : 명말明末 청초淸初의 임제종 승려인 약암 통문箬庵通問(1604~1655)이 시중示衆한 내용 중에 "번갯불 빛 속에서 바늘을 꿰고, 활줄 위에서 말을 달릴 줄 알아야 한다.(電影裏穿針。弓弦上走馬。)"라는 말이 나온다.(『五燈全書』권68 「臨濟宗 南嶽下三十四世 磬山修禪師法嗣 杭州府南澗理安箬菴問禪師」)

77 일백 구비~벽안의 마음이라 : 제법실상諸法實相의 도리를 설파한 시구이다. 황두黃

頭와 벽안碧眼은 각각 석가모니와 달마를 가리킨다. 황두는 여래의 몸이 금색金色인 데에서 유래한 말로, 황면노자黃面老子·황면구담黃面瞿曇·황로黃老라고도 한다. 벽안은 벽안호승碧眼胡僧의 준말로, 푸른 눈의 외국 승려라는 뜻인데, 중국 선종에서 초조初祖 달마의 대명사로 사용하곤 한다. 선종에서는 이처럼 가불매조訶佛罵祖하는 기법機法을 애용하기도 한다. 참고로 소식蘇軾의 시에 "시냇물 소리도 바로 부처의 넓고 긴 혀, 산 빛 또한 청정 법신이 어찌 아니랴.(溪聲便是廣長舌。山色豈非清淨身。)" 라는 표현이 나온다.(『蘇東坡詩集』 권23 〈贈東林總長老〉)

78 작의鵲衣의 하급~백족白足이 받았다오 : 승려의 신분으로 아랫사람들에게는 비웃음을 당했어도, 방백에게는 환대를 받았다는 말이다. 작의鵲衣는 흑색의 의복을 말하는데, 전설에 의하면 귀졸鬼卒이 입는 옷이라고 한다. 하의霞衣는 꿰맬 필요가 없이 구름과 노을(雲霞)로 지은 옷이라는 뜻으로, 보통 승려나 도사道士 등 방외인方外人을 형용할 때 쓰는 표현이다. 오족이 남은 가지는 금오金烏의 발자취가 남아 있는 가지라는 뜻으로, 아직도 햇볕의 온기가 있는 따뜻한 자리라는 말이다. 백족白足은 승려의 별칭이다. 후진後秦 구마라집鳩摩羅什의 제자인 담시曇始의 발이 얼굴보다도 희었는데, 진흙탕을 맨발로 걸어 다녀도 더러워지지 않았으므로 당시에 백족 화상白足和尚이라고 불렸다는 고사에서 유래한 것이다.(『高僧傳』 「神異」 하 〈曇始〉)

79 태전太顚 : 당나라 한유韓愈와 친하게 지냈던 노승의 이름이다. 한유가 조주 자사潮州刺史로 있다가 태전과 헤어질 적에 글과 함께 자신의 의복을 남겨 주었던 이야기가 그의 「與孟尙書書」에 실려 있다.

80 복사鵩舍 : 배소配所를 말한다. 앞의 각주 65 참조.

81 밝은 달이~한들 대수리오 : 밝은 달과 같은 임금이 위에서 훤히 보고 있을 것이니, 먹구름처럼 소인들이 무함을 하여 곤욕을 당하게 된 것도 얼마 지나지 않아 끝날 것이라는 말이다.

82 삼려三閭 : 삼려대부三閭大夫로 있다가 조정에서 쫓겨난 전국시대 초나라의 굴원屈原을 가리킨다.

83 태부太傅 : 한 문제漢文帝 때 권신權臣의 배척을 받아 장사왕長沙王 태부太傅로 좌천되었던 가의賈誼를 가리킨다.

84 배척되면 진애라고~멀리 알겠노라 : 민 참의가 조정에서 쫓겨난 처지이니, 술과 안주를 들고 찾아오는 사람도 없겠다는 뜻의 해학적인 표현이다. 한유韓愈의 시에 "권세가 있으면 인정이 중히 여기고, 배척되면 쓰레기 취급을 당한다. 골육 간에도 그런 일을 면하지 못하는데, 하물며 심상한 세상 사람들이겠는가.(勢要情所重。排斥則埃塵。骨肉未免然。又況四海人)"라는 말이 나온다.(『韓昌黎集』 권6 〈贈別元十八協律〉) 양강羊腔은 양의 창자라는 뜻으로, 술안주로 쓰이는 곱창이나 순대를 말한다. 한유의 시에 "씩씩한 목소리로 속마음을 토로하며, 술병에 양강을 들고 찾아왔네.(雌聲吐款要。酒

壺綴羊腔.)"라는 말이 나온다.(『韓昌黎集』 권5 〈病中贈張十八〉)

85 조석朝夕의 황료潢潦~구덩이 채웠는걸 : 제1구는 무용당 자신을, 제2구는 두 장로를 비유한 것이다. 황료는 길바닥에 잠시 괸 물이라는 말인데, 한유韓愈의 시에 "길바닥에 괸 물은 근원이 없어서 아침에 가득했다가 저녁에는 말라 버리네.(潢潦無根源. 朝滿夕已除.)"라는 말이 나온다.(『韓昌黎集』 권6 〈符讀書城南〉) 또 공자가 물의 덕을 칭찬한 까닭에 대해서 맹자의 제자 서자徐子가 물어보자, 맹자가 "근원이 있는 샘물은 퐁퐁 솟아 흐르면서 밤이고 낮이고 멈추는 법이 없다. 그리고 구덩이가 패인 곳 모두를 채우고 난 뒤에야 앞으로 나아가서 드디어는 사방의 바다에 이르게 되는데, 학문에 근본이 있는 자도 바로 이와 같다. 공자께서는 바로 이 점을 취하신 것이다. 만약 근원이 없다면, 칠팔월 사이에 집중호우가 내려서 도랑에 모두 물이 가득 찼다가도 언제 그랬느냐는 듯이 금방 말라 버리고 말 것이다. 그렇기 때문에 명성과 소문이 실제보다 지나치게 되는 것을 군자는 부끄러워하는 것이다.(源泉混混. 不舍晝夜. 盈科而後進. 放乎四海. 有本者如是. 是之取爾. 苟爲無本. 七八月之間. 雨集. 溝澮皆盈. 其涸也. 可立而待也. 故聲聞過情. 君子恥之.)"라고 말한 내용이 『맹자』 「離婁」 하에 나온다.

86 일표一豹는 남산의~못 이루었는데 : 표범이 산속에 가만히 숨어 있는 것처럼 무용당도 미흡한 공부를 채우기 위해 산림에 칩거하면서 공부에 더욱 매진할 것이니, 아직은 두 사람처럼 세상에 내려가 교화할 자격을 갖추지 못했다는 뜻의 겸사이다. 남산의 검은 표범이 무우霧雨가 계속된 일주일 동안 먹을 것이 없어도 그 속에 가만히 숨어 있을 뿐 게걸스러운 멧돼지와는 달리 산 아래로 내려가서 먹을 것을 구하려 하지 않았는데, 이는 자신의 털 무늬를 아름답게 보존하기 위해서였다는 남산현표南山玄豹의 고사를 인용한 것이다.(『列女傳』 권2 「陶答子妻」)

87 이곤二鯤은 북명北溟의~먼저 날아오르는구나 : 두 사람의 앞길을 축원하는 말이다. 북쪽 바다(北溟) 깊은 곳에 숨어 사는 곤鯤이라는 거대한 물고기가 붕鵬이라는 새로 변해 때마침 불어오는 회오리바람을 타고 구만리 창공으로 올라가서 남쪽 바다(南溟)로 날아간다는 이야기가 『장자』 「逍遙遊」에 나온다.

88 접중接中 : 같은 목적으로 모여서 한패를 이룬 무리라는 뜻으로, 동아리라는 말과 같다.

89 어찌 꼭~작게 보리오 : 공자가 동산에 올라가서는 노나라를 작게 여겼고, 태산에 올라가서는 천하를 작게 여겼다(孔子登東山而小魯. 登太山而小天下.)는 말이 『맹자』 「盡心」 상에 나온다.

90 자벌레가 몸을~위한 것 : 『주역』 「繫辭傳」 하에 "자벌레가 몸을 굽히는 것은 장차 펴기 위해서이고, 용이나 뱀이 땅속에 들어앉은 것은 몸을 보존하기 위해서이다. 마찬가지로 사람이 의리를 정밀히 연구하여 신묘한 경지에 드는 것은 극진하게 쓰기 위함이요, 그 씀을 순조롭게 하여 몸을 편안히 하는 것은 덕을 높이기 위함이다.(尺蠖之

屈 以求信也. 龍蛇之蟄 以存身也. 精義入神 以致用也. 利用安身 以崇德也)"라는 말이 나온다.

91 저력樗櫟 : 가죽나무와 떡갈나무의 합칭으로, 크기만 할 뿐 세상에 아무 쓸모가 없어서 어떤 목수도 돌아보지 않는 산목散木이라는 말이다. 산목은 재목감이 못 되는 나무라는 뜻인데, 바로 그렇기 때문에 벌목을 당하지 않고 오래 살 수 있다는 이야기가 『장자』「逍遙遊」와 「人間世」에 나온다.

92 삼승 무명베 : 석새베(三升布), 즉 240올로 짠 굵은 무명베를 말한다.

93 서강西江을 모두 들이킨 중 : 불법佛法을 크게 깨달은 고승이라는 말이다. 동방의 유마 거사維摩居士로 일컬어지는 양주襄州의 방 거사龐居士 온蘊이 강서江西로 마조 도일馬祖道一을 찾아가서 "만법과 더불어 짝을 하지 않는 사람은 어떤 사람입니까?(不與萬法爲侶者. 是什麼人.)" 하고 묻자, 마조가 "그대가 한 입으로 서강의 물을 다 들이마시면 그때 바로 그대에게 일러 주겠다.(待汝一口吸盡西江水. 卽向汝道.)"라고 답하였는데, 거사가 이 한마디 말을 듣고는 바로 깨달았다는 고사에서 유래한 것이다.(『景德傳燈錄』권8, 『碧巖錄』제42칙)

94 방장산에는 어느~남아 있네 : 지리산 쌍계사雙溪寺의 동구에 두 개의 바위가 마치 문처럼 서서 대치하고 있는데, 고운孤雲 최치원崔致遠이 여기에서 글을 읽으면서 동쪽 바위에는 쌍계雙溪라고 새기고, 서쪽 바위에는 석문石門이라고 새긴 돌이 남아 있다.

95 한번 물어봅시다~얼음물을 마셨는지 : 나랏일 때문에 얼마나 애태우며 걱정하고 있느냐는 말이다. 얼음물 내용은, 초나라 섭 공 자고葉公子高가 제나라에 사명使命을 받들고 갈 적에 "내가 아침에 명령을 받고 나서 저녁에 얼음물을 마셨으니, 이는 나의 몸속이 뜨거워졌기 때문이다.(吾朝受命而夕飮冰. 我其內熱與.)"라고 심경을 토로한 고사를 인용한 것이다.(『莊子』「人間世」)

96 지수智水 : 지수는 지자요수知者樂水에서 나온 말로 물을 미화한 표현인데, 여기에서는 관찰사의 덕을 칭송한 것이다.

97 만물은 똑같을 수가 없나니 : 참고로 『맹자』「滕文公」상에 "각 존재는 똑같을 수가 없다. 이것이 바로 존재 일반의 속성이다.(夫物之不齊. 物之情也.)"라는 명제가 나온다.

98 태산이나 추호나~하늘이 들었다오 : 형태의 대소를 막론하고 각 존재는 모두 천天의 체성體性을 지니고 있는 만큼 우열과 고하의 차별이 없이 똑같이 평등하다는 말이다. 참고로 소식蘇軾의 시에 "태산과 추호는 둘 다 무궁하게 전개되나니, 크고 작은 것은 본래 유형有形에서 나옴이로다. 대천세계大千世界도 한 티끌 속에서 기멸하나니, 항주杭州와 영주穎州의 서호西湖 중에 어떤 것이 더 좋은지 알 수가 없네.(太山秋毫兩無窮. 鉅細本出相形中. 大千起滅一塵裏. 未覺杭穎誰雌雄.)"라는 말이 나온다.(『蘇

東坡詩集』권35 〈軾在潁州 與趙德麟同治西湖 未成 改揚州 三月十六日湖成 德麟有詩見懷 次其韻〉) 태산과 추호, 그리고 유형 등은 그 내용이『장자』「秋水」에 나온다.

99 오리와 학의~시킨 것이리오 : 각 존재마다 태어날 때부터 고유한 특징을 지니고 있는 만큼 서로 비교하여 시비와 선악을 따지면서 차별해서는 안 된다는 말이다.『장자』「山木」에 "오리는 다리가 비록 짧지만 이어 주면 걱정하고, 학은 다리가 비록 길지만 잘라 주면 슬퍼한다.(鳧脛雖短。續之則憂。鶴脛雖長。斷之則悲。)"라는 말이 나온다.

100 꿈속에서 꿈을 설명하는 것 :『장자』「齊物論」에 "꿈을 꿀 때에는 그것이 꿈인 줄도 알지 못한다. 그리고는 꿈속에서 또 꿈을 꾸며 그 꿈을 설명하기도 하다가 깨어난 뒤에야 그것이 꿈이라는 것을 알게 된다. 마찬가지로 인생이 하나의 큰 꿈이라는 것을 알기 위해서는 큰 깨달음이 있어야만 가능한 것이다.(方其夢也。不知其夢也。夢之中又占其夢焉。覺而後知其夢也。且有大覺而後知此其大夢也。)"라는 말이 나온다.

101 소를 타고서 소를 찾는 것 : 범부가 자기 마음속의 불성佛性을 알지 못하고서 밖에서만 찾으려 하는 것을 비유하는 선종의 용어이다. 기려멱려騎驢覓驢라고도 한다.

102 높고 낮음~소리개로 읊었다오 :『中庸』12장에 "『시경』에 이르기를, '소리개는 날아서 하늘에 이르고, 물고기는 못에서 뛴다'라고 하였으니, 이는 천지의 도가 높은 하늘이나 낮은 못이나 모두 똑같이 행해지고 있음을 말한 것이다.(詩云。鳶飛戾天。魚躍于淵。言其上下察也。)"라는 말이 나온다. 소리개 시는『시경』「大雅」〈旱麓〉에 보인다.

103 종기鍾期 : 종자기鍾子期의 준말로, 지기知己를 뜻한다. 춘추시대 거문고의 명인 백아伯牙가 높은 산(高山)에 뜻을 두고 연주를 하면, 친구인 종자기가 "멋지다. 마치 태산처럼 높기도 하구나.(善哉。峨峨兮若泰山。)"라고 평하였고, 흐르는 물(流水)에 뜻을 두고 연주를 하면, "멋지구나. 마치 강하처럼 넘실대는구나.(善哉。洋洋兮若江河。)"라고 평하였는데, 종자기가 죽고 나서는 백아가 더 이상 세상에 지음知音이 없다고 탄식하며 거문고 줄을 끊어 버린 고사가 전한다.(『列子』「湯問」,『呂氏春秋』「本味」)

104 구방고九方皐 : 춘추시대에 준마를 잘 알아보기로 유명했던 사람으로, 백락伯樂의 친구이다. 백락이 진 목공秦穆公의 부탁을 받고 구방고를 추천하여 천리마를 찾게 하였는데, 그가 석 달 뒤에 돌아와서 누런 암말을 구해 왔다고 하였으나 실제로 확인해 보니 검은 숫말이었으므로 목공이 백락을 책망하였다. 이에 백락이 "그는 말의 천기天機만을 볼 뿐, 바깥에 드러나 있는 모양이나 색깔 등은 보지 않기 때문에 그렇게 된 것이다."라고 해명을 하였는데, 나중에 보니 과연 천하의 둘도 없는 양마良馬였더라는 이야기가 전한다.(『列子』「說符」)

105 낮게 나는~날개를 기롱하니 : 세상의 범인들이 뛰어난 인재를 알아보지 못하고서 오히려 조롱하고 비난한다는 말이다. 척안斥鷃은 메추라기와 같은 작은 새를 말하고, 구름 날개는 하늘가에 드리운 구름장(垂天之雲)처럼 큰 날개를 지닌 대붕大鵬을 말하

는데,『장자』「逍遙遊」첫머리에 이에 대한 내용이 나온다.

106 명홍溟鴻 : 사람의 화살에 맞지 않으려고 하늘 높이 나는 기러기라는 뜻으로, 난세亂世에 화를 피해 초야에 숨어 사는 사람을 비유할 때 쓰는 말이다. 보통 명홍冥鴻이라고 한다. 한나라 양웅揚雄의『法言』「問明」에 "군자는 마치 봉황처럼 처신하여 치세에는 출현하고 난세에는 숨어야 할 것이니, 기러기가 저 보이지 않는 하늘 속으로 높이 날아가면 어떻게 주살로 쏘아 맞출 수 있겠는가.(治則見。亂則隱。鴻飛冥冥。弋人何簒焉。)"라고 한 데에서 기인한 것이다.

107 자진子眞 : 한 성제漢成帝 때 곡구谷口에서 농사지으면서 소명召命에 일체 응하지 않았던 정자진鄭子眞을 말한다. 곡구자진谷口子眞 혹은 곡구진谷口眞이라고도 한다. 한나라 양웅揚雄의『法言』「問神」에 "곡구의 정자진은 그 뜻을 굽히지 않고 암석 아래에서 밭갈이하였으므로 그 이름이 도성에 진동하였다.(谷口鄭子眞。不屈其志而耕乎巖石之下。名震於京師。)"라는 말이 나오는 데에서 유래한 것으로, 후세에 초야에서 농사지으며 절조를 지키는 은사를 비유하는 말로 쓰이게 되었다. 이 시의 주인공인 정 석사의 성씨가 정씨이기 때문에 정자진의 고사를 인용한 것이다. 또 두보의 시에 "곡구자진이라고 할 만한 그대를 정녕 생각하면서도, 높은 언덕 넓은 양수로 동서가 막혀 있으니 어떡하나.(谷口子眞正憶汝。岸高瀼滑限西東。)"라는 표현이 나온다.(『杜少陵詩集』권18〈江雨有懷鄭典設〉)

108 올빼미 꽥 하는 공명功名 : 사람들이 서로 먼저 차지하려고 안간힘을 쓰는 부귀와 공명 등 세상의 쾌락을 말한다. 전국시대 혜자惠子가 양나라의 재상宰相으로 있을 적에, 혹자가 혜자에게 "장자莊子가 여기에 와서 당신 대신 재상이 되려고 한다."라고 하자, 혜자가 매우 두려워한 나머지 전국에 수배령을 내려 밤낮 3일 동안 장자를 찾게 하였는데, 이에 장자가 혜자를 찾아가서 말하기를, "남방에 원추鵷鶵라는 새가 있는데, 자네는 아는가? 원추는 남쪽 바다를 출발하여 북쪽 바다로 날아갈 적에, 오동나무가 아니면 내려앉지 않고, 대나무 열매가 아니면 먹지 않으며, 단물이 나는 샘이 아니면 마시지 않는다네. 그런데 올빼미가 썩은 쥐를 가지고 있다가 그 위를 날아가는 원추를 쳐다보면서 행여나 원추에게 썩은 쥐를 빼앗길까 봐 '꽥(嚇)' 하고 으르댔다는군. 그와 마찬가지로 자네도 양나라 재상 자리 때문에 나를 으르대는 것이 아닌가?"라고 했다는 이야기가『장자』「秋水」에 나온다.

109 홍몽鴻蒙 : 자연의 원기元氣를 의인화한 것으로, 지도至道를 터득한 사람을 비유한 말이다.『장자』「在宥」에 "운장이 동쪽으로 여행하며 부요 나무 가지 아래를 지나다가 마침 홍몽을 만났는데, 홍몽은 한창 넓적다리를 두들기며 껑충껑충 뛰놀고 있는 중이었다.(雲將東遊。過扶搖之枝而適遭鴻蒙。鴻蒙方將拊脾雀躍而遊。)"라는 말이 나온다.

110 기자箕子 : 쭉정이나 티끌을 골라내기 위해 곡식을 까부는 키를 의인화한 것이다. 뒤에 나오는 저공杵公도 절구를 의인화한 것이다.

111 도성 거리 지체하면 송작宋鵲이 내려온다네 : 서울에 미곡을 운반하는 일이 늦어지면 마치 사냥개가 짐승을 쫓듯 조정에서 삼엄하게 독촉한다는 말이다. 송작宋鵲은 춘추시대 송宋나라의 사냥개 이름이다.

112 전원에 돌아와~것만 보노라 : 전원생활을 읊은 도잠陶潛의 시에 "서로들 만나도 잡스러운 말이 없이 그저 뽕과 삼이 크는 것만 말한다오.(相見無雜言。但道桑麻長。)"라는 구절이 보인다.(『陶淵明集』권2〈歸田園居〉)

113 청구青丘 : 신선이 거주한다는 십도十島 중의 하나로, 남해南海에 있다고 한다. 장주長洲라고도 한다.

114 약수弱水 : 봉래산蓬萊山이 있는 섬으로부터 약 30만 리쯤 떨어져서 인간 세상과 격리시키며 그 섬을 둘러싸고 있는 전설 속의 물 이름인데, 그 물은 새털처럼 가벼운 물체도 바로 가라앉히기 때문에 사람이 도저히 건너갈 수가 없다고 한다.(『海內十洲記』,『太平廣記』「神仙」)

115 배풍培風 : 불어난 바람이라는 말이다. 대붕이 구만리 위로 올라가려면 그 밑에 바람이 쌓여야만 큰 날개를 띄울 수 있다는 말이『장자』「逍遙遊」에 나온다.

116 구허拘墟 : 공간에 구애를 받는다는 구어허拘於墟의 준말로, 우물 안 개구리라는 말과 같다. 허墟는 허虛와 통한다. 북해北海 귀신 약若이 황하 귀신인 하백河伯에게 "우물 안 개구리에게 바다에 대해서 말해 줄 수 없는 것은 살고 있는 공간에 구속되어 있기 때문이요, 여름 벌레에게 얼음에 대해서 말해 줄 수 없는 것은 살고 있는 시절에 얽매여 있기 때문이요, 하나만 아는 사람에게 도에 대해서 말해 줄 수 없는 것은 믿는 가르침에 속박되어 있기 때문이다.(井蛙不可以語於海者。拘於虛也。夏蟲不可以語於冰者。篤於時也。曲士不可以語於道者。束於敎也。)"라고 말하는 일화가『장자』「秋水」에 실려 있다.

117 시산詩山 : 태인泰仁의 옛 이름이다.

118 혼돈의 면목은~수 있고 : 세계가 개벽되기 이전의 원기元氣인 혼돈 속에서 삼재三才, 즉 하늘과 땅과 사람이 분화되어 나오는 만큼, 이를 통해서 혼돈의 속성을 유추해 볼 수도 있을 것이라는 말이다.

119 한자韓子의 심간은~있는 법 : 한비자韓非子가 역설한 주장의 요체는 그의 대표작인「五蠹」를 통해서 살펴볼 수 있다는 말이다. 한비자는 전국시대 법가法家의 집대성자이다. 오두는 나라를 해치는 다섯 종류의 좀벌레라는 뜻으로, 유가儒家의 학자, 종횡가縱橫家, 유협遊俠, 공역公役을 도피하는 자, 상공업商工業에 종사하는 자들을 가리킨다.

120 한림翰林과 공부工部 : 이 한림李翰林과 두 공부杜工部, 즉 이백李白과 두보杜甫를 가리킨다.

121 육시六時 : 불교에서 밤과 낮을 여섯 때로 나눈 것으로, 신조晨朝·일중日中·일몰日

沒을 주삼시晝三時라고 하고, 초야初夜·중야中夜·후야後夜를 야삼시夜三時라고 한다.

122 제화提花 : 범어 Dīpaṃkara의 음역音譯인 제화갈라제화갈라渴羅의 준말로, 연등불燃燈佛을 가리킨다. 제화갈라提和竭羅·제원갈提洹竭로 음역되기도 하고, 연등불燃燈佛·보광불普光佛·정광불錠光佛로 번역되기도 한다.

123 대우거大牛車 : 『법화경法華經』「비유품譬喩品」에서 설한 사거四車 중 하나인 대백우거大白牛車의 준말로, 일불승一佛乘을 가리킨다. 양거羊車와 녹거鹿車와 우거牛車의 삼거三車는 각각 성문승聲聞乘과 연각승緣覺乘과 보살승菩薩乘의 삼승三乘을 가리킨다.

124 관맹寬猛을 때에~중도를 잡았어라 : 중도中道에 맞게 백성을 대하며 선정善政을 행하고 있다는 말이다. 관맹은 관대함과 준엄함이라는 뜻으로, 이를 상호 보완하여 융통성 있게 대처하면서 정책을 운용할 때에 쓰는 말이다. 『춘추좌씨전春秋左氏傳』「소공昭公」 20년조에 "정책이 관대하면 백성이 방자해지는데, 방자해지면 준엄함으로 바로잡아야 한다. 정책이 준엄하면 백성이 잔혹해지는데, 잔혹해지면 관대하게 베풀어야 한다. 관대함으로 준엄함을 보완하고 준엄함으로 관대함을 보완해야 하니, 정치는 이렇게 해서 조화되는 것이다.(政寬則民慢。慢則糾之以猛。猛則民殘。殘則施之以寬。寬以濟猛。猛以濟寬。政是以和)"라는 공자의 말이 나온다. 또 『서경』「대우모大禹謨」에 "사람의 마음은 위태롭기만 하고, 도를 추구하는 마음은 희미하기만 하니, 오직 정밀하게 살피고 한결같이 지켜 나감으로써 진정 그 중도中道를 잡아야 할 것이다.(人心惟危。道心惟微。惟精惟一。允執厥中)"라는 말이 나오는데, 주희를 위시하여 송유宋儒들이 이것을 요堯·순舜·우禹 세 성인이 서로 도통道統을 주고받은 십육자심전十六字心傳이라고 강조한 뒤로부터 개인의 도덕 수양과 치국治國의 원리로 중시되었다.

125 백성에게 가하는 위엄과 은혜가 모두 방백의 사려 깊은 뜻에서 나온 것이라는 말이다. 원문의 동취冬就, 하차夏遮는 겨울에는 따뜻한 햇볕 쪽으로 나아가고, 여름에는 따가운 햇볕을 가리려 한다는 말이고, 작개昨開, 금락今落은 어제는 봄바람에 꽃을 피웠다가 오늘은 꽃을 떨어뜨린다는 말이다.

126 추구芻狗 : 풀 강아지, 즉 풀을 묶어서 개 모양으로 만든 것을 말한다. 보통 추구芻狗라고 한다. 옛날에 제사를 지낼 때 쓰던 것인데, 제사가 끝나고 나면 바로 내버리기 때문에 소용이 있을 때만 이용하고 소용이 없을 때는 버리는 천한 물건의 비유로 쓰인다. 『노자老子』 제5장에 "천지는 불인하여 만물을 추구로 여긴다.(天地不仁。以萬物爲芻狗)"라는 말이 나온다. 이는 봄과 여름에는 만물을 낳고 기르다가 가을과 겨울이 되면 다시 본래의 상태로 되돌아가게 하는 것을 말한다.

127 문무가 백성에 임함에 각궁角弓으로 한다오 : 활줄을 잡아당기고 풀어 주는 것처럼 완급을 잘 조절하여 정치를 행하는 것을 말한다. 『예기禮記』「잡기雜記」 하의 "활줄을 팽팽하게 잡아당기기만 하고 느슨하게 풀어 주지 않는 것과 같은 상황에서는 문왕이나 무

왕이라도 어떤 일을 제대로 행할 수가 없다. 이와 반대로 느슨하게 풀어 주기만 하고 팽팽하게 긴장시키지 않는 일은 문왕이나 무왕이 역시 행하지 않는다. 한 번 팽팽하게 잡아당기고 한 번 느슨하게 풀어 주는 것이야말로 문왕과 무왕의 도이다.(張而不弛。文武不能也。弛而不張。文武不爲也。一張一弛。文武之道也。)"라는 말을 인용한 것이다.

128 보림寶林에 어찌~되는 것을 : 이 방백의 능력이 워낙 뛰어난 만큼 무용당의 도움이 필요 없을뿐더러 무용당 자신도 원래 녹록해서 방백의 극진한 사랑을 받을 만한 인물이 못 된다는 말이다.『시경』「小雅」〈鶴鳴〉에 "타산의 돌이 숫돌이 될 수 있다.(他山之石。可以爲錯。)"라는 말과, "타산의 돌이 옥을 갈 수 있다.(他山之石。可以攻玉。)"라는 말이 나온다. 장상진掌上珍은 손바닥 안의 구슬이라는 말로, 애지중지하며 사랑하는 사람을 가리킨다. 장중주掌中珠라고도 한다. 진晉나라 부현傅玄의 단가행短歌行에 "예전에 그대가 나를 손바닥 안의 구슬처럼 여겼나니, 하루아침에 나를 도랑에 버릴 줄이야 어찌 생각했으리오.(昔君視我。如掌中珠。何意一朝。棄我溝渠。)"라는 말이 나오는 데에서 유래한 것이다.

129 상아喪我 : 내가 나를 잃었다는 오상아吾喪我의 준말로,『장자』「齊物論」첫머리에 나오는데, 자신에 대한 집착을 떨쳐 버리고 일체 물아物我의 경계를 떠난 자유로운 경지를 가리킨다.

130 성인成人 : 완전한 사람, 혹은 그러한 인격을 갖춘 것을 말한다. 자로子路가 성인成人에 대해서 묻자, 공자가 "장무중臧武仲의 지혜와 공작公綽의 무욕無欲과 변장자卞莊子의 용맹과 염구冉求의 재능에다 예악禮樂으로 문채를 더한다면 또한 성인成人이라고 할 수 있을 것이다."라고 답한 내용이『논어』「憲問」에 나온다.

131 자벌레 굽힌~펴지지 않으리오 : 지금은 자벌레처럼 잠시 몸을 굽혀서 외방에 방백으로 나와 있지만, 다음에는 조정에 복귀하여 크게 몸을 펼 때가 올 것이라는 말이다.

132 그래도 걱정은~않는 것 : 참된 실력보다는 사이비似而非와 가식假飾이 횡행하며 득세하는 지금의 조정에서 이 방백이 인정을 받고 경륜을 펼칠 기회를 갖기가 쉽지는 않으리라는 걱정이 들기도 한다는 말이다. 공자의 제자 자장子張이 노 애공魯哀公을 본 뒤로 7일이 지났는데도 예우를 하지 않자 섭 공 호룡葉公好龍의 이야기를 남기고 떠나갔다는 이야기가 한漢나라 유향劉向의『新序』「雜事」5에 나온다. 섭 공 자고葉公子高가 너무도 용을 좋아해서 집안 이곳저곳에 용을 새겨 장식해 놓자 진짜 용이 내려와서 머리를 내밀고 꼬리를 서렸는데, 섭 공이 이를 보고는 대경실색하여 달아났으니, 이는 섭 공이 진정으로 용을 좋아한 것이 아니라 용 같으면서도 용 아닌 것을 좋아한 것(是葉公非好龍也。好夫似龍而非龍者也。)이라는 내용으로 되어 있다. 모사模寫는 그럴듯하게 남의 것을 베껴 흉내만 내는 것을 말한다.

133 알밤 좋아하고~탈 신선들이었어라 : 못난 자식은 하나도 없고 모두가 뛰어난 면모

를 보았다는 말이다. 도잠陶潛이 자기 아이들을 책망하면서 "통이란 놈은 아홉 살이 다 되었는데도, 배와 밤만 찾고 있다.(通子垂九齡。但覓梨與栗)"라고 넋두리를 늘어놓은 대목이 나온다.(『陶淵明集』 권3 〈責子〉) 또 당나라 시인 노동盧仝이 국가의 부역에나 봉사하라는 뜻으로 자기 아들의 이름을 첨정添丁이라고 지었는데, 이와 관련하여 한유韓愈의 시에 "거년에 아이 낳아 첨정이라 이름했나니, 나라 위해 부역에나 충당케 하려고.(去歲生兒名添丁。意令與國充耘耔)"라는 구절이 보인다.(『韓昌黎集』 권5 〈寄盧仝〉) 난새에 장착한다는 내용은, 이백의 "훌가분하게 세상일 멀리 떨치고는, 난새에 장착하고 학 타고서 다시 또 멀리.(脩然遠與世事閒。裝鸞駕鶴又復遠)"라는 구절을 전용한 것이다.(『李太白集』 권21 〈下途歸石門舊居〉)

134 주수珠樹 : 나뭇잎이 모두 구슬로 되어 있다는 신화 속의 나무로, 준재俊才 혹은 뛰어난 형제를 가리키는 말이다. 당나라 왕발王勃이 6세 때 기문奇文을 지어 사람들을 놀라게 하였는데, 그의 형인 왕면王勔과 왕극王勮도 재명才名이 있었으므로 부우父友인 두이간杜易簡이 왕씨삼주수王氏三珠樹라고 칭했던 고사가 있다.(『新唐書』 「文藝傳」 상 〈王勃〉)

135 사씨謝氏의 집 뜰 : 귀한 집안의 우수한 자제를 비유할 때 쓰는 말이다. 진晉나라 사현謝玄이 숙부인 사안謝安에게 "비유하자면 지란옥수가 집안 섬돌에 피어나 향기를 내뿜는 것과 같게 하겠다.(譬如芝蘭玉樹。欲使其生於階庭耳)"라고 자신의 소망을 밝힌 고사에서 유래한 것이다.(『晉書』 「謝安傳」)

136 조룡대釣龍臺 : 백마강에 있는 바위 이름이다. 나당羅唐 연합군이 백제를 공격할 적에 용의 조화로 구름과 안개가 끼어 방향을 구분할 수 없자 미끼로 유인하여 용을 낚아 올렸다는 전설이 있다. 고려 이곡李穀의 『稼亭集』 권5 「舟行記」에 이 내용이 자세히 나와 있는데, 이 부분을 발췌하여 소개하면 다음과 같다. "백마강 물가에 거대한 암석이 반원半圓의 형태로 튀어나와 있는데, 그 밑에 맑은 물이 잠겨 깊이를 헤아릴 수가 없었다. 당나라 군사가 이곳에 와서 강을 사이에 두고 진을 쳤는데, 강을 건너려고 하면 구름과 안개가 끼어서 사방이 어두워졌으므로 방향을 알 수가 없었다. 그래서 사람을 시켜 염탐하게 하였더니, 용이 그 밑의 굴속에 살면서 본국本國을 호위하고 있기 때문이라는 것이었다. 이에 당나라 사람이 술자術者의 계교를 써서 미끼를 던져 낚아 올리기로 하였는데, 용이 처음에는 저항하며 올라오지 않았으므로 있는 힘을 다하여 끌어 올리는 과정에서 바위가 갈라졌다고 한다. 그래서 지금도 물가의 암석에서부터 그 바위 꼭대기까지 한 자 남짓 깊이와 넓이에 길이가 거의 한 길쯤 되는 패인 흔적이 마치 사람이 일부러 깎아내어 만든 것처럼 보이는데, 이를 일러 조룡대라고 한다."

137 호접蝴蝶의 꿈속 : 옛날 장주莊周가 꿈속에 나비가 되어 훨훨 날아다니면서 즐겁게 노닐다가 꿈을 깨고 보니 엄연히 인간인 장주더라는 『장자』 「齊物論」 마지막의 호접

몽호접몽夢蝴蝶夢 이야기를 인용한 것이다.
138 한단邯鄲의 침상枕上 : 조趙나라 수도인 한단의 객점客店에서 당나라 소년 노생盧生이 도사道士 여옹呂翁의 베개를 빌려서 베고 잠을 잠깐 자는 사이에 부귀영화를 누리며 80세까지 사는 꿈을 꾸었는데, 깨어 보니 아까 주인이 짓던 황량黃粱, 즉 조밥이 채 익지 않았더라는 한단지몽邯鄲之夢의 고사를 인용한 것이다.
139 바위 병풍~흘린 피요 : 진시황秦始皇의 석교石橋에 대한 전설을 인용한 것이다. 진시황이 동해東海에 바윗돌로 징검다리를 놓아 바다를 건너가서 해가 뜨는 곳을 보려고 하자, 신인神人이 바위를 바다로 몰고 가면서 빨리 가지 않으면 채찍질을 하였으므로 바윗돌이 모두 피를 흘리며 붉게 변했다는 이야기가 진晉나라 복심伏深의 『三齊略記』에 나온다.
140 남아가 일찍감치~일남一南을 얻었도다 : 이 방백이 열심히 공부하여 호남의 방백이 되었다는 말이다. 송나라 진종 황제眞宗皇帝의 「勸學文」에 "남아가 평생의 뜻 이루려 한다면, 육경을 창 앞에서 열심히 읽어라.(男兒欲遂平生志。六經勤向窓前讀。)"라는 말이 나온다. 『古文眞寶』 전집前集 권1 맨 처음에 실려 있다. 쌍남雙南은 양남兩南과 같은 말로, 호남과 영남을 가리킨다.
141 전야田野를 살피느라 얼마나 노심초사하실까 : 이 방백이 직접 현장에 나아가 민생을 보살피느라 겨를이 없다는 말이다. 『맹자』 「梁惠王」 하에 "윗사람이 봄에는 밭갈이가 잘 되었는지 살펴보고서 부족한 것이 있으면 보충해 주고, 가을에는 수확이 잘 되었는지 살펴보고서 부족한 것이 있으면 도와준다.(春省耕而補不足。秋省斂而助不給。)"라는 말이 나온다.
142 조정에 돌아가면 세 번씩 토포악발吐哺握髮하시리 : 조정에 복귀하면 재상宰相으로서 현사賢士를 예우하며 국정을 이끌어 갈 것이라는 말이다. 주공周公의 아들 백금伯禽이 노魯나라에 봉해지자, 주공이 백금에게 "네가 노나라에 가거든 노나라 임금이라고 선비들에게 교만을 부리지 마라. 나는 문왕文王의 아들이요, 무왕武王의 아우요, 성왕成王의 숙부로서 천하의 재상이 되었지만, 머리 한 번 감을 때마다 세 번씩 머리털을 움켜쥐고서 나가고, 밥 한 번 먹을 때마다 세 번씩 밥을 뱉고 나가서(一沐三握髮。一飯三吐哺。) 선비들을 만나면서도 오히려 천하의 현사賢士를 놓칠까 염려하였다."라고 말하며 경계시킨 고사가 전한다.(『韓詩外傳』 권3)
143 연원은 관령關令으로부터~이로부터 전파되었네 : 윤 상사의 연원이 『道德經』의 고사와 관련된 함곡관函谷關의 관령關令 윤희尹喜로부터 나왔다는 말이다. 노자가 주周나라의 쇠함을 보고 서쪽으로 길을 떠나 함곡관에 이르렀을 때에 관령인 윤희의 간청을 받고는 5천여 언의 글을 써 주고서 떠나갔는데, 그 글이 지금 전하는 『도덕경』이라고 한다.(『史記』 권63 「老子韓非列傳」)
144 묻노니 마을에~우연이 아니로세 : 부조父祖가 쌓은 음덕 덕분에 후손들이 번성한다

는 말이다. 한나라 우 공于公이 옥사獄事를 공정하게 처리하여 억울한 사람들을 많이
구제하였으므로 사람들에 의해 생사生祠가 세워지기까지 하였다. 그가 일찍이 집을
수리하면서 "내가 음덕을 많이 쌓은 만큼 우리 자손 중에 고관이 많이 나올 것이니,
좁은 문을 개조해서 사마駟馬의 수레가 드나들 수 있도록 크게 만들어야 하겠다."라
고 하고는 대문을 높이 세웠다. 그런데 그가 말한 대로 뒤에 그의 아들 우정국于定國
이 승상이 된 뒤를 이어서 대대로 자손들이 봉후封侯되었다는 '우공고문于公高門'의
고사가 전한다.(『漢書』「于定國傳」)

145 가슴은 팔진八陣을~붓을 던졌고 : 병법에도 밝아서 계속 종군從軍하여 전공戰功을
세웠다는 말이다. 팔진八陣은 제갈량諸葛亮의 진법陣法인 팔진도八陣圖를 가리킨다.
또 후한後漢의 명장 반초班超가 젊었을 때 집이 가난하여 항상 글씨를 써 주는 품팔
이 생활을 하다가 한번은 붓을 던지면서 말하기를, "대장부가 별다른 지략이 없다면,
부개자傅介子나 장건張騫이라도 본받아서 이역異域에 나아가 공을 세워 봉후封侯가
되어야지, 어찌 오래도록 필연筆硯 사이에만 종사할 수 있겠느냐."라고 하더니, 뒤에
과연 절부節符를 쥐고 서역西域에 나아가 공을 세워서 정원후定遠侯에 봉해진 투필
종융投筆從戎의 고사가 있다.(『後漢書』「班超列傳」)

146 초모超母 : 어미를 뛰어넘는다는 뜻으로, 준재俊才를 비유하는 말이다. 천리마인 결
제駃騠의 새끼는 태어난 지 7일 만에 어미를 능가한다는 속설에서 나온 말이다.

147 식우食牛 : 소를 잡아먹는다는 뜻으로, 역시 뛰어난 인재를 비유하는 말이다. 호표虎
豹의 새끼는 털 무늬가 이루어지기 전에 벌써 소를 잡아먹을 기상을 보인다는 이야
기에서 나온 것이다.

148 낭형囊螢 : 반딧불 주머니라는 말로, 독실하게 공부하는 것을 비유하는 말이다. 진晉
나라 차윤車胤이 입사入仕 전에 집안이 가난해서 불 밝힐 기름을 살 돈이 없자 항상
수십 마리의 반딧불 벌레(螢火蟲)를 잡아 모아 망사 주머니에 넣어서 그 불빛으로 책
을 읽었다는 고사에서 유래한 것이다.(『晉書』 권83「車胤傳」)

149 면벽面壁 : 벽을 향해 앉아서 참선한다는 뜻이다. 보리달마菩提達摩가 남조南朝 양梁
나라 때 인도에서 중국에 온 뒤에 숭산嵩山 소림사少林寺에 머물면서 9년 동안이나
아무 말 없이 면벽 좌선을 하였으므로 사람들이 벽관바라문壁觀婆羅門이라고 칭했다
는 고사가 전한다.

150 한마디 말이~귀할 뿐이지 : 약속을 저버리지 않고 기필코 신의를 지키는 것을 말한
다. 한나라 범식范式과 장소張劭가 친하게 지내다가 각자 향리로 돌아갈 때, 2년 뒤에
범식이 장소의 모친을 찾아가 뵙겠다고 약속을 하였는데, 마침 그날이 돌아오자 과연
범식이 천 리 길을 찾아와서 마루에 올라 모친에게 절을 한 뒤에 즐겁게 술을 마시고
떠나갔던 고사가 전한다.(『後漢書』「范式傳」) 참고로 소식蘇軾의 시에 "천 리 멀리 있
어도 우정을 논함엔 한마디 말로 충분한 법, 그대와는 경개여고傾蓋如故의 고사도 필

요가 없도다.(千里論交一言足。與君蓋亦不須傾。)"라는 표현이 나온다.(『蘇東坡詩集』권 19〈次韻答孫侔〉)

151 고시高柴 : 공자孔子의 제자. 그는 발로 남의 그림자를 밟지 않았고, 땅속에서 갓 나온 벌레를 죽이지 않았으며, 한참 자라는 초목을 꺾지 않았고, 어버이의 상을 당해서 3년 동안 피눈물을 흘리며 한 번도 이를 드러내고 웃은 적이 없었다는 등의 말이 『논어』「先進」의 "시는 어수룩했다.(柴也愚)"의 주석에 나온다.

152 사군의 집은~번이나 읊었을까 : 상안商顔은 상산商山의 별칭이다. 지가芝歌는 자지가紫芝歌의 준말이다. 자지紫芝는 자줏빛의 영지靈芝를 가리킨다. 진秦나라 말기에 난리를 피하여 상산商山에 은거한 네 노인, 즉 동원 공東園公·기리계綺里季·하황 공夏黃公·녹리 선생甪里先生 등 사호四皓가 자지를 캐 먹고 배고픔을 달래면서 「자지가」를 지어 불렀다는 고사가 전하는데, 황 부사의 성이 황씨인 점을 감안하여 하황 공이 속한 상산사호의 고사를 거론한 것이다.

153 허유許由의 달 : 허유는 요堯임금이 왕위王位를 물려주는 것도 뿌리친 채 기산箕山의 아래 영수穎水의 북쪽에 숨어서 농사지으며 살았다는 인물인데, 요임금이 그에게 "해와 달 같은 당신이 나왔는데 내가 횃불을 계속 들고 있다면 그 빛에 있어서 또한 난처하지 않겠습니까.(日月出矣而爝火不息。其於光也。不亦難乎。)"라고 말하며 천하를 사양했다는 이야기가 『장자』「逍遙遊」에 나온다.

154 부열傳說의 장맛비 : 부열은 상商나라 임금 무정武丁의 명재상이다. 무정이 부열을 얻고 나서 "만약 나라에 큰 가뭄이 들면, 내가 그대를 장맛비로 삼으리라.(若歲大旱。用汝作霖雨。)"라고 말한 고사가 『서경』「說命」상에 나온다.

155 애석해라 날기에~숲에 들다니 : 황 부사가 임기를 채우기도 전에 그만두고 돌아가는 것을 비유한 것이다. 진晉나라 도잠陶潛이 지은 『歸去來辭』의 "구름은 무심히 산봉우리에서 나오고, 새는 날기에 지쳐 돌아올 줄 안다.(雲無心以出岫。鳥倦飛而知還。)"라는 말을 변용한 것이다.

156 조개皁蓋 : 흑색의 수레 덮개라는 뜻으로 지방 장관을 가리킨다. 『後漢書』「輿服志」상에 "중 2천 석과 2천 석은 모두 수레 덮개를 흑색으로 한다.(中二千石。二千石。皆皁蓋。)"라고 하였다. 군수郡守는 연봉 2천 석이다.

157 19인 : 20인 중 모수毛遂를 제외한 다른 사람들로, 보통 용렬하고 녹록한 사람을 비유하는 말이다. 전국시대 조趙나라 평원군平原君이 진秦나라의 침략을 당하여 초楚나라에 구원을 요청하러 갈 적에 수행원 20인 중에 1인이 부족하였다. 이때 문객인 모수가 자기가 가겠다고 자천自薦하니, 평원군이 모수에게 "현사의 처세를 비유하자면, 마치 송곳이 주머니 속에 들어 있어서 그 끝을 당장에 볼 수 있는 것과 같은데, 지금 당신이 나의 문하에 있었던 3년 동안 아무도 당신을 칭송한 것이 없으니, 이는 당신에게 특별한 것이 없는 것이다.(夫賢士之處世也。譬若錐之處囊中。其末立見。今先生

處勝之門下三年於此矣。左右未有所稱誦。勝未有所聞。是先生無所有也。)"라고 하자, 모수가 "가령 내가 진작 주머니 속에 들어갈 수만 있었다면 송곳 자루까지 다 나왔을 것이요, 그 끝만 보일 뿐이 아니었을 것이다.(使遂蚤得處囊中。乃穎脫而出。非特其末見而已。)"라고 답변하였다. 이에 평원군이 모수와 함께 가기로 결정하니, 다른 19인이 서로들 눈짓하며 모수를 비웃었는데(十九人相與目笑之), 결국에는 모수가 초나라에 가서 단독으로 뛰어난 실력을 발휘하여 초왕楚王과의 맹약盟約을 성사시킨 고사가 전한다.(『史記』「平原君虞卿列傳」)

158 육군六群 : 육군비구六群比丘의 준말로, 당파를 지어 악행을 행한 여섯 명의 비구를 가리킨다. 육중필추六衆苾芻라고도 한다. 석존釋尊이 계율을 여러 가지로 많이 만들게 된 것은 대부분 이들 때문이라고 한다. 『四分律』권22에 실려 있는 이들의 이름은 난타難陀·발난타跋難陀·가류타이迦留陀夷·천나闡那·아설가阿說迦·불나발弗那跋 등이다.

159 원거鶢鶋를 종고鐘鼓의 음악소리로 즐겁게 해주고 : 원거鶢鶋는 해조海鳥의 이름이다. 원거爰居라고도 한다. 이 새가 노魯나라 교외郊外에 날아와 앉자 임금이 그 새를 정중히 모셔다가 종묘宗廟에서 환영연을 베풀면서 순舜임금의 소악韶樂을 연주하고, 소·양·돼지 고기의 요리로 대접하니, 그 새는 눈이 부시고 근심과 슬픔이 교차하여 고기 한 점도 먹지 못하고 술 한 잔도 마시지 못한 채 3일 만에 죽고 말았다는 이야기가 『장자』「至樂」에 나온다.

160 원숭이에게 주공周公의~것과 같아서 : 『장자』「天運」에 "지금 원숭이를 데려와 주공의 옷을 입히면, 그는 반드시 물어뜯고 찢어발겨서 죄다 없애 버린 뒤에야 만족할 것이다.(今取猨狙而衣以周公之服。彼必齕齧挽裂。盡去而後慊。)"라는 말이 나온다.

161 여자餘子처럼 옛 걸음걸이를 잃게 되고 : 연燕나라 수릉壽陵 땅의 소년이 조趙나라 서울 한단邯鄲에 가서 그곳의 걸음걸이를 배우려다가 제대로 배우지도 못한 채 본래의 자기 걸음걸이마저 잊어버린 나머지 엉금엉금 기어서 돌아올 수밖에 없었다는 한단학보邯鄲學步의 이야기를 인용한 것이다.(『莊子』「秋水」) 여자餘子는 미성년자를 뜻한다.

162 한유韓愈처럼 광질狂疾이 발작할 것이 분명합니다 : 한유의 「上張僕射書」에 "옛사람이 '사람마다 각자 잘하는 일과 못하는 일이 있다'라고 하였는데, 이와 같은 것은 내가 잘할 수 있는 일이 아닙니다. 따라서 이를 억지로 행하게 하면 반드시 광질이 발작해서, 위로는 공무公務를 받들어 행할 수가 없어 은덕에 보답할 도리를 잊게 될 것이요, 아래로는 자립할 수가 없어 평소에 먹은 마음을 상실하게 될 것입니다.(古人有言曰。人各有能有不能。若此者。非愈之所能也。抑而行之。必發狂疾。上無以承事于公。忘其將所以報德者。下無以自立。喪失其所以爲心。)"라는 말이 나온다. 『古文眞寶』후집後集 권2에 수록되어 있다.

163 그저 귀를 어지럽히기만 하였으니 : 참고로 『장자』「天地」에 "다섯 가지 소리가 귀를 어지럽혀서 들어야 할 소리를 듣지 못하게 한다.(五聲亂耳。使耳不聰)"라는 말이 나온다.

164 흥이 다해서 그냥 돌아가신 것입니까 : 진晉나라 왕휘지王徽之가 폭설이 내린 달 밝은 밤에 산음山陰에서 홀로 술을 마시며 좌사左思의 〈招隱詩〉를 읊다가 불현듯 섬계剡溪에 있는 벗 대규戴逵가 보고 싶어지자, 밤새도록 배를 몰고 그 집 앞에까지 갔다가 그냥 돌아왔는데, 그 이유를 물으니 "흥이 나서 갔다가 흥이 다해서 그냥 돌아왔다.(乘興而行。興盡而返。)"라고 대답한 고사가 전한다.(『世說新語』「任誕」)

165 조수鳥獸와 함께 사는 자 : 은자隱者나 승려 등 방외인方外人을 비유하는 말이다. 『논어』「微子」에 "조수와는 함께 살 수가 없다. 내가 사람의 무리와 함께하지 않고 누구와 더불어 살겠는가.(鳥獸不可與同群。吾非斯人之徒與而誰與)"라고 말하면서 은자인 장저長沮와 걸닉桀溺을 비판한 공자의 탄식이 나온다.

166 면교面交 : 진심에서 우러나오지 않은 겉치레의 형식적인 사귐을 말한다.

167 혜원慧遠이나 태전太顚 : 유자儒者와 교유한 불승佛僧들이다. 혜원은 동진東晉의 고승으로, 여산廬山 동림사東林寺에서 승속僧俗 18인과 더불어 백련사白蓮社를 결성하고 도연명陶淵明 등과 교유하였으며, 태전은 한유韓愈가 조주 자사潮州刺史로 있을 적에 친하게 지내던 노승이다. 혜원은 혜원慧遠이라고도 한다.

168 10년 동안~지내게 되었습니다 : 목민관으로 선정을 베풀어 평화로운 고장으로 만들었다는 말이다. 칼을 갈아서 닭을 잡는다는 것은 지방을 다스리는 일을 비유한 것이다. 공자의 제자 자유子游가 무성武城의 수령으로 있을 때, 조그마한 고을에서 예악禮樂의 정사를 펼치는 것을 보고, 공자가 빙그레 웃으면서 "닭을 잡는 데에 어찌 소 잡는 칼을 쓰랴.(割雞焉用牛刀)"라고 농담으로 말했던 고사에서 유래한 것이다.(『論語』「陽貨」) 또 이백李白의 시에 "이곳 백 리의 고을만은 태고시대처럼 순박하여 흥겹게 희황 이전의 사람으로 누워 지낸다.(百里獨太古。陶然臥羲皇。)"라는 구절이 나온다.(『李太白集』 권10 〈經亂離後 天恩流夜郎 憶舊遊書懷 贈江夏韋太守良宰〉) 희황羲皇은 상고시대의 복희씨伏羲氏를 말하는데, 진晉나라 도잠陶潛의 글에 "오뉴월 여름철에 북창 아래에 누워 있다가 서늘한 바람이 잠깐 불어오면 스스로 희황 이전의 사람이라고 여기곤 했다.(五六月中。北窓下臥。遇凉風暫至。自謂是羲皇上人。)"라는 구절이 나온다.(『陶淵明集』 권7 「與子儼等疏」)

169 만약 추상秋霜~아쉽기만 합니다 : 조정에 들어가면 재상으로서 경륜을 발휘하여 멋있게 국정을 운영할 것인데 지금 그렇지 못하여 아쉽다는 말이다. 전욱顓頊이 예영曳影이라는 명검을 써서 사방을 정벌하였는데, 그 검을 사용하지 않고 상자 속에 보관하고 있을 때에는 용과 범이 신음하는 듯한 소리(如龍虎之吟)가 새어 나왔다는 전설이 전한다.(『拾遺記』「顓頊」) 촉룡燭龍은 촛불을 입에 물고 비춰 주는 용이라는 뜻이

다. 전국시대 초楚나라 굴원屈原의 〈天問〉에 "태양이 이르지 않는 곳이 없을 텐데 촉룡이 어째서 비춰 주는가.(日安不到, 燭龍何照.)"라는 말이 나오는데, 후한後漢 왕일王逸이 해설하기를, "하늘의 서북쪽에 해가 없는 어둠의 나라가 있는데, 그곳은 용이 촛불을 입에 물고 비춰 준다.(天之西北有幽冥無日之國. 有龍銜燭而照之也.)"라고 하였다. 운붕雲鵬은 구름 높이 치솟아 날아가는 대붕大鵬이라는 말이다.

170 이 세상에~않았던 분(生民以來未有也) : 최 정언이 공자와 같은 인물이라는 뜻으로 잔뜩 치켜세워 준 해학적인 표현이다. 공자의 제자인 재아宰我와 자공子貢과 유약有若이 "이 세상에 사람이 생겨난 이래로 공자와 같은 분은 계시지 않았다.(生民以來未有孔子也)"라고 말하였는데, 이에 대해서 맹자孟子가 그들의 지적 수준으로 볼 때 성인을 알기에 충분했을 것이요, 또 자기들이 좋아하는 분이라고 해서 굳이 아첨을 하지는 않았을 것이라고 하면서, 그들의 말이 믿을 만하다는 것을 증명해 주려고 길게 설명한 내용이 『맹자』「公孫丑」상에 나온다.

171 구품九品의 연지蓮池 : 극락정토에 왕생할 때 아홉 등급으로 나뉘는 연지蓮池를 말한다. 『觀無量壽經』에 의하면, 아홉 등급은 중생의 근기를 상품·중품·하품으로 분류하고, 이를 다시 상생上生·중생中生·하생下生으로 나눈 것인데, 이에 따라 왕생하는 정토도 구품의 정토로 나뉘고, 이들을 맞는 아미타불阿彌陀佛도 구품의 미타로 나뉘고, 수인手印도 구품의 수인으로 나뉘고, 염불하는 방법도 구품의 염불로 나뉜다고 한다. 이 구품 왕생 중에서 상품 상생의 경우는 그가 임종할 때에 관세음보살觀世音菩薩이 금강대金剛臺를 가지고 와서 그를 영접한다고 한다.

172 사람이 형편없다고~버리지 않는다(不以人廢言) : 『논어』「衛靈公」에 "군자는 말만 잘한다고 해서 그 사람을 높이 평가하지 않고, 그 사람이 형편없다고 해서 그 사람의 좋은 말까지 버리지는 않는다.(君子不以言擧人. 不以人廢言.)"라는 공자의 말이 나온다.

173 보는 날은~날이 많다(見少離別多) : 이백의 시에 "가고 오는 슬픔 어찌할거나. 보는 날은 적고 이별의 날이 많으니.(去來悲如何. 見少離別多.)"라는 말이 나온다.(『李太白集』권3 〈長干行〉) 이 한림李翰林은 이백의 별칭이다.

174 백련白蓮의 고회高會 : 동진東晉의 고승 혜원慧遠이 여산廬山의 동림사東林寺에서 유유민劉遺民·뇌차종雷次宗 등 명유名儒를 비롯하여 승속僧俗의 18현賢과 함께 서방 정토에 태어나기를 기원하는 염불 결사結社를 맺은 고사를 말하는데, 그 절의 못에 백련白蓮이 있었으므로 백련사白蓮社 혹은 연사蓮社라고도 칭한다.(『蓮社高賢傳』「慧遠法師」)

175 탄환과 같은 한 구역 : 우리나라가 중국에 비해서 비좁은 것을 비유한 말이다. 탄환은 흑자탄환黑子彈丸의 준말로, 매우 작은 것을 비유하는 말이다. 북주北周 유신庾信이 지은 「哀江南賦」의 "땅은 검은 사마귀만 하고, 성은 탄환과 같다.(地惟黑子. 城猶彈

丸)"라는 말에서 유래한 것이다.

176 언제 한~적이나 있으리오(何曾見一人) : 고관들이 벼슬을 그만두고 산속에 들어와서 한가히 지내겠다고 말은 쉽게 하지만, 정작 그 말을 실천하여 절간으로 들어오는 사람은 찾아보기 어렵다는 뜻의 해학적인 표현이다. 당나라 시승詩僧 영철靈徹이 여산廬山 동림사東林寺에 있을 적에 강서江西의 홍주 자사洪州刺史 위단韋丹이 칠언절구의 시를 보내 산림에 귀은歸隱하겠다는 뜻을 전하자, 영철이 역시 칠언절구로 답하였는데, 그 3구와 4구에 "만나는 이마다 벼슬 관두고 떠나겠다 말하지만, 숲 속에서 언제 한 사람 본 적이나 있으리오.(相逢盡道休官去。林下何曾見一人。)"라는 표현이 나온다.(『雲溪友議』권중「思歸隱」)

177 달 속의~꺾으려다가 실패했다 : 문과文科에 응시하여 급제하지 못했다는 말이다. 현량대책賢良對策에서 장원壯元을 한 극선郤詵에게 진 무제晉武帝가 소감을 묻자, 극선이 "계수나무 숲의 가지 하나를 꺾고, 곤륜산崑崙山의 옥돌 한 조각을 쥐었다."라고 답변하였는데, 월궁月宮에 계수나무가 있다는 전설을 여기에 덧붙여서 과거 급제를 '월궁절계月宮折桂'로 비유하곤 한다.(『晉書』권52「郤詵傳」)

178 도롱屠龍 : 용 잡는 기술을 써 보지 못했다는 도롱무용屠龍無用의 준말로, 자신의 능력을 발휘하지 못하는 아쉬움을 토로할 때 쓰는 말이다. 『장자』「列御寇」의 "주평만이 지리익에게서 용 잡는 기술을 배웠는데, 천금의 가산家産을 다 쏟으면서 3년 만에 그 기예를 완전히 익혔지만, 그 기교를 발휘해 볼 곳이 없었다.(朱泙漫學屠龍於支離益。單千金之家。三年技成。而無所用其巧。)"라는 말에서 나온 것이다.

179 담담한 경지에서~방황할 것이며 : 『장자』「應帝王」에 "그대가 마음을 담담한 경지에서 노닐고, 기운을 적막한 세계에 맞추어 모든 일을 자연에 따르게 하며 사심을 개입시키지 않는다면 천하는 잘 다스려질 것이다.(汝遊心於淡。合氣於漠。順物自然而無容私焉。而天下治矣。)"라는 말이 나오고, 「逍遙遊」에 "지금 그대가 큰 나무를 가지고 있으면서 쓸모가 없다고 걱정한다면, 어찌하여 아무것도 없는 시골 마을의 광막한 들판에다 심어 놓고, 그 옆에서 하는 일 없이 방황하고, 그 아래에서 누워 지내며 소요하지 않는 것인가?(今子有大樹。患其無用。何不樹之於無何有之鄕。廣莫之野。彷徨乎無爲其側。逍遙乎寢臥其下。)"라는 말이 나온다.

180 만승천자萬乘天子의 높은~돌아보지 않으면서 : 남조南朝 송宋의 공치규孔稚珪가 지은「北山移文」에 "세상 밖에 우뚝 높이 솟고, 연하의 밖에 맑고 깨끗해서 천금을 지푸라기처럼 여겨 돌아보지 않고, 만승천자의 높은 지위를 헌신짝 버리듯 한다.(亭亭物表。皎皎霞外。芥千金而不盼。屣萬乘其如脫。)"라는 말이 나온다.

181 원추鵷鶵가 썩은 쥐를 대하는 정도 : 원추는 지인至人을, 썩은 쥐는 세상의 공명功名을 비유한 말인데, 앞의 각주 108 참조.

182 몸을 세우고~행하려 하니 : 『孝經』「開宗明義章」에 "신체와 터럭과 살갗은 모두 부

모님에게서 받은 것이니 감히 다치지 않게 하는 것이 효도의 시작이요, 자신의 몸을 바르게 세우고 바른 도를 행하여 이름을 후세에 드날림으로써 부모님을 드러나게 해 드리는 것이 효도의 마지막이다.(身體髮膚。受之父母。不敢毀傷。孝之始也。立身行道。揚名於後世。以顯父母。孝之終也。)"라는 말이 나오는데, 무용당이 효의 시작과 마지막을 뒤바꿔서 서술한 것이 주목된다.

183 한나절의 한가함 : 당唐나라 이섭李涉이 지은 〈題鶴林寺僧舍〉라는 시의 "절간을 지나다가 스님과 만나 나눈 얘기, 떠도는 몸 한나절의 한가함을 또 얻었네.(因過竹院逢僧話。又得浮生半日閑。)"라는 명구를 인용한 것이다.

184 도陶가 원遠을~사랑한 것 : 도연명陶淵明과 혜원慧遠, 소동파蘇東坡와 참료자參寥子의 친분을 말한다. 여산廬山 동림사東林寺의 고승高僧 혜원이 도연명에게 술을 마시게 해주겠다고 하여 도연명을 동림사로 유인한 고사가 있으며, 또 도연명이 술에 취하면 그 위에 눕곤 해서 패인 흔적이 남게 되었다는 이른바 연명취석淵明醉石도 여산에 있다고 한다.(『蓮社高賢傳』「惠遠法師」, 『朱子語類』 권138) 참료자는 송宋나라의 저명한 시승詩僧인 도잠道潛의 호이다. 소동파와 절친한 관계를 맺고 시를 주고받았으며, 『參寥子詩集』이 세상에 전한다.

185 오마五馬 : 지방 수령을 비유하는 말인데, 앞의 각주 59 참조.

186 천근한 말도 자세히 살피기를 좋아하시어 : 『중용』의 "순임금은 묻기를 좋아하고 천근한 말도 자세히 살피기를 좋아하였으며, 남의 잘못을 숨겨 주고 잘한 점을 치켜세워 주었다.(舜好問而好察邇言, 隱惡而揚善。)"라는 말에서 발췌한 것이다.

187 희황羲黃의 시대 : 희황은 고대 전설에 나오는 복희씨伏羲氏와 황제黃帝의 병칭으로, 이상적인 태평 시대를 뜻한다.

188 금비金鎞 : 안과 수술용 쇠칼을 가리킨다. 옛날 인도의 양의良醫가 금비를 가지고 맹인의 눈알에 덮인 희끄무레한 백태를 긁어내어 광명을 되찾게 해주었다는 이야기가 『涅槃經』 권8에 나온다.

189 베로 만든~뇌문雷門에 어울리겠습니까 : 무용당 자신의 시는 베로 만든 북(布鼓)과 같아서 뇌문의 북과 같은 명백의 시와는 아예 비교가 되지 않을 정도로 초라하다는 뜻의 겸사謙辭이다. 한漢나라 왕존王尊이 동평왕東平王의 상相이 되었을 때, 왕 앞에서 태부太傅가 〈相鼠〉라는 시를 강론하는 것을 보고는, "소리도 안 나는 베 북을 가지고 천지를 진동시키는 큰 북이 걸려 있는 뇌문 앞을 지나가지 마라.(毋持布鼓過雷門)"라고 하면서, 변변찮은 재주로 자기 앞에서 뽐내지 말라는 뜻으로 힐난했던 고사에서 유래한 것이다. 뇌문은 회계會稽의 성문을 가리키는데, 뇌문 위에 걸린 북은 소리가 커서 낙양洛陽에까지 들릴 정도였다고 한다.(『漢書』「王尊傳」)

190 시천詩川 : 이후원李厚遠(1598~1660)의 호이다. 둔촌遁村 이집李集의 10대손으로, 이집의 문집 『遁村雜詠』을 개간하였으며, 문집으로 『詩川集』이 있다. 이덕수李德壽의

『西堂私載』에 『시천집』의 서문이 실려 있는데, 거기에 처사 이 공李公이 보성寶城의 시천에 은거하여 임천林泉의 낙을 즐겼다는 말이 나온다.

191 빗자루를 든 제자 : 빗자루 운운은 축신祝腎의 제자 전개지田開之가 "저는 빗자루를 들고 문간과 뜰이나 쓸 뿐이었으니, 선생님에게 무엇을 들었겠습니까.(開之操拔篲以侍門庭。亦何聞於夫子。)"라고 한 말에서 발췌한 것이다.(『莊子』「達生」)

192 도혜陶惠와 한전韓顚 : 도연명陶淵明과 혜원惠遠, 한유韓愈와 태전太顚의 친분을 말하는데, 앞의 각주 167 참조.

193 노능盧能이 본래~읊은 것 : 중국 불교 선종禪宗의 오조五祖인 홍인 선사弘忍禪師의 상좌 신수神秀가 "몸은 바로 보리수요, 마음은 명경대와 같다. 때때로 부지런히 떨고 닦아서 먼지가 일지 않게 해야 한다.(身是菩提樹。心如明鏡臺。時時拂拭勤。勿使惹塵埃。)"라고 게偈를 짓자, 혜능慧能이 이를 반박하여 "보리는 본디 나무가 아니요, 명경은 또한 대가 아니다. 본래 한 물건도 없거늘, 먼지가 어디에서 일어난단 말인가.(菩提本非樹。明鏡亦非臺。本來無一物。何處惹塵埃。)"라고 게를 지어 읊은 고사가 『六祖壇經』에 나온다. 혜능의 속성이 노씨盧氏이기 때문에 노능盧能이라고도 한다.

194 서자西子가 이마~경우도 있는데 : 무용당이 실력은 없이 다른 사람의 시문이나 모방해서 짓는다는 뜻으로 인용한 말이다. 춘추시대 월越나라의 미인 서시西施가 가슴이 아파서 이마를 찌푸리는 모습이 더 아름답다고 느낀 추녀醜女가 자기도 이를 흉내 내어 얼굴을 찡그리며 다니자 사람들이 모두 도망쳤다는 이야기가 『장자』「天運」에 나온다.

195 조문석사朝聞夕死 : 『논어』「里仁」의 "아침에 도를 들으면 저녁에 죽어도 좋다.(朝聞道。夕死可矣。)"라는 공자의 말을 인용한 것이다.

196 우물 안~말한 것 : 『장자』「秋水」에 이 내용이 자세히 나온다.

197 시동尸童과 축관祝官이~하고 있으니 : 분수를 모르고 주제넘게 행동한다는 말이다. 『장자』「逍遙遊」의 "요리하는 사람이 주방에서 일을 잘 처리하지 못한다고 해서 시동이나 축관이 제기를 뛰어넘어 와서 그 일을 대신할 수는 없는 일이다.(庖人雖不治庖。尸祝不越樽俎而代之矣。)"라는 말에서 유래한 것이다.

198 숭악 전崇岳顚과 황벽 운黃檗運 : 숭악은 남송南宋 임제종臨濟宗 양기파楊岐派의 승려인 송원松源을 가리키고, 황벽黃檗은 당나라의 선승禪僧인 희운希運을 가리킨다. 육유陸游가 송원의 탑명塔銘을 짓고, 배휴裵休가 희운의 어록을 정리한 고사가 유명하다. 숭악과 전顚의 관련성에 대해서는 미상이다.

199 깜깜한 길에~노려보는 법이니 : 진의를 제대로 파악하지 못하고서 오히려 시기하고 모함할 우려가 있다는 말이다. 한나라 추양鄒陽이 모함을 받고 투옥된 뒤에 옥중에서 상소한 글 가운데 "깜깜한 길을 비춰 주려고 명월주와 야광벽을 던져 주면, 모두가 칼을 뽑으려 하면서 노려본다.(明月之珠。夜光之璧。以闇投人於道路。人無不按劍相

眄者.)"라는 대목이 나오는 데에서 유래한 것이다.(『史記』「魯仲連鄒陽列傳」)

200 조박糟粕 : 술 찌꺼기라는 말이다. 조백糟魄이라고도 한다. 제 환공齊桓公이 책을 읽는 것을 보고 윤편輪扁이 "왕이 읽고 있는 것은 옛사람이 남긴 술 찌꺼기이다.(君之所讀者. 古人之糟魄而夫.)"라고 말한 고사가 전한다.(『莊子』「天道」)

201 세상에 표준이~것(立言)이 그것이다 : 『春秋左氏傳』「襄公」24년에 "덕을 세우는 것이 최상이요, 공을 세우는 것이 그 다음이요, 말을 세우는 것이 그 다음인데, 이 세 가지는 세월이 아무리 흘러도 없어지지 않으니, 이를 일러 썩지 않는다고 한다.(太上有立德. 其次有立功. 其次有立言. 雖久不廢. 此之謂不朽)"라는 이른바 삼불후三不朽에 대한 말이 나온다.

202 일반一斑 : 표범 무늬 중의 하나의 반점斑點이라는 뜻으로, 전체는 못 되어도 부분적으로나마 식견을 갖춘 것을 가리킨다. 진晉나라 왕헌지王獻之가 소년 시절에 도박 놀음을 옆에서 지켜보며 훈수를 하다가, "대롱으로 표범을 보고는 그 반점 하나를 보는 식이다.(管中窺豹. 見一斑.)"라고 비평을 받은 고사에서 나온 것이다.(『世說新語』「方正」)

203 경희慶喜 : 범어 Ānanda의 의역인데, 음역은 아난阿難, 혹은 아난다阿難陀이다. 불타의 십대 제자 중 하나로, 다문제일多聞第一로 일컬어지는데, 불경은 모두 "이와 같이 내가 들었다.(如是我聞)"라는 그의 말로 시작된다.

204 수명친착樹鳴親着 : 인도의 논사인 용수龍樹·마명馬鳴·세친世親·무착無着의 합칭이다.

205 외장관밀外長觀密 : 외外와 장長은 미상이다. 글자가 잘못되지 않았나 의심되기도 한다. 관觀과 밀密은 중국 화엄종의 4조와 5조인 당나라 청량 징관淸涼澄觀과 규봉 종밀圭峯宗密을 말하는 듯하다.

206 다섯 종파 : 중국 선종禪宗의 오가五家, 즉 위앙종潙仰宗·임제종臨濟宗·운문종雲門宗·법안종法眼宗·조동종曹洞宗을 말한다.

207 교연皎然과 육우陸羽 : 교연은 당대唐代의 저명한 시승詩僧이다. 장성長城 사씨謝氏의 아들로, 사영운謝靈運의 10세손이라고 하며, 호주湖州의 저산杼山에 거하였으므로 저산으로 칭해지기도 하였다. 육우는 당나라의 은자隱者로 『茶經』 3편의 저술을 남겨 다성茶聖과 다신茶神으로 추앙을 받았으며, 교연과는 치소망년지교緇素忘年之交를 맺고 막역하게 지내었다.

208 비단옷을 안에~수가 없었다 : 무용당은 자신의 문채가 드러나지 않도록 속에 감췄으나 시간이 갈수록 명성이 널리 퍼지게 되었다는 말이다. 『中庸』 33장에 "『시경』에 '비단옷을 입고 겉에 홑옷을 걸친다'라고 하였으니, 이는 문채가 밖으로 드러나는 것을 싫어해서이다. 그러므로 군자의 도는 은은하게 날로 빛이 나는 반면에, 소인의 도는 산뜻한 듯하지만 날로 빛이 바래는 것이다.(詩曰. 衣錦尙絅. 惡其文之著也. 故君子

之道。闇然而日章。小人之道。的然而日亡。)"라는 말이 나온다.

209 **새가 나래를~날아가는 듯하여**(鳥斯革翬斯飛) : 건물이 웅장하고 화려한 것을 뜻하는 표현인데, 『시경』 「小雅」〈斯干〉의 "추녀가 마치 새가 나래를 펼치는 듯, 꿩이 날아가는 듯하였다.(如鳥斯革. 如翬斯飛)"라는 말에서 나온 것이다.

210 **이루**離婁 : 황제黃帝 때에 백 보步 앞에서 추호秋毫의 끝을 알아보고, 천 리의 침봉鍼鋒을 알아볼 정도로 눈이 밝았다는 사람의 이름이다. 이주離朱라고도 한다.

211 **장백**匠伯**이 도끼를 휘둘렀으며** : 영郢이라는 지역의 장석匠石이 도끼를 휘둘러서 사람의 코끝에 살짝 묻힌 하얀 흙만 교묘하게 떼어내고 사람은 절대로 다치지 않게 하였는데, 그럴 때마다 흙을 묻힌 사람은 가만히 서서 미동微動도 하지 않았다는 운근성풍運斤成風의 이야기가 『장자』 「徐无鬼」에 나온다.

212 **승요**僧繇 : 남북조시대南北朝時代의 화공畫工 장승요張僧繇를 가리킨다. 양 무제梁武帝가 절을 꾸미려고 그에게 단청을 하게 하였는데, 네 마리 용 가운데 눈동자의 점을 찍은 두 마리는 곧바로 날아가 버리고 눈동자를 찍지 않은 두 마리는 그대로 남아 있었다는 화룡점정畫龍點睛의 고사가 전한다.(『歷代名畫記』「張僧繇」)

213 **기린의 뿔과 봉황의 부리** : 최상급의 아교를 말한다. 서해 봉린주鳳麟洲에 사는 봉황의 부리(鳳喙)와 기린의 뿔(麟角)을 합쳐서 달여 만든 속현교續絃膠라는 아교풀은 궁노弓弩의 끊어진 줄도 다시는 끊어지지 않게 단단히 이을 수 있다는 전설에서 유래한 것이다.(『海內十洲記』, 『博物志』권3) 참고로 두보杜甫의 시에 "기린 뿔과 봉의 부리를 세상이 알지 못하는데, 아교풀 달여 줄 이으면 기이함 절로 드러나네.(麟角鳳觜世莫識。煎膠續弦奇自見)"라는 말이 나온다.(『杜少陵詩集』권3〈病後遇王倚飲贈歌〉)

214 **서촉**西蜀**의 단청**丹青 : 최상급의 채색 물감을 말한다. 이사李斯의 「上秦皇逐客書」에, 반드시 진秦나라의 산물만 고집한다면 "서촉에서 생산되는 단청이 진나라에서는 채색으로 쓰이지 못하게 될 것이다.(西蜀丹青不爲采)"라는 말이 나온다.

215 **옛날에 중니**仲尼**가~훨씬 뛰어나다**(賢於堯舜遠矣) : 공자가 멀리 요임금과 순임금을 조종祖宗으로 받들어 계승하고, 가까이로는 문왕文王과 무왕武王의 법도를 드러내 밝혔다(仲尼祖述堯舜。憲章文武)는 말이 『중용』에 나온다. 또 『맹자』 「公孫丑」상에, 재아宰我와 자공子貢과 유약有若의 지혜가 비록 낮다고 하더라도, 자신이 좋아하는 스승이라고 해서 무턱대고 공자에게 아부하며 영합하려는 생각을 가지고 있지 않았을 것이다(汚不至阿其所好)라고 맹자가 전제한 뒤에 본문에 나오는 재아의 말을 소개하고 있다.

216 **십이부**十二部 : 십이부경十二部經, 즉 불경을 형식과 내용에 따라 열두 종으로 분류한 것으로, 계경契經·응송應頌·기별記別·풍송諷頌·자설自說·인연因緣·비유譬喩·본사本事·본생本生·방광方廣·희법希法·논의論議 등을 말하는데, 십이분경十二分經 혹은 십이분교十二分教라고도 한다.

217 사성육범四聖六凡 : 십계十界를 가리킨다. 십계는 미迷와 오悟, 즉 범부凡夫와 성자
聖者의 두 종류로 나뉘는데, 지옥·아귀·축생·수라修羅·인간·천상 등 육계六界를
육범六凡이라 하여 유위有爲의 과보에 소속시키고, 성문聲聞·연각緣覺·보살菩薩·
불佛 등 사계四界를 사성四聖이라 하여 무위無爲의 과보에 소속시킨다. 또 불을 제외
한 구계九界를 인因으로 하고, 불의 일계一界를 과果로 하여 구인일과九因一果라고
칭하기도 한다.

218 칠중七衆 : 부처를 따르는 일곱 부류의 제자라는 뜻으로, 비구·비구니·식차마나式
叉摩那·사미沙彌·사미니沙彌尼·우바새優婆塞·우바이優婆夷를 가리키는데, 이 중
에서 우바새와 우바이는 재가인이고, 나머지는 모두 출가인이다.

219 현수賢首의 주각註脚 : 당나라 현수 법장賢首法藏의 『반야바라밀다심경략소般若波羅蜜多心經略疏』 1권을
말한다. 줄여서 『반야심경략소般若心經略疏』라고도 한다.

220 옥봉玉峰의 연주連珠 : 남송南宋 옥봉사회玉峰師會가 현수賢首의 『略疏』를 다시 주석
한 『반야심경략소연주기般若心經略疏連珠記』 2권을 말한다.

221 책 공策公이~빛나도록 하였는데 : 책 공은 누구인지 미상이다. 당나라 규봉 종밀圭
峯宗密이 금강경 해설서로 『금강반야경소론찬요金剛般若經疏論纂要』 2권을 지었다.

222 내가 그~흉내 내었다 : 글을 잘 써 줄 사람도 많겠지만 사형師兄과의 정리情理를 생
각해서 부족한 솜씨나마 이렇게 서문을 쓰게 되었다는 뜻의 겸사謙辭이다. 송무松茂
는 『시경』 「소아小雅」 〈사간斯干〉의 "대나무가 꽉 들어찬 듯, 소나무가 무성하게 우거진 듯, 형
과 아우가 서로 좋아하도다.(如竹苞矣。如松茂矣。兄及弟矣。式相好矣。)"라는 말에서 나
온 것으로 형제간의 우애를 비유한 것이다. 손을 다친다는 것은 『노자』 74장의 "뛰어
난 목수 대신 나무를 깎는다면, 손을 다치지 않을 사람이 드물 것이다.(夫代大匠斲者。
希有不傷其手矣。)"라는 말에서 발췌한 것이다. 일빈一嚬은 한 번 찡그린다는 뜻인데,
앞의 각주 194 참조.

223 범음梵音의 유래는~거슬러 올라간다 : 조위曹魏의 진사왕陳思王 조식曹植이 어산魚
山에서 노닐 적에 암곡巖谷 사이에서 송경誦經하는 소리를 듣고는 감동한 나머지 그
음절을 모사摹寫하여 범패梵唄를 지었다고 한다. 어산은 산동성山東省 동아현東阿縣
서쪽에 있는데, 어산魚山 혹은 오산吾山이라고도 한다. 그리고 여기에서 유래하여 범
패를 어범漁梵 혹은 어패漁唄라고도 한다.(『法苑珠林』 권36, 「佛祖歷代通載」 권6, 『釋氏
稽古略』 권1)

224 옥천玉泉 : 지리산 옥천사玉泉寺에 주석하며 『어산구감魚山九鑑』을 지은 신라 진감眞鑑 선사
혜조慧照를 말한다. 앞의 각주 52 참조. 최치원崔致遠의 『고운집孤雲集』 제2권 「진감화상비
명眞監和尙碑銘」에 "선사는 본디 범패를 잘하였다. 그 음성은 마치 금옥金玉이 울리는 것 같았는
데, 측조側調로 날리는 소리가 상쾌하고도 애잔하여 제천諸天의 신神들을 환희하게
할 정도여서 길이 먼 곳까지 유전流傳될 만한 것이었다. 이를 배우는 자들이 당우堂

宇에 가득하였는데, 선사는 싫증을 내지 않고 이들을 정성껏 가르쳤다. 그래서 지금까지 동국東國에서 어산魚山 범패의 묘음妙音을 익히는 자들이 다투어 코를 막는 것(掩鼻)처럼 하면서 옥천玉泉의 여향餘響을 본받고 있으니, 이 어찌 성문聲聞으로 제도濟度하는 교화가 아니겠는가."라는 말이 나온다.

225 포고布鼓를 가지고~되고 말았으니 : 자격이 없는 자가 오히려 실력 있는 사람에게 함부로 덤벼들며 설치는 세상이 되었다는 말이다. 앞의 각주 189 참조.

226 오언烏焉 : 글자의 모양이 서로 비슷해서 착오를 빚기 쉽기 때문에 베껴 쓰거나 전달하는 과정에서 내용이 잘못되는 것을 비유하는 말로 쓰인다.

227 이웃 사람들이~본받게 되었다 : 무용당이 실력도 없이 서문을 쓰게 되었다는 뜻으로 인용한 고사인데, 앞의 각주 194 참조.

228 송宋나라 사람이~무엇보다도 중요하니 : 알기 쉽게 해주려고 해설을 덧붙이는 것이 본래의 선지禪旨에는 어긋난다고 할 수 있으나, 둔근鈍根 중생을 위해서는 불가피한 일이라는 뜻으로 비유한 말이다. 어떤 송나라 사람이 밭의 싹을 빨리 자라게 하기 위해 위로 뽑아 올렸다는 알묘조장揠苗助長의 이야기가 『맹자』 「公孫丑」 하에 나온다. 수모水母는 해파리이다. 해파리는 이목耳目이 없으므로 사람을 피할 줄 모르는데, 해파리에 의지하여 붙어사는 새우가 사람을 보고서 놀라기 때문에 물속으로 들어가 피한다는 수모목하水母目蝦의 이야기가 진晉나라 곽박郭璞의 「江賦」에 나온다.

229 미천彌天 노인 : 미천은 진晉나라 고승 도안道安의 별명인데(앞의 각주 24 참조), 여기서는 조선 숙종肅宗 때의 승려인 월저 도안月渚道安(1638~1715)을 가리킨다. 그의 제자에 설암 추붕雪巖秋鵬(1651~1706)이 있다. 본문의 붕 공은 추붕을 가리킨다.

230 아홉 길의~없게 하였다 : 유종有終의 미를 거두기 위해 열심히 노력했다는 말이다. 『書經』 「旅獒」의 "밤낮으로 혹시라도 부지런하지 않는 일이 없게 해야 한다. 작은 행실을 조심하지 않으면 마침내 큰 덕에 누를 끼친 결과, 마치 아홉 길의 산을 쌓아 올리다가 한 삼태기의 흙을 덜 부어 망쳐 버리는 것처럼 될 것이다.(夙夜罔或不勤. 不矜細行. 終累大德. 爲山九仞. 功虧一簣.)"라는 말을 발췌한 것이다.

231 붕 공이야말로~이룰 만하다 : 추붕秋鵬이 효자처럼 은사인 도안道安의 뜻을 잘 계승하여 발전시켰다는 말이다. 『중용』의 "효라고 하는 것은 선인의 뜻을 잘 계승하고 그 사업을 잘 발전시키는 것을 말한다.(夫孝者. 善繼人之志. 善述人之事者也.)"라는 말을 발췌한 것이다.

232 나를 망하게 한다(喪予) : 애제자를 잃은 슬픔을 비유하는 말이다. 안연顔淵이 죽었을 때, 공자가 "하늘이 나를 망하게 한다.(天喪予)"라고 탄식한 말에서 유래한 것이다.(『論語』「先進」)

233 백장 대사百丈大士 : 당나라 백장 회해百丈懷海(720~814)를 가리킨다. 선종禪宗이 형성되던 초기에 선림禪林에 제도나 의식이 없었는데, 백장이 총림叢林을 건립하면

서 법당法堂·승당僧堂·방장方丈 등의 제도를 만들고, 동서東序·요원寮元·당주堂主·화주化主 등 승려의 각종 직무를 규정하였다. 이것을 『百丈淸規』라고 한다.

234 제천諸天 : 불교 사원이나 암자의 별칭이다. 참고로 두보杜甫의 시에 "나무 덩굴 저 너머에 응당 암자가 있으련만, 깜깜해진 뒤에나 겨우 꼭대기에 오르겠군.(諸天合在藤蘿外。昏黑應須到上頭)"이라는 구절이 나온다.(『杜少陵詩集』권12〈滈城縣香積寺官閣〉)

235 십도十度 : 십바라밀十波羅蜜을 가리킨다. 보시·지계持戒·인욕忍辱·정진·정려靜慮·지혜의 육바라밀六波羅蜜에, 방편·원願·역力·지智의 바라밀을 더한 것이다. 십승행十勝行이라고도 한다.

236 계려揭厲 : 사람이 냇물을 건너가는 것을 형용한 말이다. 『시경』「邶風」〈匏有苦葉〉에 "허리띠에 찰 정도로 물이 깊으면 옷 입은 채로 건너가고, 물이 무릎 아래 정도로 차면 바지를 걷고 건너간다.(深則厲。淺則揭)"라는 말이 나온다.

237 꿩이 날고~치는 듯한(翬飛鳥革) : 장려壯麗한 건축물을 표현하는 말인데, 앞의 각주 209 참조.

238 방포方袍 : 방포객方袍客의 준말로, 승려를 가리킨다. 방포는 방형方形으로 된 비구의 가사를 가리킨다. 방복方服이라고도 한다.

239 대원왕大願王 : 보현보살普賢菩薩의 열 가지 대원大願과 같은 큰 서원을 뜻한다.

240 우로愚老가 산을~메우려는 것 : 우공이산愚公移山과 정위전해精衛塡海의 설화를 인용한 것으로, 현실적으로 실현이 불가능한 무모한 계책을 말할 때 쓰는 비유이다. 북산北山의 우 공愚公이 앞에 산이 가로막혀 통행이 불편하였으므로 가족들과 함께 산을 옮기려고 매일 흙을 퍼 나르기 시작하였는데, 처음에는 산신령이 비웃었으나 자자손손 대대로 이 일을 행하겠다는 우 공의 뜻을 알고는 천제天帝에게 보고하자, 이에 감동한 천제가 신력의 소유자인 과아씨夸娥氏를 내려보내 그 산을 등에 업고 다른 곳에 옮기게 했다는 이야기가 『列子』「湯問」에 나온다. 또 염제炎帝의 막내딸이 동해에서 노닐다가 익사한 뒤에 한을 품고 정위精衛라는 작은 새가 되어 서산西山의 나무와 돌을 물어다가 동해를 메우려고 했다는 전설이 『山海經』「北山經」에 나온다.

241 열여섯 분 성인聖人 : 송광사의 이른바 열여섯 국사國師를 말하는데, 차례로 소개하면 다음과 같다. ① 보조普照 국사 지눌知訥(1158~1210), ② 진각眞覺 국사 혜심慧諶(1178~1234), ③ 청진淸眞 국사 몽여夢如(?~1252), ④ 진명眞明 국사 혼원混元(1191~1271), ⑤ 원오圓悟 국사 천영天英(1215~1286), ⑥ 원감圓鑑 국사 충지沖止(1226~1292), ⑦ 자정慈靜 국사, ⑧ 자각慈覺 국사, ⑨ 담당湛堂 국사, ⑩ 혜감慧鑑 국사 만항萬恒(1249~1319), ⑪ 자원慈圓 국사, ⑫ 혜각慧覺 국사, ⑬ 각진覺眞 국사 복구復丘(1270~1355), ⑭ 정혜淨慧 국사, ⑮ 홍진弘眞 국사, ⑯ 고봉高峰 국사 법장法藏(1350~1428).

242 승요僧繇 : 남북조시대의 유명한 화가 장승요張僧繇를 가리킨다. 앞의 각주 212 참

조.

243 사위국의 급고~정사를 헌납하였다 : 기원정사祇園精舍의 고사를 말한 것이다. 인도 사위성의 수달 장자須達長者가 석가의 설법을 듣고 매우 경모敬慕한 나머지 정사를 세워 주려고 기타 태자祇陀太子의 원림園林을 구매하려고 하자, 태자가 장난삼아서 "황금을 이 땅에 가득 깔면 팔겠다."라고 하였다. 이에 수달 장자가 집에 있는 황금을 코끼리에 싣고 와서 그 땅에 가득 깔자, 태자가 감동하여 그 땅을 매도하는 한편 자기도 원園 중의 임목林木을 희사하여 마침내 기원정사를 건립하였다. 수달 장자는 급고독給孤獨 장자로 일컬어지기도 하였는데, 이 정사가 기타 태자와 그의 후원으로 이루어졌기 때문에 기수급고독원祇樹給孤獨園으로 부르기도 한다. 이 정사는 왕사성王舍城의 죽림정사竹林精舍와 함께 불교 최초의 양대 정사로 꼽힌다. 겸금兼金은 보통의 금보다 갑절의 값이 나가는 상품의 금을 말한다. 천중천은 제천諸天 중의 가장 수승한 자라는 뜻으로, 부처의 존호의 하나이다. 천인중존天人中尊·천중왕天中王·초신超神·신중지신神中之神·천인사天人師 등으로 칭하기도 한다.

244 송광사 상사당上舍堂의 인연 : 수선사修禪社 제9대 담당湛堂 국사가 송광사 상사당에서 암자 곁의 예천醴泉을 마시며 선정을 닦은 끝에 사흘 만에 견성했다는 전설을 말한다. 그래서 그 암자를 삼일암三日庵이라 하고, 샘 이름도 삼일영천三日靈泉이라고 했다 한다.

245 이구尼丘 : 산동山東 곡부曲阜에 있는 산 이름인데, 여기서는 공자의 별칭으로 쓰였다. 공자의 부모가 이곳에서 기도하여 공자를 낳았다(禱於尼丘得孔子)는 기록이 『사기史記』「공자세가孔子世家」에 나온다. 그래서 공자의 이름을 구丘라 하고, 자字를 중니仲尼로 했다고 한다.

246 동산桐山 : 신라 구산선문九山禪門의 하나인 동리산桐裏山을 가리킨다. 신라 혜철 국사惠哲國師(785~861)가 헌덕왕憲德王 6년(814)에 당나라에 가서 서당 지장西堂地藏의 심인心印을 받고 문성왕文聖王 1년(839)에 돌아와 전남 곡성谷城 동리산桐裏山 태안사泰安寺에서 개당開堂하고 동리산파桐裏山派의 개조開祖가 되었다. 혜철惠哲은 혜철慧徹로, 태안사泰安寺는 태안사大安寺로 쓰기도 하고, 동리산桐裏山은 봉두산鳳頭山으로 칭해지기도 한다. 성기암聖祈庵은 태안사에 속한 암자이다.

247 삼명三命 : 술수가術數家들이 이야기하는 수명受命·조명遭命·수명隨命을 말한다. 수명受命은 연수年壽를 뜻하고, 조명遭命은 선善을 행하다가 흉화凶禍를 만나는 것을 말하고, 수명隨命은 선악에 따른 보답을 말한다.

248 방에 경쇠만~해야 하나 : 원래 산속에서 청빈하게 살아야 하는 승려의 생활이라고는 하나 끼니를 자주 거르는 배고픔은 또 어떻게 해야 하느냐는 말이다. 방 안에 아무것도 없이 경쇠만 달랑 매달려 있는 것 같다는 실여현경室如懸磬의 고사가 『춘추좌씨전』「희공僖公」 26년조에 나오는데, 매우 가난한 생활을 비유하는 말로 쓰이곤 한다. 적

취적취翠는 푸르름이 쌓였다는 뜻으로, 청산青山을 가리킨다. 삼순구우三旬九遇는 삼순구식三旬九食과 같다. 자사子思가 30일 동안 밥을 아홉 번 먹었다는 삼순구식의 고사가 『설원說苑』「입절立節」에 나온다. 또 도잠陶潛의 시에 "30일 동안 아홉 번 끼니를 떼우고, 10년에 한 번 관을 썼다네.(三旬九遇食。十年著一冠)"라는 말이 나온다.(『陶淵明集』권4〈擬古〉)

249 동림東林 원 법사遠法師 : 동진東晉의 고승 혜원慧遠을 말하는데, 앞의 각주 174 참조.

250 서악西岳 휴 상인休上人 : 당말唐末 오대五代의 승려인 관휴貫休(823~912)를 가리킨다. 그는 시詩·서書·화畵에 능했으며, 특히 그의 필체를 세상에서 강체姜體라고 불렀다. 그는 속성이 강씨姜氏이다. 선월 대사禪月大師와 득득 화상得得和尚이라는 별호가 있으며, 『西岳集』과 『禪月集』이 전한다. 『古文眞寶』 전집前集 7권에 〈古意〉라는 제목의 그의 시가 수록되어 있다. 참고로 『全唐詩』 권829 〈寄馮使君〉이라는 제목의 오언율시 1구, 2구에 "벽운의 저물녘에 단정히 앉아 있노라니, 예쁜 새가 붉은 꽃에 목 놓아 우네.(端居碧雲暮。好鳥啼紅芳)"라는 말이 나온다.

251 창을 돌이켜~수 없었도다 : 혜철 국사 당대에는 스승을 능가할 만한 진정한 후계자가 나오지 않았으나, 그 뒤에 성황을 이루어 구산선문九山禪門의 하나인 동리산파桐裏山派를 이루었다는 말이다. 창을 잡고 들어온다는 것은 스승의 가르침을 능가하는 안목을 지녔다는 말로, 청출어람靑出於藍과 비슷한 말이다. 후한後漢의 하휴何休가 『춘추春秋』의 삼전三傳에 대해서 저술을 하였는데, 정현鄭玄이 그 내용을 반박하여 수정을 가하자, 하휴가 "강성이 나의 방에 들어와서는, 나의 창을 잡고서 나를 치는구나.(康成入吾室。操吾矛以伐我乎)"라고 감탄하였던 고사가 전한다.(『後漢書』「鄭玄傳」) 강성은 정현의 자字이다. 또 『사기史記』「오자서열전伍子胥列傳」에 "사람이 많으면 하늘을 이기는 경우도 있지만, 하늘의 뜻이 정해지면 역시 사람을 능히 이기는 법이다.(人衆者勝天。天定亦能破人)"라는 말이 나오는데, 소식蘇軾이 이를 인용하여 "人衆者勝天。天定亦勝人"이라는 시구로 표현하면서 더욱 유명한 격언이 되었다.(『蘇東坡詩集』권45 〈用前韻 再和孫志擧〉)

252 공수公輸 : 춘추시대 노魯나라의 교공巧工 공수반公輸般을 가리킨다. 공수반公輸班 혹은 노반魯班이라고도 한다.

253 이루離婁 : 눈 밝은 사람의 별칭으로서, 앞의 각주 210 참조.

254 대부大夫의 양재良材 : 양질의 목재를 뜻한다. 대부는 오대부五大夫의 준말이다. 진시황秦始皇이 태산에 올라가 봉선封禪의 제사를 올리고 나서 홀연히 폭풍우를 만나자 소나무 아래로 피했는데, 그 소나무가 공을 세웠다고 하여 오대부五大夫의 작위를 내려 봉했다는 '대부송大夫松'의 고사에서 나온 것이다.(『史記』「秦始皇本紀」)

255 높고 곧은 기둥들(覺覺之楹) : 『시경詩經』「소아小雅」〈사간斯干〉의 "평평하고 반듯한 뜰 위에 높

고 곧은 기둥이 섰도다.(殖殖其庭。有覺其楹。)"라는 말을 발췌한 것이다.

256 겹겹이 바위가 쌓인 산(巖巖之石) : 『시경』「소아」〈節南山〉의 "우뚝 솟은 저 남산이여, 바윗돌이 겹겹이 쌓여 있도다.(節彼南山。維石巖巖。)"라는 말을 발췌한 것이다.

257 금오金烏 : 태양의 별칭이다. 태양 속에 세 발 달린 금 까마귀가 있다는 전설에서 유래한 것이다.

258 만수曼殊 : 네 가지 천화天華 중 하나인 만수사화曼殊沙華를 가리킨다. 부처가 『法華經』을 설하려고 삼매三昧에 들었을 적에 하늘에서 만다라화曼陀羅華·마하만다라화摩訶曼陀羅華·만수사화曼殊沙華·마하만수사화摩訶曼殊沙華 등 네 종류의 꽃이 무수히 떨어졌다고 한다. 그 꽃이 선백색鮮白色으로 유연柔軟하여 이를 보는 자들이 악업을 끊을 수 있다고 하는데, 남조南朝 양대梁代의 법운法雲이 지은 『法華義記』 권1에는 만수사화를 적단화赤團花라고 번역하였다.

259 잣나무가 뜰~완전히 드러났네 : 정전백수자庭前柏樹子의 화두를 인용한 것인데, 앞의 각주 46 참조.

260 조혁휘비鳥革翬飛 : 새가 나래를 치고 꿩이 날아간다는 뜻으로, 웅장한 건물을 비유하는 말인데, 앞의 각주 209 참조.

261 철위산鐵圍山 : 우주의 외곽을 둘러싸고 있는 산을 말한다. 불교의 세계관에 의하면, 이 세계의 중심에 수미산須彌山이 있고, 그 주위를 팔산八山과 팔해八海가 둘러싸고 있는데, 가장 바깥에 있는 쇠로 만들어진 산이 바로 철위산이라고 한다.

262 금륜金輪 : 지층地層의 가장 아래에 있다고 하는 금강륜金剛輪을 말한다. 불교의 세계관에 의하면, 기세간器世間은 업력業力에 의해 위에서부터 아래로 풍륜風輪·수륜水輪·금륜金輪의 삼륜三輪으로 구성되는데, 금륜은 두께가 3억 2만 유순由旬이고, 직경은 12억 3450유순인 황금층黃金層이라고 한다.

263 비법자非法者 : 속세의 탐욕에 빠져서 불법을 범한 자들이라는 말인데, 여기서는 이름만 선승禪僧일 뿐 제대로 수도하지 않고 거드름 부리는 승려들을 가리키는 말로 쓰였다. 전생에 나태하여 선禪을 닦는 시늉만 하며 사욕邪慾에 사로잡혀 바라문婆羅門 여자인 제위提韋의 공양만 받고 재물과 돈만 구하는가 하면, 아라한과阿羅漢果를 얻었다고 속이며 기만하던 다섯 승려가 죽은 뒤에 지옥에 떨어져서 8천 겁劫이 지나서야 다시 남근男根과 여근女根이 없는 둔근鈍根의 인간으로 태어났다는 오천제라五闡提羅의 이야기가 『未曾有因緣經』 권하에 나온다.

264 처사處士의 혼 : 매화를 가리킨다. 처사는 북송北宋의 은사隱士인 임포林逋를 가리킨다. 임포는 항주杭州 전당錢塘 사람으로, 서호西湖의 고산孤山에 초막을 짓고는 매화를 심고 학을 기르며 숨어 살았으므로 당시 사람들이 '매처학자梅妻鶴子'라고 일컬었는데, 그가 매화를 읊은 〈山園小梅〉 시에 "맑고 얕은 물 위에 성긴 그림자 가로 비끼고, 황혼녘 달빛 속에 은은한 향기 떠도누나.(疎影橫斜水淸淺。暗香浮動月黃昏。)"라는

명구名句가 나온다.

265 청전青田의 깃 : 학을 가리킨다. 청전은 중국 영가군永嘉郡에 있는 유명한 백학白鶴의 생산지이다. 참고로 소식蘇軾의 시에 "드높이 날던 청전의 백학이여, 답답하게 새장에 갇혀 사누나.(軒軒青田鶴。鬱鬱在樊籠)"라는 말이 나온다.(『蘇東坡詩集』 권12 〈僧惠勤初罷僧職〉)

266 현포玄圃 : 곤륜산崑崙山 정상에 있다는 신선의 거처를 말한다. 그 위에는 금대金臺 옥루玉樓와 기화요초琪花瑤草가 만발해 있다고 하는데, 보통 선경仙境의 뜻으로 쓰인다. 현포懸圃 혹은 현포縣圃라고도 한다.

267 백설白雪의 백白과~색만 희다뿐이겠는가 : 맹자가 고자告子와 성性에 대해 논하면서 "백우의 백이 백설의 백과 같으며, 백설의 백이 백옥의 백과 같은가?(白羽之白也。猶白雪之白。白雪之白。猶白玉之白與)"라고 물은 대목을 발췌하여 인용한 것이다.

268 단사표음簞食瓢飲 : 안빈낙도安貧樂道의 생활을 말한다. 『논어』 「옹야」에 "어질다, 안회顏回여, 한 그릇 밥과 한 표주박 물을 마시며 누항에 사는 것을 사람들은 근심하며 견뎌내지 못하는데, 안회는 그 낙을 바꾸지 않으니, 어질도다, 안회여.(賢哉。回也。一簞食。一瓢飲。在陋巷。人不堪其憂。回也。不改其樂。賢哉。回也)"라고 칭찬한 공자의 말이 나온다.

269 탁영탁족濯纓濯足 : 앞의 각주 34 참조.

270 일중일엄一重一掩은 주인의~될 것이며 : 중첩한 산봉우리는 친지親知와 같고, 산새와 산꽃은 형제와 같다는 말이다. 일중일엄은 한 번 겹치고 한 번 감싼다는 뜻으로, 산봉우리가 조밀하게 겹겹이 둘러싼 것을 말한다. 폐부肺腑는 가깝게 지내는 사람을 말하고, 우우友于는 『書經』 「君陳」의 '우애하는 형제(友于兄弟)'에서 나온 말로, 형제를 가리킨다. 두보杜甫의 시에 "일중일엄은 나의 폐부요, 산새와 산꽃은 나의 우우로세.(一重一掩吾肺腑。山鳥山花共友于)"라는 말이 나온다.(『杜少陵詩集』 권22 〈嶽麓山道林二寺行〉)

271 호중壺中의 천지 : 호리병 속의 선경仙境이라는 뜻이다. 후한後漢의 술사術士인 비장방費長房이 시장에서 약을 파는 선인仙人 호공壺公의 총애를 받아 그의 호리병 속으로 들어갔더니, 그 안에 일월이 걸려 있고, 선경인 별천지가 펼쳐져 있더라는 전설에서 유래한 것이다.(『後漢書』 「方術傳」 하 〈費長房〉)

272 귤리橘裏의 건곤乾坤 : 귤 속의 세상이라는 뜻으로, 보통은 위기圍棋의 즐거움을 말하지만, 여기서는 신선과 같은 생활을 비유하는 말로 쓰였다. 촉蜀나라 파공인巴邛人의 귤원橘園에서 항아리 크기의 귤을 수확하여 쪼개 보니, 그 속에서 두 노인이 바둑을 두다가 "귤 속의 즐거움이 상산보다 못하지 않다.(橘中之樂不減商山)"라고 말했다는 이야기가 당나라 우승유牛僧孺의 『玄怪錄』 「巴邛人」에 나온다.

273 웅경조신熊經鳥伸 : 고대古代 도인양생법導引養生法의 일종으로, 곰이 나무에 올라

가서 가지에 매달리거나, 새가 날아가며 목을 길게 빼고 다리를 뻗는 것 같은 동작으로 체조하는 것을 말한다.

274 탄하복기吞霞服氣 : 자연의 청정한 기운을 들이마시며 호흡을 조절하는 것을 말한다.『漢書』「司馬相如傳」하에 "밤이슬을 마시고 아침 놀을 먹는다.(呼吸沆瀣兮餐朝霞)"라는 말이 나온다.

275 신라시대에 대각~흐르는 동안 : 선암사仙巖寺는 신라 경덕왕景德王 원년(742)에 도선 국사道詵國師가 창건하고, 고려 선종宣宗 9년(1092)에 대각大覺 국사가 중건하였다. 원문은 "自羅朝大覺國老。創始而來。年所幾至千有餘。"로 되어 있는데, 우선 원문에 따라 번역하였으나, 이 대목은 원문에 착오가 있는 듯하다. 일단 대각 국로를 대각 국사 의천義天으로 본다면 '羅朝'는 응당 '麗朝'가 되어야 할 것이고, '羅朝'가 맞는다면 '大覺國老'는 '道詵國老'의 잘못이 아닐까 한다.

276 언 대사彦大師가~할 것인가 : 언 대사는 동진東晉의 승려 담언曇彦을 말한다. 그는 허순許詢과 함께 탑을 쌓다가 허순이 먼저 죽고 나서 120세까지 살았다고 한다. 그가 "2백 년 뒤에 비의가 나와서 비석에 새겨 기록할 것이다.(二百年後以待非衣刻石記之)"라고 예언하였는데, 나중에 당나라 재상 배휴裵休가 불법佛法에 귀의하여 그 말대로 했다는 이야기가『金石史』권2「唐圭峯禪師碑」에 나온다. '非衣'는 '裵'의 파자破字이다. 3백 년이라고 한 것은 2백 년의 잘못으로, 무용당의 착오가 아닌가 한다.

277 보거輔車의 형세 : 상호 의지하며 힘을 합쳐서 돕는 것을 말한다. "덧방나무와 수레바퀴는 서로 의지하고, 입술이 없어지면 이가 시리게 된다.(輔車相依。脣亡齒寒)"라는 속담에서 나온 말이다.(『春秋左氏傳』「僖公」5년) 덧방나무는 짐이 떨어지지 않도록 수레의 양쪽 가장자리에 덧대어 세운 나무를 가리킨다.

278 사성四聖 : 보통은 성문聲聞·연각緣覺·보살菩薩·불佛을 말하는데, 여기서는 선암사가 선찰禪刹인 점을 감안할 때 선종에서 예불할 때의 사존四尊인 아미타불阿彌陀佛·관세음보살觀世音菩薩·대세지보살大勢至菩薩·대해중보살大海衆菩薩을 가리키는 것이 아닌가 한다.

279 사람이 천지~것과 같다 : 인생이 너무도 빨리 허무하게 흘러가는 것을 비유한 말이다.『장자』「知北游」에 "사람이 천지 사이에 사는 것은 마치 하얀 망아지가 담장의 틈 사이를 지나가는 것처럼 순간일 따름이다.(人生天地之間, 若白駒之過隙。忽然而已)"라는 말이 나온다.

280 새처럼 자유롭게 날아다니는(鳥行) :『장자』「天地」의 "성인은 메추라기처럼 거처가 일정하지 않고 새 새끼처럼 주는 대로 받아먹으며, 새처럼 자유롭게 날아다닐 뿐 자취를 전혀 남기지 않는다.(夫聖人鶉居而鷇食。鳥行而無彰)"라는 말에서 발췌한 것이다.

281 종기를 터뜨리고서 : 삶을 마감하고 죽음을 맞이한다는 말이다.『장자』「大宗師」의

"그들은 삶을 혹이나 무사마귀처럼 여기고, 죽음을 붓거나 곪은 종기가 터지는 것으로 여긴다.(彼以生爲附贅縣疣.以死爲決疣潰癰)"라는 말에서 나온 것이다.

282 상호相好 : 부처의 이른바 삼십이상三十二相 팔십종호八十種好를 말한다. 삼십이상은 서른두 종류의 현저한 특징을 말하고, 팔십종호는 여든 가지의 미세한 특징을 말하는데, 『大智度論』 권4에 상세히 설명되어 있다. 성불하기 위해 장구한 세월과 각종 수행의 계위階位를 거치는 것을 역겁성불歷劫成佛이라고 칭하는데, 그중에 상호의 업業을 닦는 것도 포함되어 있다.

283 감겁減劫 : 인간의 수명은 백 년마다 1세씩 줄어드는데, 8만 세부터 점점 감소해서 10세까지 되는 기간을 감겁이라고 한다. 증겁增劫은 그 반대이다.

284 용화수龍華樹 아래에서~제도할 것이다 : 현재 도솔천의 내원內院에 있는 미륵보살이 앞으로 56억 7천만 년이 지나면 이 땅에 내려와 용화수 아래에서 성불한 뒤에 3회의 법회를 열어 중생을 구원하는데, 제1회에선 96억, 제2회에선 94억, 제3회에선 92억 등 과거 석가모니불의 교법 아래에서 득도하지 못한 중생들을 상중하 삼근三根으로 구별하여 모두 제도한다고 한다. 이를 용화삼회龍華三會, 혹은 미륵삼회彌勒三會 · 자존삼회慈尊三會라고 한다.

285 화연化緣 : 인연 있는 자를 교화한다는 뜻으로, 신도에게 보시를 권유하는 것을 말한다. 모화募化 혹은 구화求化 · 봉가奉加 · 모연募緣 · 권연勸緣이라고도 한다.

286 팔상성도상八相成道相 : 부처가 중생을 제도하기 위해 이 세상에 출현하여 나타내어 보이는 여덟 가지 모습으로, 여러 설이 있으나 보통 강도솔상降兜率相 · 탁태상託胎相 · 강생상降生相 · 출가상出家相 · 항마상降魔相 · 성도상成道相 · 설법상說法相 · 열반상涅槃相을 꼽는다. 석가팔상釋迦八相 · 여래팔상如來八相이라고도 하며, 혹은 줄여서 팔상八相이라고 한다.

287 불상을 맥麥의~복을 얻는다(造像如麥.獲福無量) : 『釋門歸敬儀』 권下 「濟時護法篇」과 『緇門警訓』 권4 「住持三寶」에 경문으로 인용되어 나온다. 맥麥은 고대 인도의 길이 단위로, 보리 한 알 정도의 길이에 해당한다. 『俱舍論』 권12와 『大唐西域記』 권2 등에 의하면, 7맥이 1지절指節과 같고, 24지절이 1주肘와 같고, 4주가 1궁弓과 같은데, 1주는 즉 2책수磔手이고, 1책수는 약 23cm에 해당한다고 한다.

288 세간은 공중에~먹는 것이다 : 세간의 복은 마치 허공에 쏘는 화살과 같아서 힘이 다하면 떨어지게 마련이지만, 출세간의 복은 썩지 않는 금강석金剛石을 먹는 것과 같아서 영원히 지속된다는 말이다. 『화엄경』 52권 「如來出現品」에 "비유컨대 장부가 약간이라도 금강을 먹으면 끝까지 없어지지 않는 것과 같다.(譬如丈夫.食少金剛.終竟不消.)"라고 하면서 그 이유를 설명한 이른바 식금강食金剛의 비유가 나온다. 또 『雲笈七籤』 권70 「內丹決法」 〈還丹內象金鑰匙〉에 "사람의 삶은 마치 화살을 공중에 쏘았을 때 힘이 다하면 다시 땅에 떨어지는 것과 같다.(人之生如箭射空.力盡還墜.)"라는

말이 나온다.
289 **부사**浮槎 : 전남 순천시 낙안읍의 옛 이름이다.
290 **자르지도 말고~한 것**(勿翦勿拜) : 주周나라 소백召伯, 즉 소공召公 석奭의 덕정德政을 찬미한 『시경』「小雅」〈甘棠〉의 "무성한 감당나무를 자르지도 말고 휘지도 말라. 소백이 머무셨던 곳이니라.(蔽芾甘棠。勿翦勿拜。召伯所說。)"라는 말을 발췌한 것이다.
291 **말이 없어도 길이 이루어지는 것** : 사마천司馬遷이 이광李廣의 인품을 흠모하여 "복사꽃과 오얏꽃은 말이 없지만 사람들이 알고서 찾아오기 때문에 그 아래에 자연히 길이 이루어진다.(桃李不言。下自成蹊。)"라고 평한 글을 인용한 것이다.(『史記』「李將軍列傳」) 이광은 흉노가 비장군飛將軍이라고 무서워하면서 감히 침입을 하지 못했던 한 무제漢武帝 때의 명장이다.
292 **무하**無何 : 무하유지향無何有之鄕의 준말로, 아무것도 없는 시골 마을이라는 뜻이다. 『장자』「逍遙遊」의 "지금 자네가 큰 나무를 가지고 있으면서 쓸모가 없다고 걱정한다면, 어찌하여 아무것도 없는 시골 마을의 광막한 들판에다 심어 놓고, 그 옆에서 하는 일 없이 방황하고, 그 아래에서 누워 지내며 소요하지 않는 것인가?(今子有大樹。患其無用。何不樹之於無何有之鄕。廣莫之野。彷徨乎無爲其側。逍遙乎寢臥其下。)"라는 말에서 유래한 것이다.
293 **곡굉**曲肱 : 팔을 베고 눕는다는 뜻으로, 안빈낙도의 즐거움을 말한다. 『논어』「述而」에 "나물밥에 물 마시고 팔을 베고 눕더라도 즐거움이 또한 그 속에 있나니, 떳떳하지 못한 부귀는 나에게 뜬구름과 같다.(飯疏食飮水。曲肱而枕之。樂亦在其中矣。不義而富且貴。於我如浮雲。)"라고 한 공자의 말이 나온다.
294 **영귀**詠歸 : 노래하며 돌아온다는 뜻으로, 자연 속에서 한껏 즐기며 유유자적하는 것을 비유하는 말이다. 공자의 제자 증점曾點이 "늦은 봄에 봄옷이 만들어지면 관을 쓴 벗 대여섯 명과 아이들 육칠 명을 데리고 기수에 가서 목욕을 하고 기우제 드리는 곳에서 바람을 쏘인 뒤에 노래하며 돌아오겠다.(暮春者。春服旣成。冠者五六人。童子六七人。浴乎沂。風乎舞雩。詠而歸。)"라고 자신의 뜻을 밝히자, 공자가 그 기상에 감탄을 하며 "나는 점과 함께하겠다.(吾與點也)"라고 허여했던 고사가 『논어』「先進」에 나온다.
295 **나를 알~있는 것**(罪我) : 공자가 『春秋』를 지었는데, 『춘추』는 천자가 하는 일이기 때문에, 공자가 "나의 뜻을 알 수 있는 것도 이 『춘추』이고, 나를 죄줄 수 있는 것도 이 『춘추』이다.(知我者其惟春秋乎。罪我者其惟春秋乎。)"라고 말했다는 내용이 『맹자』「滕文公」하에 나온다.
296 **나를 아는 자는 드물다**(知我者稀) : 노자의 『道德經』 70장에 "나를 아는 자가 드물다. 그렇기 때문에 내가 존귀한 것이다.(知我者希。則我者貴。)"라는 말이 나온다.
297 **주변**周遍**과 상락**常樂**과~흩어진 것이고** : 무변법계無邊法界에서 상락아정常樂我靜의 원융한 화엄의 도리를 설하고 있는 것은, 법신法身인 비로자나毘盧遮那의 몸이 일一

에서 다多로 화현한 것이라는 말이다. 참고로 비로자나가 주변미진찰해周遍微塵刹海에 시현하여 항상 십처十處에서『華嚴大經』을 설한다는 설변십처說遍十處의 설명이 당나라 청량 징관淸涼澄觀의『華嚴經隨疏演義鈔』에 나온다.

298 불상佛像과 사탑寺塔과~일갈을 하였습니다 : 불심천자佛心天子로 일컬어지는 양 무제梁武帝가 보리달마菩提達磨를 만나서 "내가 사원을 많이 세우고 승려들을 많이 출가시켰는데, 무슨 공덕이 있는가?(朕起寺度僧. 有何功德)"라고 묻자, 달마가 "아무 공덕도 없다.(無功德)"라고 답변한 내용이『碧巖錄』제1칙 평창評唱에 나온다. 언우齵齲는 빠드렁니에 충치 먹은 사람이라는 말로, 달마의 별칭이다.『벽암록』의「三敎老人序」에 "언우가 중국에 건너와서 오직 심인만을 전하고 문자를 세우지 않은 것은 당연한 일이다.(齵齲來東單傳心印. 不立文字固也.)"라는 말이 나온다.

299 화장華藏 : 연화장세계蓮華藏世界의 준말로, 석가의 진신眞身인 비로자나불毘盧遮那佛의 정토를 가리킨다.

300 제자는 귀목龜木~제자가 되었습니다 : 사람으로 태어나서 불법을 만난 것이 크나큰 행운이라는 말이다. 귀목龜木은『열반경』권20「高貴德王菩薩品」의 "사람의 몸을 얻기 어려운 것이 우담발화 같은데 내가 지금 이미 얻었고, 여래를 만나기 어려운 것이 우담발화보다 더한데 내가 지금 이미 만났으며, 청정한 법보를 보고 듣는 것이 어려운데 내가 지금 이미 들었으니, 비유컨대 눈먼 거북이 바다에 떠다니는 나무의 구멍을 만난 것과 같다.(人身難得如優曇花. 我今已得. 如來難値過優曇花. 我今已値. 淸淨法寶難得見聞. 我今已聞. 猶如盲龜値浮木孔.)"라는 말에서 발췌한 것이다. 침개針芥는 바늘과 겨자씨라는 뜻으로, 역시 서로 만나기 어려운 것을 비유하는 말이다. 땅 위에 바늘 하나를 세워 놓고 하늘 위에서 겨자씨 한 알을 떨어뜨려 바늘에 꿰는 것처럼 불법을 만나기가 어렵다는 고사에서 유래한 것이다.(『南本涅槃經』「純陀品」)

301 포대布袋 : 오대五代 양梁 때의 승려인 포대 화상布袋和尙을 말한다. 자칭 계차契此라고 하고, 또 장정자長汀子라는 호를 가졌으며, 세상에서 미륵보살의 화신이라고 칭했는데, 항상 지팡이 끝에 자루(布袋) 하나를 매달고 다니면서 물건을 가진 사람을 보면 구걸하며 보시를 권하곤 했으므로 사람들이 포대 화상이라고 불렀다 한다.(『宋高僧傳』권21,『佛祖統紀』권43)

302 너에게 돌아간다(反而反爾) :『맹자』「梁惠王」하에 "너에게서 나온 것은 너에게로 돌아간다.(出乎爾者. 反乎爾者.)"라는 증자曾子의 말이 인용되어 나온다. 본문의 '反而'는 '反爾'와 같다.

303 공수工倕 : 수倕는 고대 교장巧匠의 이름이다. 요堯임금의 부름을 받고 백공百工의 우두머리가 되었기 때문에 공수라 칭했다 한다.『장자』「達生」에 "공수가 줄을 그으면 그림쇠와 곱자를 쓴 것 같았다. 그의 손가락은 줄을 긋는 재료와 하나가 되어 사심으로 분별하는 일이 없다. 그래서 마음이 전일해서 막히는 일이 없는 것이다.(工倕旋而

蓋規矩。指與物化而不以心稽。故其靈臺一而不桎。"라는 말이 나온다.

304 폐우蔽牛의 거목 : 그늘이 소를 가릴 만큼 큰 나무라는 뜻이다. 『장자』「人間世」에 "장석이 제나라로 가다가 곡원에 이르러 상수리나무 사당의 나무를 보았는데, 그 그늘이 수천 마리의 소를 가릴 만큼 컸으며, 굵기는 백 아름이나 되었다.(匠石之齊。至於曲轅。見櫟社樹。其大蔽數千牛。絜之百圍。)"라는 말이 나온다.

305 우우禹의 도끼 : 고대에 우禹가 치산치수治山治水할 때 손에 쥐고 휘둘렀던 도끼라는 말이다.

306 진秦의 채찍 : 앞의 각주 139 참조.

307 기특하기 그지없나니~번을 지나갔고 : 한눈을 팔지 않고 이 공사에 모든 심력을 기울였다는 말이다. 우禹와 직稷이 난세를 평정할 적에 "자기 집 문 앞을 세 번 지나갔어도 들어가지 않았다.(三過其門而不入)"라는 말이 『맹자』「離婁」하에 나온다.

308 근훤芹暄 : 미나리와 햇볕이라는 말로, 성의만 지극할 뿐 보잘것없는 물건이라는 뜻의 겸사로 쓰이는 말이다. 옛날 시골 사람이 미나리 맛이 기막히다면서 윗사람에게 바쳤다가 조소를 당한 헌근獻芹의 고사와, 따뜻한 햇볕을 임금에게 바치면 중상重賞을 받을 것이라면서 기뻐했다는 헌훤獻暄의 고사를 합친 것이다.

309 신운身雲 : 구름이 끝없이 피어나는 것처럼 무량하고 무수하고 무변한 불신佛身을 비유하는 말이다. 화엄종에서는 비로자나가 삼세간에 걸쳐 열 가지 무애無碍를 갖추고 있다는 십신구족용삼세간十身具足融三世間의 법계신운설法界身雲說을 제기하고 있다.

310 삼각三覺 : 자신이 깨닫는 자각自覺, 남을 깨닫게 하는 각타覺他, 지행知行이 일치하는 각행원만覺行圓滿을 가리킨다.

311 회린悔吝은 움직임에서 생기는 것이니 : 『주역』「繫辭傳」하에 "길흉과 회린은 움직임에서 생기는 것이다.(吉凶悔吝者。生乎動者)"라는 말이 나온다.

312 결계結界 : 안거하여 결속하며 수행에 정진하기 위해서 경계를 획정한 지역이라는 뜻의 불교 용어로, 도량의 구역이라는 말과 같은데, 여기서는 그러한 도량을 물색하였다는 뜻으로 쓰였다.

313 섭삼귀일攝三歸一 : 회삼귀일會三歸一과 같은 말로, 삼승三乘을 개회開會하여 일승一乘에 귀결시킨다는 말이다. 부처가 영취산에서 설했다는 『법화경』「火宅喩」에 양거羊車·녹거鹿車·우거牛車의 삼거三車와 대백우거大白牛車가 나오는데, 천태종과 화엄종에서는 삼거를 성문승聲聞乘·연각승緣覺乘·보살승菩薩乘의 삼승이라 하고, 대백우거를 일승이라 하여 삼승은 모두 일승을 위한 방편 교설이라는 입장을 취하고 있다. 개권현실開權顯實 혹은 폐권립실廢權立實이라고도 한다. 한편 가상嘉祥과 자은慈恩 등은 우거가 바로 대백우거라고 하여 사거四車의 설을 부인하며, 삼승 중의 보살승이 바로 불승佛乘이라는 설을 개진하여 성문과 연각의 이승이 보살승에 귀입한

다는 회이귀일會二歸一의 설을 주장한다.

314 오과사향五果四向 : 사향은 성문의 사과인 수다원과須陀洹果·사다함과斯陀含果·아나함과阿那含果·아라한과阿羅漢果를 말하고, 오과는 여기에 벽지불辟支佛, 즉 독각과獨覺果를 더한 것이다.

315 비단 덮개가 뚫린(穿縠) 뒤에 : 사후死後와 같은 말이다. 『七女觀經』권1에 "비유컨대 참새가 병 속에 들어와서 비단 덮개로 그 입구를 막았는데, 그 비단 덮개가 뚫려 참새가 날아가면 신명이 받은 대로 따라가는 것과 같다.(如雀在甁中。羅縠覆其口。縠穿雀飛去。神明隨所受。)"라는 말이 나오고, 『三論玄義』권1에도 이 말을 인용하면서 "비단 덮개가 뚫려 참새가 날아가는 것처럼 육체가 무너지면 정신이 달아나는 것이다.(縠穿雀飛去。形壞而神走。)"라고 하였다.

316 육취六趣 : 중생이 각자 지은 업에 따라서 윤회한다는 천상·인간·수라修羅·지옥·아귀餓鬼·축생을 말하며, 육도六道라고도 한다.

317 보새蒲塞 : 범어 upāsaka의 음역인 이보새伊蒲塞의 준말로, 오계를 받은 재가 남자 불교 신도를 말한다. 우바새優婆塞라고도 하며, 근사남近事男·근선남近善男·청신남淸信男·청신사淸信士 등으로 의역된다. 여자 신도는 우바이優婆夷라고 한다. 『佛本行集經』권32에 의하면, 불타가 성도한 뒤에 차리니가差梨尼迦 수림樹林에서 결가부좌하고 있을 때 북천축에서 온 제위提謂와 바리波利의 두 상주商主 형제가 불타에게 공양하고 계를 받아 최초의 이보새가 되었다고 한다.

318 칠중항수七重行樹와 칠중나망七重羅網과~이루어진 가운데에서 : 구마라집鳩摩羅什이 번역한『阿彌陀經』권1에 "또 사리불아, 극락국토에는 칠중난순과 칠중나망과 칠중항수가 모두 사보로 이루어져 주위를 에워싸고 있는데, 이 때문에 그 나라를 극락이라고 부르는 것이다.(又舍利弗。極樂國土。七重欄楯。七重羅網。七重行樹。皆是四寶。周匝圍繞。是故彼國名爲極樂。)"라는 말이 나온다. 칠중항수는 일곱 겹으로 줄지어 선 나무라는 뜻이고, 나망羅網은 금실로 꿰어진 보배 그물이라는 뜻이고, 난순欄楯은 직선과 곡선의 난간을 말하고, 사보四寶는 금·은·유리·파려玻瓈를 말한다.

319 상품 금강과~솟아오른 가운데에서 : 서방 정토에 왕생할 적에 중생의 근기를 아홉 등급으로 나누어 그들이 임종할 때 관세음보살 등 중성衆聖이 각각 다른 연대蓮臺를 가지고 와서 영접한다고 하는데,『觀無量壽經』에 의하면, 상품 상생에서 하품 하생까지 순서대로 금강대金剛臺·자금대紫金臺·금련화金蓮華·연화대蓮華臺·칠보연화七寶蓮華·보련화寶蓮華·연화蓮華·금련화金蓮華에 태워 극락으로 데려간다고 한다. 이를 구품연대九品蓮臺라고 하는데, 이 중 중품 하생의 경우는 생략되어 있다. 앞의 각주 171 참조.

320 십호十號 : 여래십호如來十號, 즉 부처의 열 가지 별칭으로, 응공應供·정변지正遍知·명행족明行足·선서善逝·세간해世間解·무상사無上士·조어장부調御丈夫·천인

사天人師·불佛·세존世尊을 말한다.

321 삼삼품三三品 : 구품의 맨 아래에 있는 둔근 중생이라는 뜻인데, 앞의 각주 171, 319 참조.

322 수륙재水陸齋는 양 무제梁武帝가~근원을 열었나니 : 수륙재는 아난阿難의 고사로부터 시작되었고, 양 무제가 이를 중흥하여 발전시켰다는 말이다. 수륙재는 물과 육지에 있는 고혼孤魂과 아귀餓鬼에게 재식齋食을 베풀어 공양하는 법회를 말한다. 당나라 불공不空이 번역한『救拔焰口餓鬼陀羅尼經』에 의하면, 밤중에 선정禪定을 닦고 있는 아난에게 염구焰口라는 아귀가 다가와서 아난이 앞으로 사흘 뒤에 죽어 아귀도餓鬼道에 떨어질 것이라면서 수많은 아귀 등에게 각각 1휘(斛)의 음식을 보시하고 삼보에 공양하면 그 재앙을 면할 수 있다고 하자, 아난이 부처에게 이 일을 사뢰니, 부처가 다라니陀羅尼 하나를 주는 한편 시식施食하는 방법을 알려 주었다고 한다. 또『事物紀原』권8에 의하면, 불심천자佛心天子로 칭해지는 양 무제 소연蕭衍의 꿈에 신승神僧이 나타나서 수륙재를 베풀어 육도六道 사생四生의 중생을 구제하라고 하였는데, 세상에 그 의식儀式을 설명한 글이 없자 무제가 직접 경론을 열람하여 아난의 고사를 찾아내고는 이에 의거하여 스스로 찬집撰集해서 천감天監 7년(508)에 금산사金山寺에서 수륙재를 거행하였다고 한다. 경희慶喜는 아난의 별칭이고, 염구焰口는 면연귀왕面然鬼王이라고도 한다. 수륙재를 거행한 시기에 대해서『佛祖統紀』권33에는 천감 4년이라 하여 이견을 보이고 있다.

323 도명道明과 무독無毒 : 지장보살地藏菩薩의 협시夾侍이다. 지장전地藏殿은 중앙에 지장보살을 안치하고, 좌우에 도명 존자道明尊者와 무독귀왕無毒鬼王을 협시로 봉안하며, 다시 그 좌우에 명부冥府의 시왕을 안치한다.

324 진광秦廣과 초강初江 : 명부 시왕에 속한 왕의 이름이다. 시왕은 저승에서 망자亡者의 죄업을 판결하는 열 명의 판관을 말한다. 사람이 죽어서 명부에 가면, 초칠일에는 진광왕秦廣王, 이칠일에는 초강왕初江王, 삼칠일에는 송제왕宋帝王, 사칠일에는 오관왕五官王, 오칠일에는 염라왕閻羅王, 육칠일에는 변성왕變成王, 칠칠일에는 태산왕泰山王, 1백 일에는 평등왕平等王, 1주년에는 도시왕都市王, 3주년에는 오도전륜왕五道轉輪王 앞에 차례로 나아가서 생전에 지은 선업과 악업을 심판받는다고 한다.

325 십사十事 : 몸(身)과 입(口)과 뜻(意)으로 짓는 열 가지 선업善業과 악업惡業을 뜻하는데, 보통 십악十惡을 가리켜 말한다.『四十二章經』권1에 "중생은 십사로 선을 짓기도 하고 악을 짓기도 한다. 무엇을 십이라 하는가. 몸이 셋, 입이 넷, 뜻이 셋이다. 몸이 셋이란 살생殺生·투도偸盜·사음邪淫을 말하고, 입이 넷이란 양설兩舌·악매惡罵·망언妄言·기어綺語를 말하고, 뜻이 셋이란 탐욕貪欲·진에瞋恚·사견邪見을 말한다.(衆生以十事爲善. 亦以十事爲惡. 何等爲十. 身三口四意三. 身三者殺盜淫. 口四者兩舌惡罵妄言綺語. 意三者嫉恚癡.)"라는 말이 나온다. 이 십악을 범하지 않는 것이 십선十善이다.

326 사탕수수의 줄기도~것이라고 하더라도 : 맛없는 것도 맛있게 먹는 것처럼 고통 속의 사바세계를 즐거워하는 것은 꿈속에서 즐거워하는 것과 비슷하다는 말이다. 사탕수수 운운은, 진晉나라 고개지顧愷之가 사탕수수(甘蔗)를 먹을 때 맛좋은 뿌리 부분은 놔두고 가느다란 가지 부분부터 맛보자, 어떤 사람이 그 이유를 물으니, "점점 더 좋은 맛을 보려고 하기 때문이다.(漸至佳境)"라고 대답한 고사를 인용한 것이다.(『世說新語』「排調」) 장주莊周 운운은 호접몽蝴蝶夢의 이야기를 인용한 것인데, 앞의 각주 137 참조.

327 섭 공葉公이 용을 좋아하는 것 : 가짜가 진짜 흉내를 내는 것을 비유하는 섭 공 호룡葉公好龍의 고사를 인용한 것으로서, 앞의 각주 132 참조.

328 미려彌戾 : 범어 Mleccha의 음역인 미려차彌戾車의 준말로, 아무것도 모르는 변방의 비천한 종족이라는 뜻이다. 미리차彌離車·멸례차篾隷車·밀렬차蜜列車·의례차宜例車라고도 하며, 하천종下賤種·구탁종垢濁種·악중악惡中惡·노중노奴中奴 등으로 의역된다.

329 자라처럼 손뼉을 치겠습니까 : 동해의 큰 자라가 신산神山인 봉래산蓬萊山을 머리에 이고 손뼉을 치며 기뻐한다(鼇戴山抃)는 『楚辭』「天問」의 말을 인용한 것이다.

330 높은 산을~삼을 것이요 : 사표師表가 될 분으로 그지없이 존경하며 우러러 사모한다는 말이다. 『시경』「小雅」〈車舝〉에 "높은 산은 누구나 우러러보게 마련이고, 큰 길은 누구나 함께 걸어가게 마련이다.(高山仰止。景行行之)"라는 말이 나오고, 「大雅」〈抑〉에 "이보다 더 강할 수 없는 사람인지라 사방이 법도로 삼으며, 곧고 큰 덕행인지라 사방의 나라가 순종한다.(無競維人。四方其訓之。有覺德行。四國順之)"라는 말이 나온다.

331 저 푸른~생각할 것입니다 : 순찰사의 은덕을 고마워하며 찬양한다는 말이다. 『시경』「衛風」〈淇澳〉은 위衛나라 사람이 위 무공衛武公의 높은 덕을 아름답게 여겨 부른 노래인데, 그중에 "저 기수 가 후미진 곳을 보니, 푸른 대나무가 아름답도다. 문채 빛나는 우리 군자여, 짐승의 골각骨角을 끊고 갈 듯, 옥석을 쪼고 갈 듯하도다.(瞻彼淇澳。綠竹猗猗。有斐君子。如切如磋。如琢如磨)"라는 말이 나온다.

332 가냘픈 풀줄기의~응해 주셨으니 : 풀줄기는 무용당 자신을, 큰 종소리는 곡성의 원을 비유한 것인데, 한漢나라 동방삭東方朔이 지은 「答客難」의 "대롱 구멍으로 하늘을 엿보고, 바가지로 퍼서 바닷물을 재며, 풀줄기로 종을 치는 격이다.(以筳窺天。以蠡測海。以莛撞鍾)"라는 말에서 발췌한 것이다.(『文選』 권45)

333 바람은 와운臥雲의 풀을 눕히고 : 산속에 숨어 사는 승려들도 수령의 은혜에 감복하고 있다는 말이다. 『논어』「顏淵」의 "다스리는 자의 행동은 바람과 같고, 다스림을 받는 자의 행동은 풀과 같다. 풀 위에 바람이 불어오면 풀은 한쪽으로 눕게 마련이다.(君子之德風。小人之德草。草上之風。必偃)"라는 말을 인용한 것이다. 와운臥雲은 구

름 속에 누워 있다는 뜻으로, 은거하는 사람을 비유하는 말이다.

334 비碑는 행로行路의 입술에 새겨집니다 : 굳이 송덕비를 세워 기념할 필요도 없이 벌써 행인들의 입과 입으로 그 덕망이 파다하게 전해지고 있다는 말이다.

335 새에 맞게 새를 기르고 계십니다 : 고을 수령이 승려에게 적절한 대우를 해주고 있다는 말이다. 원거爰居라는 해조海鳥가 노魯나라 교외에 날아와 앉자 임금이 그 새를 정중히 모셔다가 종묘에서 환영연을 베풀면서 순舜임금의 소악韶樂을 연주하고 진수성찬을 대접하니, 그 새는 눈이 부시고 근심과 슬픔이 교차하여 고기 한 점도 먹지 못하고 술 한 잔도 마시지 못한 채 3일 만에 죽고 말았다는데, 이에 대해서 "이는 자기를 기르는 방법으로 새를 기른 것이지, 새를 기르는 방법으로 새를 기른 것이 아니다. 대저 새를 기르는 방법으로 새를 기르려면 깊은 숲에 살게 하고, 넓은 고원에서 노닐게 해야 한다.(此以己養養鳥也。非以鳥養養鳥也。夫以鳥養養鳥者。宜栖之深林。遊之壇陸。)"라고 비평한 내용이 『장자』「至樂」에 나온다.

336 천년 된~화답을 얻었음이겠습니까 : 산목散木과 파가巴歌는 무용당 자신을, 대장大匠과 백설白雪은 고을 수령을 비유한 것이다. 산목은 크기만 할 뿐 아무 쓸모가 없어서 어떤 목수도 돌아보지 않는 나무라는 뜻인데, 『장자』「소요유」와 「인간세」에 이에 대한 상세한 설명이 나온다. 파가巴歌는 파인巴人의 노래라는 뜻으로, 저속한 대중가요를 가리킨다. 춘추시대에 초楚나라에서 어떤 나그네가 하리下里와 파인巴人의 속요俗謠를 부르니 수천 명이 따라 불렀고, 양아陽阿와 해로薤露의 노래를 부르니 몇백 명이 따라 불렀는데, 고상한 양춘陽春과 백설白雪의 가곡을 부르니 몇 십 명밖에는 따라 부르지 못했다는 고사가 전한다.(『文選』권23「宋玉對楚王問」)

337 원량元亮은 백련白蓮의 정사精舍를 찾아갔고 : 도잠陶潛이 동진東晉의 고승 혜원慧遠과 교유한 것을 가리킨다. 원량은 도잠의 자이다. 앞의 각주 167, 184 참조.

338 동파東坡는 금산金山에 옥대玉帶를 두었습니다 : 소식蘇軾이 불인 선사佛印禪師 요원了元과 방외지교方外之交를 맺은 것을 가리킨다. 불인이 금산사金山寺에 주석하고 있을 때 동파가 찾아가니, 불인이 "여기에는 앉을 자리가 없는데 거사는 무슨 일로 왔는가?(此間無座榻。居士來此作甚麼。)"라고 묻자, 동파가 "잠시 불인의 사대를 빌려서 앉을까 한다.(暫借佛印四大爲座榻)"라고 하였다. 이에 불인이 "산승의 질문에 거사가 대답하면 앉게 해주겠지만, 대답을 못 하면 허리에 찬 옥대를 내놓아야 한다.(山僧有一問。居士若道得卽請坐。道不得卽輸腰下玉帶子。)"라고 하니, 동파가 좋다고 승낙하였다. 그 옥대는 신종 황제神宗皇帝가 상으로 하사한 것이었다. 불인이 동파에게 묻기를, "산승의 사대는 본래 공하고, 오음도 있지 않은데, 거사는 어디에 앉으려는가?(山僧四大本空五。陰非有。居士向甚麼處坐。)"라고 하니, 동파가 대답하지 못하고 우물쭈물하자, 불인이 시자를 불러 동파의 옥대를 산문에 보관하여 법보로 삼게 하고, 누더기 가사 한 벌을 동파에게 내주게 하였다고 한다.(『五燈會元』권16「開先暹禪師法

嗣」) 그리고 이 내용을 소재로 하여 동파가 지은 칠언율시 두 수가 『소동파시집』 권24
에 〈옥대를 요원了元 장로에게 시주하니, 장로가 가사로 보답하기에 차운하여 두 수
를 짓다(以玉帶施元長老。元以衲裙相報。次韻二首)〉라는 제목으로 실려 있다.

339 부석鳧舃의 그림자가~남아 있고 : 수령이 다녀간 뒤에도 그의 아름다운 향기가 계속
남아 있다는 말이다. 부석은 오리 속의 신발이라는 뜻으로, 고을 수령을 비유하는 말
인데, 후한後漢 왕교王喬의 고사에서 나온 것이다. 그가 섭현葉縣의 현령으로 있으면
서 매월 삭망朔望 때마다 먼 길을 거기車騎도 없이 항상 조정에 나오곤 하였는데, 임
금이 이를 괴이하게 여겨 태사太史로 하여금 탐지하게 한 결과, 그가 올 때마다 동남
쪽에서 두 마리의 오리(雙鳧)가 날아왔으므로 그물을 쳐서 이를 잡고 보니, 바로 상서
령尙書令 때 하사받았던 신발(舃)이 그 속에 있더라는 전설이 전한다.(『後漢書』 「方術
傳」 상 〈王喬傳〉)

340 아가위와 배와~입에 맞고 : 『장자』 「天運」의 "삼황오제의 예의와 법도를 비유한다면,
아가위나무, 배나무, 귤나무, 유자나무의 열매와 같다고 할까. 그 열매의 맛은 서로
다르지만 모두 입에 맞는 것이다. 따라서 예의와 법도라는 것도 시대에 따라 변한다
고 할 수 있다.(故譬三皇五帝之禮義法度。其猶柤梨橘柚邪。其味相反。而皆可於口。故禮
義法度者。應時而變者也。)"라는 말을 발췌한 것이다.

341 그러니 어찌~해로울 뿐입니다 : 『논어』 「爲政」에 "攻乎異端。斯害也已。"라는 공자의
말이 나온다. 일반적으로는 "이단의 학술을 알려고 애쓰면 해가 될 뿐이다."라고 해
석을 하는데, 무용당은 '攻'을 전공專攻의 뜻으로 보지 않고, 공격한다는 뜻으로 보아
"이단이라고 하여 공격한다면 해로울 뿐이다."라고 해석을 하였다.

342 호리병 속에 하늘과 땅이 있으니 : 별천지의 선경仙境을 말하는데, 앞의 각주 271 참
조.

343 남곽南郭이 궤안几案에~낫지 않겠습니까 : 세상에서 영화를 좇기보다는 출가하여
진리를 찾는 생활이 더 마음에 든다는 말이다. 나를 잃는다는 것은, 자신에 대한 집착
을 떨쳐 버리고 일체 물아의 경계를 떠난 자유로운 경지를 표현한 말이다. 『장자』 「제
물론」 첫 장에 남곽자기南郭子綦가 궤안에 기대어 "지금 내가 나를 잃었는데, 네가 그
것을 알았단 말이냐?(吾喪我。汝知之乎。)"라고 제자인 안성자유顏成子游에게 말한 구
절이 나온다. 또 남조南朝 제齊의 공치규孔稚珪가 산속에서 함께 은자 생활을 하다가
벼슬길에 나선 주옹周顒을 못마땅하게 여겨서 지은 「北山移文」에 "그동안 입고 있던
마름 옷을 불살라 버리고 연잎 옷을 찢어 버린 채 먼지 낀 얼굴을 치켜들고서 속된
모습으로 마구 달려 나갔네.(焚芰製而裂荷衣。抗塵容而走俗狀。)"라고 비평한 말이 나
온다.

344 각곡刻鵠 : 본받는다는 말로 각곡류목刻鵠類鶩에서 유래하였다. 따오기와 집오리는
생김새가 서로 비슷하기 때문에 따오기를 새기다가 잘못되어도 집오리같이 되는 것

처럼 훌륭한 사람을 본받아 배우면 그 사람만큼은 못 될지라도 착한 사람이 됨을 이르는 말이다.(『後漢書』 권24 「馬援傳」)

345 조충조충雕蟲 : 조충전각雕蟲篆刻의 준말로, 벌레 모양이나 전서篆書를 새기는 것처럼 미사여구美辭麗句로 문장을 꾸미거나 하는 작은 기예라는 뜻이다. 한漢나라 양웅揚雄의 『法言』 권2 「吾子」에, "부賦라는 것은 동자 시절에나 했던 조충전각과 같은 일로서, 장부가 되어서는 하지 않았다.(賦者。童子雕蟲篆刻。壯夫不爲也。)"라는 말이 나온다.

346 월계月桂가 아무리~힘들지 않았습니다 : 과거에서 거뜬히 우수한 성적으로 급제하였다는 말이다. 월계는 과거 급제를 비유하는 말이다. 진晉나라 극선郤詵이 과거에 장원급제한 뒤에 월계수 가지를 꺾었다고 자칭했던 월궁절계月宮折桂의 고사에서 유래한 것이다.(『晋書』 권52 「郤詵傳」) 호수好手는 뛰어난 솜씨라는 말이다.

347 잉어는 용문龍門에서 꼬리를 태웠습니다 : 높은 지위에 오른 것을 비유한 말이다. 황하 상류에 세 계단으로 된 폭포가 있는데, 이를 용문龍門이라고 한다. 잉어와 같은 큰 물고기가 이 밑에까지 와서 그 폭포를 뛰어올라야만 용이 되는데, 이때 우레가 쳐서 그 꼬리를 번갯불로 태워 없애 준다는 전설이 있다.

348 몇 년~하늘을 날았습니다 : 조정에서 내직內職으로 근무하다가 외직을 맡아 방백方伯으로 부임하게 되었다는 말이다. 표범 내용은, 남산南山의 검은 표범이 운무雲霧가 짙게 끼어 있는 동안에는 먹을 것이 없어도 자신의 아름다운 털 무늬를 보존하기 위하여 산 아래로 내려오지 않는다는 남산현표南山玄豹의 고사를 변용한 것이다.(『列女傳』 권2 「陶答子妻」) 오운五雲은 오색 채운彩雲과 같은 말로, 제왕의 대궐 혹은 조정을 뜻한다.

349 인적이 고요하여~잊은 밤입니다 : 이백의 시에 "거문고 소리 청량하여 달이 문을 엿보고, 인적이 고요하여 바람이 방에 들어오네.(琴清月當戶。人寂風入室。)"라는 말이 나온다.(『李太白集』 권8 〈贈清漳明府姪聿〉)

350 도잠陶潛은 슬며시~생각나게 마련입니다 : 유사儒士와 불승佛僧의 교유를 말하는데, 앞의 각주 167, 184 참조.

351 나무와 돌이~되고 있다(木石同壇) : 나무와 돌이 각기 다른 것처럼 보이지만, 산의 일부분으로 함께 속해 있는 것처럼, 무용당의 불교와 방백의 유교도 똑같이 도의 한 부분을 이루고 있다는 말이다. 『장자』 「則陽」에 "큰 늪지대에 견주어 본다면, 백 가지 재목이 모두 그 속에 함께 들어 있고, 큰 산에 비유해 본다면 나무와 돌이 똑같이 산의 기초가 되고 있는 것이다.(比於大澤。百材皆度。觀於大山。木石同壇。)"라는 말이 나온다.

352 유형과 무형이 각자 태극을 갖추었고 : 송대宋代 성리학性理學의 이일분수리一分殊 사상과 직결되는 이른바 일태극설一太極說을 말하는데, 『朱子語類』 권94에 "물건마다 하나의 태극을 지니고 있고, 사람마다 하나의 태극을 지니고 있다.(物物有一太極。

人人有一太極.)"라는 주희朱熹의 명제命題가 나오고, 또 『近思錄』 권1 「道體」〈太極圖說〉 부분에도 "만물이 하나의 태극이다.(萬物一太極)"라는 말과 "하나의 존재 속에 하나의 태극이 각각 구비되어 있다.(一物各具一太極)"라는 주희의 주석이 보인다.

353 1족과 백 족이 고루 천기天機를 발동합니다 : 외발 짐승 기虁와 발이 많은 노래기(蚿)를 등장시켜서 천기의 자연스러운 발동에 대해서 설명하는 내용이 『장자』 「秋水」에 나온다.

354 수거數車에 무거無車요 : 폭輻·윤輪·곡轂·형衡 등의 부품이 모여서 하나의 수레를 이루는데, 만약 다른 부품들을 따로 나누어 생각하면 수레라는 전체는 보이지 않는다는 말이다. 『道德經』 하상공河上公 판본 39장에 "수레의 부품 하나하나를 거론하면 수레라는 것은 이미 존재하지 않는다.(數車無車)"라는 말이 나온다.

355 같다는 입장에서 보면 만물이 일물입니다 : 『장자』 「德充符」에 "다르다는 입장에서 보면 간담처럼 가까운 것도 초월처럼 멀리 느껴지고, 같다는 입장에서 보면 만물이 모두 하나이다.(自其異者視之. 肝膽楚越也. 自其同者視之. 萬物皆一也.)"라는 말이 나온다.

356 물고기처럼 강호 속에서 서로들 잊고 : 대도大道의 자연 안에서 각자 자유를 만끽하며 유유자적하게 노니는 것을 말한다. 『장자』 「大宗師」의 "물이 바짝 말라 물고기들이 땅바닥에 처하게 되면, 서로들 김을 내뿜어 축축하게 해주고 서로들 거품으로 적셔주지만, 그보다는 강과 호수에서 서로 잊고 사느니만 못하다.(泉涸. 魚相與處於陸. 相呴以濕. 相濡以沫. 不如相忘於江湖.)"라는 말에서 나온 것이다.

357 형해形骸의 밖에서 단금斷金을 이룬다면 : 신분의 차이를 떠난 방외지교方外之交를 가리킨다. 단금斷金은 쇠도 자를 수 있다는 말로, 진정한 우정을 비유하는 말이다. 『주역』 「繫辭傳」 상의 "두 사람이 마음을 같이하면 쇠도 자를 수 있고, 그런 사람들의 말에서는 난초 향기가 풍겨 나온다.(二人同心. 其利斷金. 同心之言. 其臭如蘭.)"라는 말에서 나온 것이다.

358 암혈에 살며~없을 것입니다 : 산골 절간에 거하는 무용당이나 고대광실에 거하는 방백이나 무사히 잘 지낼 수 있을 것이라는 말이다. 『장자』 「達生」의 "노나라의 선표라는 은자는 암혈에 살며 사람들과 이해를 다투지 않아 나이 70에도 어린아이와 같은 낯빛을 하고 있었는데, 불행히도 굶주린 범을 만나는 바람에 그 굶주린 범에게 잡아먹혔고, 장의라는 사람은 높은 문에 발을 드리운 곳에 분주하지 않은 적이 없었는데, 나이 40에 속이 뜨거운 병을 앓아 죽고 말았다. 선표는 내면을 잘 길렀으나 그 바깥인 몸을 범에게 잡아먹혔고, 장의는 바깥을 잘 길렀으나 그 안을 병에게 공격당했다.(魯有單豹者. 巖居而水飮. 不與民共利. 行年七十而猶有嬰兒之色. 不幸遇餓虎. 餓虎殺而食之. 有張毅者. 高門縣薄. 無不走也. 行年四十而有內熱之病以死. 豹養其內而虎食其外. 毅養其外而病攻其內.)"라는 이야기를 인용한 것이다. 속이 뜨거운 병(內熱)이라는 것은 노심초사하며 애를 태우는 것을 비유한 말로, 『장자』 「인간세」의 "내가 아침에

명령을 받고 나서 저녁에 얼음물을 마셨으니, 이는 나의 몸속이 뜨거워졌기 때문이다.(吾朝受命而夕飲冰。我其內熱與。)"라는 말에서 비롯된 것이다.

359 시詩는 자신의~것이라고 하였으니 : 『서경』「舜典」에 "시는 자신의 뜻을 읊은 것이요, 노래는 읊은 그 말을 길고 짧게 조절하며 늘인 것이다.(詩言志。歌永言。)"라는 말이 나온다.

360 덕이 있으면~사람도 말씀하셨지요 : 『논어』「里仁」에 "덕이 있는 사람은 외롭지 않고 반드시 이웃이 있다.(德不孤。必有隣。)"라는 공자의 말이 나온다.

361 사람이 일흔까지~말을 하지만 : 두보의 "외상 술값이야 세상 어디나 보통 있는 일이지만, 일흔까지 사는 사람은 예로부터 보기 드물다네.(酒債尋常行處有。人生七十古來稀。)"라는 시구에서 나온 것이다.(『杜少陵詩集』 권6 〈曲江〉)

362 느닷없이 광언狂言을~돌아가야 하나요 : 백암이 홀연히 세상을 떠났으므로 무용당이 귀의할 곳을 잃었다는 말이다. 광언은 세상 사람들이 알아듣지 못할 말이라는 뜻으로, 지언至言을 가리킨다. 『장자』「知北遊」에, 노용길老龍吉이라는 도인道人이 죽었을 때 신농神農이, "선생님이 나를 깨우쳐 줄 지극한 말씀을 들려주지 않고 돌아가셨다.(夫子無所發予之狂言而死矣夫)"라고 말하고, 엄강弇堈이, "지극한 말씀을 가슴속에 숨기고서 세상을 떠났다.(藏其狂言而死)"라고 말한 내용이 나온다.

363 무생無生 : 생멸이 없는 제법실상諸法實相의 도리를 뜻하는 불교의 용어이다.

364 정녑을 쥔 자 : 가르침을 청하는 자들을 말한다. 한漢나라 동방삭東方朔의 「答客難」에 "가냘픈 풀을 쥐고서 종을 치는 격이다.(以筳撞鍾)"라는 말이 나오고, 『禮記』「學記」에 "질문에 잘 응하는 자는 종을 치는 것을 기다리는 것과 같다. 작게 두드리면 작게 울려 주고, 크게 두드리면 크게 울려 준다.(善待問者如撞鍾。叩之以小者小鳴。叩之以大者則大鳴。)"라는 말이 나온다.

무용당유고 번역 후기

　무용당의 글을 접할 수 있었던 것은 나에게 일종의 행운이었다. 번역하는 동안 내내 상우천고尙友千古의 즐거움을 맛볼 수가 있었다.
　그의 글은 간명하면서도 정확하고, 점잖으면서도 통쾌하였으며, 신랄하면서도 해학적이고, 겸손하면서도 은연중에 심후한 내공이 느껴졌다. 그야말로 글은 도를 싣는 그릇이라는 명제를 실감나게 하였다.
　이런 글이 어째서 세상에 널리 알려지지 않았을까.『고문진보古文眞寶』에 수록해도 전혀 손색이 없을 주옥 같은 작품들을 접하면서 지금까지 무용당에 대해 무지했던 역자 자신이 마치 죄인이나 된 것처럼 송구스럽기까지 하였다.
　그는 엄청난 독서량을 자랑한다. 도대체 얼마나 많은 책을 읽었던 것일까. 그가 구사한 고사 중에는 사고전서四庫全書를 뒤져서야 겨우 알아낸 경우도 있고, 미상未詳으로 처리한 경우도 몇 군데 있다. 눈 밝은 분들의 질정을 바란다.
　그는 유불도儒佛道의 세계를 자유자재로 휘젓고 돌아다녔으며, 선禪과 교敎에 있어서도 어느 한쪽에 치우치지 않는 균형 감각을 보여 준다. 교 없는 선은 공허하고, 선 없는 교는 지리支離할 터이다. 그는 중중무진重重無盡의 법계연기法界緣起를 설파한 화엄의 종장宗匠인 동시에 임제의 가풍을 선양한 조사의 면모가 약여하다.
  무디고 서툰 번역이 누를 끼치지 않았는지 내심 걱정되면서도, 이 졸역을 계기로 무용당에 대한 연구가 다방면으로 이루어져서 그동안 묻혀 있던 우리 선현의 모습이 보다 분명하게 밝혀질 수 있기를 기대하는 마음 간절하다.

고전번역실 무원재에서 이상현

찾아보기

가가대呵呵臺 / 94
가지산伽智山 / 64
각운覺雲 / 154
강남의 부백府伯 / 65, 83, 92, 216
개골산皆骨山 / 90
개흥사開興寺 / 202
경찬소慶讚疏 / 193
계문啓文 / 211, 216
곡성의 원(谷城倅) / 52, 139, 214
광밀廣密 / 157
교연皎然 / 146
국어國語 / 126
귀곡龜谷 / 154
규 상인規上人 / 49
금강경金剛經 / 150
기문記文 / 170, 173, 176, 178, 182, 185, 187
김 상사金上舍(三淵) / 53
김 석사金碩士 / 33
김 수사金秀士 / 134
김 수재金秀才(遇煥) / 72
김 점마金點馬 / 37
김 처사金處士 / 56

냉 상인冷上人 / 90

능가사楞伽寺 / 155

도연명陶淵明 / 146
도잠陶潛 / 217
도혜陶惠 / 142
동복 적벽同福赤壁 / 107

매학당梅鶴堂 / 68, 170
모연문募緣文 / 157, 159, 161, 163, 165, 166
목우 옹牧牛翁 / 154
목우자牧牛子 / 70
묘향산妙香山 / 90
무용당無用堂 / 222
무의자無衣子 / 154
물염정勿染亭 / 108
민 참의閔叅議 / 84

ㅂ

박 찰방朴察訪 / 71
방장산方丈山 / 67, 90, 157
백거이白居易 / 123

무용당유고 • 285

백곡白谷 / 146
백마강百馬江 / 105
백암栢庵 / 47, 135, 223
백암당栢庵堂 / 220
백암집栢巖集 / 26
백암 화상栢庵和尙 / 145
백운산白雲山 / 94
백운암白雲庵 / 166
백천사百泉寺 / 98
범음집산보梵音集刪補 / 152
별무別貿 / 211
보광전普光殿 / 34
보림사寶林寺 / 64, 82
봉명산鳳鳴山 / 157
봉서암鳳瑞庵 / 100, 161
부도암浮屠庵 / 88
부휴당浮休堂 / 219

산양 원(山陽倅) / 79, 115
삼연三淵 선생 / 53, 76
삼일암三日庵 / 165
삼청각三淸閣 / 53
상량문上樑文 / 167
서봉사棲鳳寺 / 157
서산西山 / 146
선문염송설화禪門拈頌說話 / 154
선암사仙巖寺 / 67, 173
설암자雪巖子 / 154
성골 영탑聖骨靈塔 / 189
성기암聖祈庵 / 167
소상재小祥齋 / 198

송광사松廣寺 / 34, 73, 135, 162, 227
송광선원松廣禪院 / 187
수륙재水陸齋 / 202
수석정水石亭 / 39, 75, 187
승평의 원(昇平倅) / 112
신덕정사新德精舍 / 59
신 수재申秀才 / 95
심경소기회편心經疏記會編 / 150

안 석사安碩士 / 78
야소夜疏 / 195, 198, 204
약탄若坦 / 226
약휴若休 / 174
양성당養性堂 / 176
양 진사梁進士 / 103
여원명呂圓明 / 101
여원조呂圓照 / 508
연기 국사烟起國師 / 157
영 상인玲上人 / 89
영성루迎聖樓 / 173
영천암靈泉庵 / 182
오선류五禪樓 / 87
용문사龍門寺 / 178
용화회龍華會 / 178
운흥사雲興寺 / 185
원통암圓通庵 / 185
원통암기圓通庵記 / 48
월저月渚 / 154
유몽득劉夢得 / 27
유 수재柳秀才 / 63
육우陸羽 / 146

윤 상사尹上舍 / 110
은봉암山隱峰庵 / 182
의명義明 스님 / 44
이 도사李都事 / 81
이 방백李方伯 / 50, 102, 109
이 생원李生員(詩川) / 106
이 석사李碩士 / 142
이 어사李御史 / 31
임경당臨鏡堂 / 163
임 교리林校理 / 126, 130

ㅊ

찬국 옹餐菊翁 / 25
찬불소讚佛疏 / 208
천등산千燈山 / 97
초안初安 장로 / 182
최 상국崔相國 / 135
최 양양崔襄陽 / 40
최 정언崔正言 / 45, 122
최 진사崔進士 / 99
추월당秋月堂 / 221
춘추春秋 / 126
칠봉암七峯庵 / 41
침계루枕溪樓 / 136
침굉枕肱 / 223

ㅈ

장륙상丈六像 / 189
장상영張商英 / 123
장자莊子 / 132, 134
전국책戰國策 / 126
정 석사鄭碩士 / 93
정익精翊 / 180
제문祭文 / 219, 220, 221
조계산曹溪山 / 34, 67
조 정자趙正字 / 111
종오 대사宗悟大師 / 176
주소晝疏 / 200, 202
중소中疏 / 197, 206
지눌知訥 / 154
지택智擇 / 101, 208
직조암直照庵 / 157
징광사澄光寺 / 87

ㅌ

태안사泰安寺 / 161, 165
태전太顚 / 122, 217
태허재虛齋韻 / 113
통도사通度寺 / 189

ㅍ

팔영산八影山 / 69

ㅎ

한유韓愈 / 217
한전韓顚 / 142

함청각含淸閣 / 163
해 어산海魚山 / 58
행장行狀 / 222
혜공당慧空堂 / 198
혜영慧穎 / 33
혜원 / 122, 146, 217
호남 방백湖南方伯 / 140
홍 순상洪巡相 / 57
화엄경華嚴經 / 119, 150
화엄사華嚴寺 / 189
화엄소초華嚴疏鈔 / 224
황 부사黃府使 / 55, 114, 128
황정견黃庭堅 / 123
흥양興陽 원님 / 38

무용 수연無用秀演
(1651~1719)

17세기 중엽에서 18세기 초에 조계산 송광사, 선암사 등지에서 주석한 스님이다. 법명은 수연秀演, 자는 무용無用으로, 19세에 조계산 송광사에서 출가하였다. 20대 초반에는 침굉 현변枕肱 懸辯(1616~1684) 문하에 나아가 수학하였고, 20대 중반에는 백암 성총栢庵性聰(1631~1700)에게 나아가 경장을 두루 섭렵하였다. 30대인 1680년부터 1686년경까지 금화동金華洞 신불암新佛庵, 선암사, 송광사, 희양산曦陽山 백운암白雲庵, 팔영산八影山 암자 등지에서 강설과 참선 수행을 하며 대중들을 인도하였다. 30대 후반인 1688년에는 다시 백암 성총에게 나아가 화엄학을 연찬하였다. 그리고 백암 성총이 징광사澄光寺에서 『화엄연의초華嚴演義抄』와 『대명법수大明法數』, 『간정기刊定記』, 『정토보서淨土寶書』 등을 판각하여 간행할 때 함께하였다.

옮긴이 이상현

1949년 전주 출생. 서울대학교 문리과대학 종교학과를 졸업하고 동국대학교 불교대학원 석사 과정을 마쳤으며, 민족문화추진회 국역연수원의 연수부, 상임연구원, 전문위원을 거친 뒤, 한국고전번역원의 수석연구위원으로 재직하였다. 저서로 『역사의 고향』, 논문으로 「추사秋史의 불교관」 등이 있고, 번역서로 『계곡집谿谷集』, 『택당집澤堂集』, 『간이집簡易集』, 『포저집浦渚集』, 『가정집稼亭集』, 『목은집牧隱集』, 『도은집陶隱集』, 『고운집孤雲集』, 『계원필경집桂苑筆耕集』, 『원감국사집圓鑑國師集』, 『사명당대사집四溟堂大師集』, 『기암집奇巖集』, 『침굉집枕肱集』 등이 있다.

교감 및 증의
김종진(동국대학교 불교학술원 조교수)